Theodore Papakostas

Wie ich in den Fahrstuhl stieg und in der Antike landete

Theodore Papakostas

Wie ich in den Fahrstuhl stieg und in der Antike landete

Eine vergnügliche Reise zu den alten Griechen

Aus dem Griechischen von Norbert Hauser

Mit 26 Schwarz-Weiß-Abbildungen

PIPER

Mehr über unsere Autorinnen, Autoren und Bücher:
www.piper.de

Unser Versprechen für mehr Nachhaltigkeit
• Klimaneutrales Produkt
• FSC®-zertifiziertes Papier
• Hergestellt in Deutschland

FSC www.fsc.org
MIX
Papier | Fördert gute Waldnutzung
FSC® C014496

ISBN 978-3-492-07186-4
Die Originalausgabe erschien 2021 unter dem Titel Χωράει όλη η αρχαιότητα στο ασανσέρ; bei Key Books, Athen

Illustrationen: Thanos Tsilis
Satz: Eberl & Koesel Studio, Kempten
Gesetzt aus der Palatino Linotype
Litho: Lorenz & Zeller, Inning am Ammersee
Druck und Bindung: GGP Media GmbH, Pößneck
Printed in Germany

Die Zeit ist ein Kind, das mit Würfeln spielt;
einem Kind gehört die Königswürde.

Heraklit

Inhalt

Vorwort von Prof. Jochen Griesbach

In diesem Buch erfüllt sich Theodoros Papakostas virtuell einen Traum, den wohl alle Archäolog:innen schon einmal geträumt haben: ein Auditorium, das nicht weglaufen kann, sondern zum aufmerksamen Zuhören gezwungen ist, gefangen in einem stecken gebliebenen Fahrstuhl. Und dann lässt sich dieser Zuhörer von der Welle der Begeisterung forttragen, die der Icherzähler in ihm auslöst, sodass er die Zeit vollkommen vergisst. *Non Digital Natives* innerhalb der deutschen Leserschaft werden sich vielleicht an Rudolf Pörtners Bestseller *Mit dem Fahrstuhl in die Römerzeit* erinnert fühlen. Aber hier geht es nicht um das Abtauchen in den Untergrund, das Entdecken historischer »Bodenschätze« unter unseren eigenen Füßen. Papakostas nimmt uns in dieser erzähltechnischen Raumkapsel auf eine viel weiter gefasste Zeitreise mit, die uns die intrinsische Neugier nach der Vergangenheit zu Bewusstsein bringt, selbst wenn diese weit zurückliegt.

»Natürlich« wollen wir wissen, wie alles begann und wie diese Anfänge zu uns selbst führen. Dazu bedient sich der medienversierte Archaeostoryteller eines bewährten, klassischen (!) Erfolgsrezepts. Im Stile eines platonischen Dialogs gelangt sein fiktiver, aber mitten aus dem Leben gegriffener Zuhörer nach und nach selbst zur Erkenntnis, dass er sich nicht mit Allgemeinplätzen nationalistisch eingefärbter Selbstverherrlichung zufriedengeben mag, sondern wissen möchte, wie es wirklich war.

Doch die Ernüchterung folgt auf dem Fuße: Wissenschaft ist kompliziert und zudem noch voll von kontroversen Diskussionen. Eindeutige Antworten bietet sie selten, wird sie doch auch nur von Menschen betrieben, mit allen Fehlern, Umwegen und Zumutungen, die das impliziert (»Du hast mir gerade Hunderte von Hirnzellen verbrannt!«). Papakostas geht mit diesen unbefriedigenden Unzulänglichkeiten der »interpretierenden« Archäologie ganz offen um, weil er sie selbst liebevoll als kostbaren, wenn auch skurrilen Schatz begreift. Ihm geht es in erster Linie nicht darum zu belehren, sondern er will sein Gegenüber mit der eigenen Leidenschaft für die »Magie« der antiken Menschen anstecken. Er tauscht also den Elfenbeinturm gegen den Fahrstuhl ein und sucht die direkte Kommunikation zwischen Menschen über das Menschliche (der Vergangenheit).

Während die Leser:innen gebannt dem sympathischen Schlagabtausch zwischen Laie und Experte folgen, erhalten sie – ganz nebenbei – nicht nur einen Überblick über die Geschichte Griechenlands von der Steinzeit bis zu den Anfängen Konstantinopels. Sie erfahren auch viel Wichtiges über Methoden und Geschichte der Archäologie, über Schrift und Sprache (wer weiß heute schon auf Anhieb, woher das Wort »Galaxie« stammt?) sowie Grundzüge der antiken Religion und Mythologie. Papakostas versteht es dabei, anspruchsvolle Themen kurzweilig zu gestalten, nicht nur über modernes Vokabular und eine starke Affinität zum Medium Film (z. B. Odysseus und seine »Flashbacks«), sondern auch weil er sich selbst an den antiken Außenseitern, den ungewöhnlichen Episoden und den selten reproduzierten Zusammenhängen berauscht. Seine Erzählfreude ist mitreißend, weil sie authentisch rüberkommt. Gegen den Mainstream hält er es beispielsweise mit dem kauzigen Naturphilosophen Heraklit (»Homer verdient es, mit Rutenstreichen gepeitscht zu werden«; Anm. des Verf.: nicht ganz ernst gemeint!), feiert Lukian von Samosata verdientermaßen als Erfinder des Science-Fiction-Romans und kolportiert die in ihrer Radikalität seltsam modern anmutende Anekdote von Hipparchia und Krates, die mit dem Verzicht auf materiellen Besitz auch jede Scham gegenüber ihrer Körperlichkeit abgelegt haben.

Mit entwaffnender Schlagfertigkeit beherrscht der Autor den Brückenschlag zwischen Antike und Gegenwart und verfügt über jedes Potenzial, selbst zum Urheber »geflügelter Worte« zu werden: »Was kann man denn mit einem Dreifuß anfangen?« – »Was machen sie denn heute mit dem Oscar, wenn sie ihn gewonnen haben?«. Und auch an Selbstironie mangelt es ihm keineswegs: »Aber die Mittelmeerbewohner waren schon damals Dramaqueens.« Besonders eindrücklich sind die einfachen Bilder für komplexe Sachverhalte und dennoch sind es am Ende wohl die ernsten und nachdenklich stimmenden Einsichten, die den Erfolg des Buches im Heimatland des Autors ausgemacht haben: Wir können uns nur dann gewinnbringend mit Geschichte auseinandersetzen, wenn wir es zulassen, »die menschliche Vergangenheit von ihrer guten und ihrer weniger guten Seite zu sehen«. Archäologie heißt somit in letzter Konsequenz, von den Toten zu lernen und den Tod als sinnstiftende Facette unseres Daseins zu begreifen.

Diese Quintessenz sollte freilich nicht als düstere Perspektive auf das Leben missverstanden werden, im Gegenteil! Getreu Papakostas' Glaubenssatz »Die Archäologie ist der Spielplatz der menschlichen Fantasie« kann ich die Lektüre dieses Buches allen, die in Spielplätzen und Fantasie keine unvereinbaren Gegensätze zur Wissenschaft erkennen, nur dringend ans Herz legen. Und nicht zuletzt das Fachpublikum kann hier viel mitnehmen: »Bittet einfach jeden Besucher des Museums um Verzeihung, der von einem Ausstellungsstück davongelaufen ist, weil er die Wörter der Legende nicht verstanden hat.« Altertumswissenschaftler:innen, die Papakostas' zeitgemäßen Zugang zur Antike schätzen gelernt haben, werden davon nicht wenig profitieren. Ich jedenfalls bitte, geläutert, um Verzeihung und gelobe Besserung!

Einleitung

Alles begann mit einem unvorhergesehenen, aber sehr einfachen Ereignis: Wir waren in einem Lift eingeschlossen!

Es gab keinen Grund zur Panik. Die Kabine war geräumig, modern und aus Glas; es war einer von diesen imposanten Aufzügen, wie man sie aus Einkaufszentren kennt. Du trittst ein und freust dich beim Hinauffahren wie ein kleines Kind, aber du verbirgst sorgfältig deine Begeisterung, schließlich bist du erwachsen.

Durch die Glaswände des Lifts war das Atrium des Geschäftskomplexes zu sehen, die Sonne schien zwischen den Palmen und Farnen in den Beeten hindurch. Aus den Lautsprechern ertönten leise griechische Hits. Und wie gesagt war ich nicht allein. Ich hatte Gesellschaft. Vor mir stand ein Typ, den ich beim Betreten des Aufzugs kaum bemerkt hatte; er schaute mich gelassen, aber auch etwas verlegen an. Nachdem wir ein paar Worte gewechselt hatten, baten wir übers Telefon um Hilfe. Nun hieß es warten, und so beschlossen wir, das einzige Naheliegende zu tun: uns mit Plaudern die Zeit zu vertreiben.

Wir stellten uns einander vor, und er fragte, was ich beruflich machen würde.

»Ich bin Archäologe.«

»Archäologe, wie schön! Als Kind wollte ich auch Archäologe werden. Heute erinnere ich mich natürlich nicht mehr an viel aus dem Altertum, vielleicht noch an Perikles, Sokrates, die Götter auf dem Olymp. Doch, mir fällt noch ein Satz ein, den die Alten gesagt haben sollen ... Lass mich mal überlegen ...« Er legte nachdenklich die Hand an die Stirn. »Alles fließt!«, rief er endlich mit einem Lächeln der Befriedigung.

»So grundsätzlich haben es die Alten nicht ›gesagt‹ ... Es ist der Ausspruch eines antiken Philosophen, Heraklit. Um genau zu sein, hat er es nicht genau so gesagt, sondern Platon hat Heraklits Idee in diesen Worten zusammengefasst. Aber im Grunde ist das egal. Es ist tatsächlich ein schöner und weiser Satz.«

Er sah mich an, als versuchte er herauszufinden, ob ich nur ein Nerd oder doch eher verrückt sei. Wahrscheinlich entschloss er sich, mich noch ein bisschen zu prüfen, und so sagte er: »Die haben schöne Sachen gesagt, die Alten, was? Lauter Weisheiten.«

»Na ja, nicht alle Aussagen sind gleich Weisheiten, es gibt einfach eine Menge flotter Sprüche, die von der Geschichte überliefert worden sind.«

»Und welcher ist dein Lieblingsspruch?«

»Hm, ich glaube nicht, dass ich einen solchen habe. Aber einer von Heraklit hat mir immer Eindruck gemacht.«

»Von dem, der ›alles fließt‹ gesagt hat?«

»Genau. Er konnte nämlich auch richtig böse sein: ›Homer verdient, aus den Preiswettkämpfen herausgeworfen und mit Rutenstreichen gepeitscht zu werden, und ebenso Archilochos.‹«

»Aha. Und was soll das bedeuten …?«

»Der Satz meint, man müsse Homer von den Dichterwettbewerben ausschließen, denn er verkünde in seinen Werken keine Weisheit. Er sei ein Schwindler. Und er solle geprügelt werden. Und dasselbe gelte für Archilochos.«

»Das ist alles? Was für einen Unsinn hat dieser Philosoph denn da verzapft?« Seine Augen funkelten vor Neugier.

»Das war kein Unsinn.«

»Jedenfalls ist es kein Satz, den du dir tätowieren lässt. Und ich dachte immer, er hätte schlaue Sachen gesagt.«

»Er hatte eine andere Sicht auf die Dinge. Er meinte damit, dass die Autoritäten, die prominenten und hochgepriesenen Persönlichkeiten diesen Ruhm nicht immer auch verdienen, nur weil wir es so von unseren Eltern und Großeltern gelernt haben.«

»Das heißt, dass Homer es nicht verdient? Das will der Kerl uns sagen? Geht's noch?«

Ich hätte auf eine Antwort verzichten können. Aber ich habe diese kribbelnde Angewohnheit, unbedingt über meine Arbeit und meine Wissenschaft zu reden, mich befällt ein sonderbarer Juckreiz, wenn ich sehe, dass die Leute eine andere Auffassung umtreibt. Und diesen Juckreiz will ich loswerden. (Ich darf nicht vergessen, das bei meinem Therapeuten zur Sprache zu bringen.)

»Was der Kerl genau gesagt hat, ist … relativ. Ich habe seine Worte interpretiert. Heraklit war der Meinung, dass bei den Berühmten nicht alles wunderbar und großartig ist, genau wie bei den Dingen und Eigenschaften, die wir von unseren Vorfahren übernommen haben und die wir unkritisch verehren, bloß weil sie sie uns vererbt haben. Es ist eine Bemerkung gegen die Autoritäten. Heraklit hat es gewagt, eine andere Meinung zu haben und seine Zweifel zu äußern, und er hat damit auch nicht vor dem größten aller Dichter Griechenlands haltgemacht. Vielleicht sogar der ganzen Welt.«

»O jaaa.« Er hob misstrauisch die Brauen. »Okay, Homer kenne ich. Aber wer war der andere, den er nennt, dieser Archilochos?«

»Archilochos war ein Lyriker, der am liebsten erotische Gedichte schrieb.«

»So liebliche, romantische Gedichtchen?« Er lächelte.

»Keine sentimentalen. Erotische. Normale erotische Dichtung.«

Das war der Moment, in dem sich sein Blick veränderte.

Ich fuhr fort: »Leider ist keins seiner ›schandbaren‹ Gedichte erhalten geblieben. Er kam übrigens aus Paros.«

»Was bedeutet eigentlich Lyrik?«

»Lass dich nicht verwirren von unserem heutigen Gebrauch des Wortes. Ich meine damit die Lyra als Begleitinstrument. Es war eine Art Musik, die sich nicht mit den Ruhmes- und Heldentaten der Vergangenheit beschäftigte wie Homer. Nein, Archilochos hat Epen verfasst, aber über das Heute und den Alltag der Menschen. Man könnte sagen, Volksdichtung.«

»Aha, dann war er also Musiker! Aus Paros, hast du gesagt? Und erotisch? Wie Giánnis Pários?«*

»Wenn du so willst. Ein antiker Pários. Archilochos benutzte andere Muster als die, die wir von den Alten kennen. Zum Beispiel bekam er in einer Schlacht Angst, machte sich tüchtig ins Hemd, wandte sich um und rannte davon, so schnell er konnte. Nicht, dass er sich

* Giánnis Pários, geb. 1946 auf Paros, ist ein seit Jahrzehnten beliebter und erfolgreicher Komponist und Sänger. Viele seiner Lieder sind in Griechenland zu Hits geworden. A. d. Ü.

etwa geschämt hätte über seine Feigheit in der Schlacht, er hat sogar ein Gedicht darüber geschrieben.«

»Du machst Witze! Ist das Gedicht bekannt?«

»Ja.«

»Und wie geht es?«

»Man kann es etwa so übersetzen: ›An meinem Schild soll der Feind seine Freude haben, im Gebüsch, wo ich ihn weggeworfen habe, dann hab ich mich davongemacht! Was kümmert's mich? Mir geht's prächtig, ich besorg mir einen neuen.‹«

»Er hat seinen Schild liegen lassen und ist abgehauen? Ausgeschlossen! ›ἤ τάν ἤ ἐπί τᾶς – *e tan e epi tas*‹, haben die Alten gesagt. Feigheit war eine Schande!«

»Dieses ›*e tan e epi tas*‹ ist uns als Satz erhalten geblieben, den die Spartaner benutzten. Nicht *alle* alten Griechen. Außerdem muss ich dir sagen, dass Archilochos im ganzen Altertum ein außerordentlich populärer Dichter war. Mochte er sich auch einen Spaß aus seiner Feigheit in der Schlacht gemacht haben. Immerhin hat Heraklit ihn auf die gleiche Stufe mit Homer gestellt!«

»Uff, diese vielen Namen, die du erwähnst, mir wird ganz schwindlig. Wann haben die eigentlich gelebt? Und darf ich dich etwas Grundsätzliches fragen? Warum gibt es eine solche übertriebene Analysiererei bei den Archäologen und den Historikern und allen, die sich mit dem Altertum befassen? Es war schön damals, eine wichtige Epoche, wir haben den Parthenon gebaut, die Philosophie begründet, aber was hat das jetzt für eine Bedeutung? Haben wir nichts Wichtigeres zu tun?«

»Du kannst doch nicht eine ganze Wissenschaft verneinen! Es gibt einen Grund für ihre Existenz.«

»Und welchen? Wofür braucht man sie?«, fragte er mit spöttischer Miene.

»Einverstanden. Gute Frage. Ich gebe dir die Antwort.

Sagen wir, du wachst eines schönen Morgens auf und hast dein Gedächtnis verloren. Du erinnerst dich nicht, wer dein Vater und wer deine Mutter ist. Du erinnerst dich nicht an deine Großväter und Großmütter. Dann ist wohl offensichtlich, dass du zum Arzt gehst, oder nicht?«

»Ja.«

»Prima. Nehmen wir jetzt an, der Arzt sagt dir, alles ist gut, mach dir keine Sorgen, das lässt sich reparieren. Aber er macht dir einen Gegenvorschlag und gibt dir zwei Dinge zur Auswahl. Erstens kannst du eine Therapie machen, um deine verlorenen Erinnerungen wiederzubekommen, oder zweitens, du bleibst bewusst ohne Erinnerung. Wofür würdest du dich entscheiden? Willst du dich erinnern und deine individuelle Vergangenheit kennen, oder ziehst du es vor, dass sie dir unbekannt bleibt?«

»Natürlich will ich mich erinnern!«

»Und warum willst du dich erinnern?«

»Okay, mein Freund, es kann sein, dass unsere Vergangenheit nicht immer angenehm ist, und idealerweise wollen wir uns nicht an jede Einzelheit in unseren gestörten Familien erinnern. Aber natürlich wollen wir wenigstens wissen, was geschehen ist und wer die Menschen sind, die uns zur Welt gebracht haben, von wem sie zur Welt gebracht wurden und was für Menschen sie alle waren. Wir wollen uns an die guten Momente erinnern und wissen, wo wir Hilfe gebraucht oder geleistet haben. Aber das ist etwas anderes als die Sache mit der Archäologie. Es betrifft mein eigenes Leben!«

»Genau! Aber so anders ist es gar nicht. Genauso, wie du dich dafür entscheiden würdest, die Erinnerungen, die du an dem Morgen verloren hast, wiederzubekommen, braucht die Menschheit die Archäologie. Denn wir wollen wissen, woher wir gekommen sind. Kollektiv können wir unsere Erinnerungen nicht so aufbewahren, wie wir es als Individuen tun. Und darum brauchen wir die Wissenschaft. Sie hilft uns nämlich zu verstehen, wie wir bis hierhin gekommen sind. Und wenn wir etwas ändern können, schaffen wir es vielleicht sogar, uns zu retten!«

»Und warum geht mich diese kollektive Vergangenheit etwas an?«

»Gehörst du nicht zu einer Gesellschaft? Willst du etwa leben und handeln wie ein Roboter? Oder hast du das Bedürfnis, die Welt um dich zu begreifen und zu einer eigenen Weltanschauung zu gelangen? Wenn du wie eine Arbeitsmaschine ohne irgendeinen Gedanken leben, schlafen, aufwachen, essen und arbeiten willst, und dann das Ganze wieder von vorn, ist das dein gutes Recht. Aber genügt dir das? Was für eine Arbeit du auch machst, auf welchem Gebiet du dich auch beschäftigst, willst du doch wissen, was bereits geschehen ist. Es reicht, wenn du offen bist und die Augen aufmachst, und das umfasst die ganze Menschheit.«

»Okay, all das ist gut und schön. Aber die Archäologie ist auch schwer zu begreifen. Man hat sie uns eben nicht richtig beigebracht ...«

»Schau, dieses ›man hat sie uns eben nicht richtig beigebracht‹ ist ein altes Trostzückerchen. Aber es ist auch gerechtfertigt. Es geht ja nicht um Quantenphysik. Wie logisch kommt es dir vor, dass wir uns als Gesellschaft mit dem begnügen, was man uns in der Schule beigebracht hat? Wir sind fälschlicherweise der Auffassung, dass die Bildung mit unseren Schuljahren anfängt und aufhört. Aber das Wissen steht uns jederzeit zur Verfügung. Auch die Archäologie ist zugänglich. Es ist einfach, sie zu verstehen und zu entdecken. Hast du mal versucht, sie als Erwachsener zu entdecken? Ganz von dir aus?«

»Was soll ich denn da entdecken, Mann? Wo soll ich anfangen? Ich weiß nicht mal, wann Alexander der Große lebte, oder Odysseus, Sokrates, der Minotaurus. Oder wann Mykene existierte. Und du? Du hast doch studiert; kannst du es mir nicht in einfachen Worten der Reihe nach erklären?«

Er lächelte breit, glaubte, seine Frage werde mir den Mut nehmen und er werde ein Nein zu hören bekommen.

»Natürlich! Ich werde dir alles der Reihe nach in einfachen Worten erzählen. Wir haben ja genug Zeit.«

Er sah mich eindringlich an, ratlos, als versuchte er herauszufinden, ob ich es ernst meinte. Ich schwieg, lächelte jedoch.

»Da bin ich gespannt«, sagte er nach einer kurzen Pause. »Aber ich habe Hunger. Wenn wir nur etwas zu futtern hätten.«

Ich ließ mich auf dem Boden nieder, auch er setzte sich, und wir machten es uns im Schneidersitz bequem. Ich steckte die Hand in meine Tasche, nahm eine Tüte Kartoffelchips heraus, öffnete sie, legte sie zwischen uns und bedeutete ihm, er solle sich bedienen. Aus den Lautsprechern des Aufzugs dudelten immer noch leise griechische Schlager. Er nahm einen Chip, steckte ihn in den Mund, und beim ersten Knuspern begann ich zu sprechen …

I

Steinzeit

»Also, beginnen wir von vorn!«

»Okay.« Er sah mich unsicher an. »Wo hat denn alles angefangen?«

»Bei der Liebe.«

»Pardon?«

»Nur ein Scherz. Allerdings war gemäß der griechischen Mythologie das erste Geschöpf, das der Finsternis des Chaos entsprang, Eros.«

»Tatsächlich? Dann dreht sich wirklich alles um die Liebe?« Er lächelte.

»Alles. Grundsätzlich alles geschieht aufgrund von Macht und Liebe!«

»Und wegen des Geldes!«

»Geld ist nur das bessere Kleid der Macht.«

»Und die Liebe? Was für ein Kleid trägt sie?«

»Die Liebe, mein Freund, ist immer nackt. Aber lassen wir die Philosophie. Wir haben über die Vorgeschichte gesprochen.«

»Und du erzählst mir nichts über das alte Griechenland?«

»Nur langsam. Wir kommen schon noch zum klassischen Altertum. Aber auch die Vorgeschichte ist Teil des Altertums.«

»Vorgeschichte, du meinst Höhlenbewohner, Uga Buga und so?«

»Uga Buga und so? Wie stellst du dir den vorgeschichtlichen Menschen denn vor?«

»Na ja ... ein bisschen so Uga ... ein bisschen ... irgendwie halt!«

»Und das ist ein typischer Fehler von uns Menschen. Wir glauben, dass die zeitliche Distanz auch etwas mit der Vernunft zu tun hat. Weil wir die Geschichte als großes Bild eines menschlichen Lebens ansehen. Und unbewusst platzieren wir uns selbst in der Phase unseres ›Erwachsenseins‹, womit automatisch die vorangegangenen Generationen zur ... kindlicheren Phase der Menschheit gehören.«

»Aber du kannst nicht abstreiten, dass sich die Menschheit intellektuell entwickelt hat!«

»Sicher hat sie sich entwickelt, und zwar außerordentlich. Und jede neue Generation entwickelt sich noch weiter. Der vorgeschichtliche Mensch mag zwar bei null angefangen haben, aber ein Idiot war er nicht. Wären die vorgeschichtlichen Menschen Idioten gewesen, hätten sie nicht überlebt. Kannst du dir vorstellen, wie schwierig es ist, mächtige, wilde Vierfüßer zu jagen, damit du genug zu essen hast?

»Du meinst Mammuts und so?«

»Nicht nur! Ist die Büffeljagd etwa einfacher?«

»Damit kenne ich mich nicht aus, ich habe nie gejagt. Als Kind bin ich im Dorf höchstens ein paar Hühnern nachgelaufen.«

»Ich habe den Verdacht, dass es einen gewissen Unterschied zwischen diesen beiden Arten gibt.«

»Ja, sicher ... Und wenn ich ehrlich bin, habe ich damals kein einziges Huhn erwischt. Wie haben die es geschafft, wilde Tiere zu erbeuten?«

»Offensichtlich mit ihrer größten Waffe: dem Verstand! Zum Beispiel haben wir Hinweise aus späteren Epochen, dass unsere Vorgänger die Herden der Wildtiere über Pfade lenkten, die sie extra angelegt hatten, um die Tiere über diese zu einem Abgrund zu führen. Die Tiere stürzten ab und kamen dabei um. Etwas in der Art könnten sie auch in der tiefen Vorgeschichte gemacht haben.«

»Brillant! Die menschliche Natur ist also immer die gleiche, wie?«

»Oh, da hast du ein riesiges Thema aufgemacht. Wenn du mich fragst, gibt es ›die menschliche Natur‹ nicht. Es gibt die menschliche Biologie. Wir haben Hunger, wir haben Durst, wir pinkeln, wir haben Schmerzen, wir weinen. Das ist Teil unserer Biologie, nicht unserer Natur. Unsere Natur haben wir gemacht und machen wir immer noch, aber dazu komme ich ein bisschen später.«

»Ich meine, wie verschieden von uns können prähistorische Menschen gewesen sein?«

»In gewissen Dingen überhaupt nicht. In anderen sehr. Sie hatten mit Sicherheit eine andere Auffassungsgabe. Aber vor allem hatten sie ganz gewiss Gefühle.«

»Und das weißt du mit Sicherheit?«

»Ja, denn wenn man prähistorische Menschen findet, die mit Sorgfalt begraben worden sind, kann man wohl davon ausgehen, dass um sie getrauert wurde. Ein vorgeschichtlicher Mann war ganz gewiss in Sorge, ob die Schwangerschaft seiner jungen Frau mitten im tiefsten Winter gut verlief. Ein anderer machte sich Gedanken, weil die Jägergruppe sich verspätete ... er sah am Horizont weniger Menschen, als weggegangen waren, und hoffte sehr, dass er den, den er liebte, wiedersehen würde; ihm blieb fast das Herz stehen, er seufzte und hatte Angst. Wenn es nicht so gewesen wäre, hätten diese Menschen eine andere Wahrnehmung von sich selbst und der Welt um sie herum gehabt.«

»Nämlich?«

»Sehr einfach, damals gab es nichts von der Welt, wie sie uns heute umgibt. Nichts. Keine Technologie, keine Städte, keine materiellen Güter; das heißt, dass ihre Weltsicht von völlig anderen Reizen bestimmt wurde.«

»Ich würde mich lieber mit der Epoche beschäftigen, von der wir wissen, was passiert ist. Was geht mich diese Vorgeschichte an?«

»Alles hat in der Vorgeschichte angefangen. Da wurden wir zu Menschen!«

»Wann denn genau?«

»Na ja, ganz am Anfang eben. In der Steinzeit, die in die Altsteinzeit, die Mittelsteinzeit und die Jungsteinzeit eingeteilt wird. Hast du diese drei Begriffe schon mal gehört?«

»Ja. Ich verstehe die Reihenfolge, das ist nicht schwer ... und dass es sehr alte Epochen sind. Aber warum wird die Steinzeit in drei Teile unterteilt? Und warum gilt die Steinzeit als die erste Epoche? Weil wir ihr irgendwie einen Namen geben müssen?«

»Ja. So einfach ist es. Die Vorgeschichte ist von den Forschern in drei große Perioden geteilt worden: die Steinzeit, die Bronzezeit und die Eisenzeit.«

»Aber warum haben sie die so genannt?«

»Darum!«

»Jetzt nimmst du mich auf den Arm.«

»Ja, ein bisschen. Aber Spaß beiseite, irgendeinen Namen mussten sie ja erfinden. Und so wurden die Epochen nach dem hauptsächlichen Material benannt, das in den Funden aus jeder Epoche zutage gefördert wurde, als die Wissenschaft die ersten Ausgrabungen machte. Die erste Epoche, eine enorm lange Periode, heißt Steinzeit, und sie wird unterteilt, wie ich schon gesagt habe, in die Alt-, die Mittel- und die Jungsteinzeit, und jede von diesen hat wieder Unterabschnitte.«

»Hey! Schon komme ich nicht mehr mit. So viele wissenschaftliche Ausdrücke! Fang beim Anfang an. Bei der ersten Periode.«

»Der Altsteinzeit also. Die Altsteinzeit erstreckt sich über beinahe die ganze Präsenz des Menschen auf unserem Planeten. Durch alle Jahrtausende – und es sind sehr, sehr viele – vom Beginn der menschlichen Art bis zur Revolution durch die Domestizierung der Pflanzen und Tiere, aber auch durch die Sesshaftigkeit; da sprechen wir dann von der Jungsteinzeit, die erst vor relativ kurzer Zeit in der Geschichte des Menschen stattfand.«

»Wir gehen von der Altsteinzeit zur Jungsteinzeit. Und was ist mit der Mittelsteinzeit?«

»Die Mittelsteinzeit schiebt sich wie ein Keil dazwischen, da, wie du dir vorstellen kannst, die Veränderungen nicht von einem Tag auf den anderen stattgefunden haben. Die Mittelsteinzeit ist sozusagen eine Übergangsperiode zwischen der Altsteinzeit und der Jungsteinzeit.«

»Und all das geschah in Griechenland?«

»Nein, auf der ganzen Welt. Die Menschheit hat nicht in Griechenland angefangen. Nicht einmal in Europa. Sie hat in Ostafrika angefangen, und von dort hat sie sich auf der ganzen Erde verbreitet.«

»Und das in der Altsteinzeit?«

»Genau.«

»Und wann war Griechenland von Menschen bewohnt?«

»Die genaue Zeit ist noch unbekannt. Wir suchen

danach. Obwohl wir archäologische Beweise für die ältesten Menschen in Griechenland gefunden haben … Aber ich will dich jetzt nicht mit den verschiedenen Arten von Menschen in der fernsten Vorgeschichte verwirren, sonst verzetteln wir uns.«

»Menschenarten?«

»Ja. Wir sind der Homo sapiens sapiens, aber vor uns hat es noch andere Arten gegeben. Den Homo heidelbergensis, den Homo neanderthalensis, also den bekannten Neandertaler, und so weiter.«

»Oha, da kenne ich ein paar, die noch bei uns unterwegs sind!« Er lachte.

»Ja, für gewöhnlich siehst du sie hinter dem Steuerrad! Vielleicht kannst du es dir so merken: Ein Vorfahr hat das erste Werkzeug hergestellt, wir haben ihn Homo habilis genannt, das heißt ›geschickter Mensch‹. Dann wurde das Feuer entdeckt. Ein anderer Vorfahr hat sich auf die Hinterbeine gestellt und begonnen, so zu gehen wie wir. Den haben wir Homo erectus genannt, also ›aufgerichteter Mensch‹, eben weil er aufgestanden ist und sich auf zwei Beinen bewegt hat, und die Sache geriet außer Kontrolle. Jedenfalls haben wir Beweise dafür, dass der Heidelbergensis, der Neanderthalensis und andere irgendwann durch den griechischen Raum gewandert sind, offensichtlich gab es eine Überquerung von Süden nach Norden. Wann genau die menschlichen Arten Afrika verlassen und sich in der restlichen Welt ausgebreitet haben, wird immer noch diskutiert. Die künftigen Funde werden uns sicher weitere Anhaltspunkte geben.«

»Das bedeutet, dass die Griechen dieses Land seit der Altsteinzeit bewohnen?«

»Vorsicht! Nein. Das können wir nicht wissen. Wir wissen aber, dass der Mensch im griechischen Raum viele Jahrhunderte vorher erschienen ist. Aber wir wissen nicht, welche Art Mensch es war. Ich meine damit, dass wir sie nicht Griechen nennen können, sondern eher Bewohner des griechischen Raums. Wir wissen nicht einmal, ob sich ein griechisches oder ein anderweitiges Volk gebildet hat, und wir wissen auch nicht, was für eine Auffassung die Menschen in so alten Zeiten vom Begriff des Volks hatten. In der Vorgeschichte können wir daher nicht von Völkern sprechen.«

»Es gab damals keine Völker?«

»Wir können nicht wissen, ob es sie gab, denn sie haben uns keinen Text und keine Grundlage hinterlassen, womit wir erkennen könnten, als was sie sich selbst bezeichnet haben. Wir können in dieser tiefen Vorgeschichte keine Völker ausmachen, und wer dir das Gegenteil erzählt, lügt.«

»Aber ich habe im Internet einen Artikel gesehen, der sagt, dass ...«

»Im Internet findest du alles«, unterbrach ich ihn. »Das bedeutet noch nicht, dass es wissenschaftliche Thesen sind. Wie viele Versuche hat man schon unternommen, um Völker in der Vorgeschichte zu identifizieren; sie sollten politischen Zwecken dienen und blieben schließlich alle erfolglos, da sie sich nicht belegen lassen. Die offizielle Wissenschaft kann das nicht akzeptieren. Auf jeden Fall ist die Vorgeschichte von immensem Interesse für die gesamte Menschheit und ihre Wanderung über unseren Planeten. Ob sie nun Griechen, Madegassen, Ägypter oder Massai genannt werden, ist nicht besonders wichtig. Wir können vielleicht keine Volksgruppen lokalisieren, aber wir können die menschliche Art in ihrer Gesamtheit und die Entwicklung ihrer Zivilisation erforschen.«

»Okay ... Eine Frage: Wie alt ist die Altsteinzeit?«

»Du kannst dir so Pi mal Daumen merken, dass sie vor ungefähr 3,5 Millionen Jahren begonnen hat. Sie ist die am wenigsten bekannte Periode und am schwierigsten einzugrenzen und zu untersuchen.«

»Warum?«

»Wir sprechen von der Zeit, bevor der Mensch lernte, seine Handlungen und Gedanken aufzuzeichnen, bevor er große Werke hinterlassen hat, bevor er überhaupt begonnen hat, einen festen Wohnsitz zu haben. Wir waren Jäger und Sammler. Es gab keine Nahrungsmittelproduktion! Nur was du auf den Bäumen gefunden und was du gejagt hast. Das war nicht leicht. Die pure Strapaze für die menschliche Art über Hunderttausende von Jahren. Im Wesentlichen sind die einzigen Überreste aus dieser Zeit, mit denen du den altsteinzeitlichen Menschen identifizieren kannst, die Steinwerkzeuge, die er hergestellt und benutzt hat. Die Epoche der Altsteinzeit und die ganze menschliche Zivilisation haben sehr, sehr einfach angefangen. Aber dieser Augenblick ist großartig, wenn du darüber nachdenkst.«

»Was meinst du? Welcher Augenblick?«

»Der Augenblick, in dem unser erster Vorfahre das erste Werkzeug hergestellt hat, denn da hat alles begonnen. Langsam, aber stetig. Der Mensch hat in jenem Augenblick, auch wenn er offensichtlich nicht in der Lage war, die Größe seiner Tat zu erkennen – oder ihrer ...«

»*Ihrer?* Hat vielleicht eine Frau das erste Werkzeug gemacht?«

»Warum nicht? Hast du Beweise, dass es ein Mann war?«

»Richtig ...«

»Die Menschen, Männer und Frauen, verließen ihre ursprüngliche Umgebung, um sich etwas Neues zu erschaffen. Das ist vielleicht der bedeutendste Augenblick in unserer Entwicklung auf dem Planeten.«

»Soll heißen? Erklär mir das etwas genauer. Warum ist dieser Augenblick der bedeutendste?«

»Weil es der Augenblick ist, in dem der Mensch etwas geschaffen hat, was vorher nicht da war. Was ist wohl der grundlegendste Unterschied von uns zur übrigen Fauna auf der Erde? Wir haben die Möglichkeit, zu erschaffen und zu zerstören. Auch uns selbst. Und in dem Moment, in dem der Mensch begann, seine Werkzeuge herzustellen, begann er zugleich, die Welt um sich herum zu erschaffen. Nichts würde jemals wieder so sein wie zuvor, niemals würde dieser ewige Wandel wieder aufhören. Millionen von Jahren des Lebens auf einem Planeten mit Flora und Fauna, die sich den Gesetzen fügten, die ihnen auferlegt waren, klaglos und angepasst, und dann kam die Stunde, in der eine Lebensart beschloss, mit der Natur zu brechen und sie zu verlassen, indem sie ihre eigene erschuf. Und all das begann mit einem Krak!«

»Was für ein Krak!?«

»Der Ton, der zu hören war, als zwei Hände zwei Steine packten und sie aneinanderschlugen. Der Stein gab nach, und es bildete sich eine Klinge. Dieses ›Krak!‹ hallte in den Jahrhunderten, die folgen sollten, nach. Es war der Ton, den die menschliche Art machte, als sie die Regeln der Natur brach. Diese Klinge hat eine Kerbe markiert, auf eine Art, wie es sich niemand hätte ausdenken können. Das menschliche Wunder hatte begonnen. Aus dem heißen afrikanischen Klima ergossen sich die Menschen über die ganze Erde, wie Zuckerkrümel, die auf der Küchentheke verschüttet werden.«

»Da hat also die Menschheit angefangen? Wird das allgemein angenommen?«

»Das ist meine Interpretation – und ich denke, auch

die von anderen – der eher philosophischen Frage, wann der Mensch seinen Weg begonnen hat. Andere Interpretationen sagen, dass die menschliche Zivilisation begonnen hat, als ein wütender Vorfahre mit Worten statt mit Steinen um sich geworfen hat oder als einer unserer Vorfahren zum ersten Mal voller Ehrfurcht begraben wurde. All das ist ein wenig subjektiv. Von Bedeutung ist, dass die Menschheit eine Zivilisation geschaffen und sich von den anderen Lebensformen auf unserem Planeten getrennt hat.«

»Sehr schön! Die Menschheit hat sich auf der ganzen Erde verbreitet ... Und was ist dann passiert?«

»Die Reise war – und ist – aufregend. Die einzige Konstante war die Veränderung, vor der sich die menschliche Art immer noch fürchtet. Aber wer auch nur ein bisschen über die Menschen weiß, kann über die Hartnäckigkeit der Menschheit, sich selbst über das Dauerhafte und Beständige ihrer Natur hinwegzutäuschen, nur lächeln.«

»Du erlaubst, dass ich widerspreche? Ich glaube nicht, dass sich der Mensch verändert, die Dinge verändern sich nicht, es ist immer so gewesen. Es ist in unserer Natur ...«

»In welcher Natur, mein Lieber? Es ist nicht in deiner Natur, dass du Brot isst, dass du Kleider anziehst, dass du Auto fährst, dass du liest, dass du in Wohnhäusern über dem Erdboden sitzt, dass du den elektrischen Strom im Griff hast, dass du einen Aufzug benutzt. Und dass du sogar in einem eingeschlossen bist.«

Er sah mich schweigend und nachdenklich an. »Du denkst, dass es keine menschliche Natur gibt?«

»Offensichtlich gibt es sie, aber sie betrifft unsere Biologie und unser Überleben, und wir sind es ihr schuldig, dass wir sie achten, denn wir sind unauflöslich mit ihr verbunden. Genauso wie wir unsere Gegenwart auf diesem Planeten achten müssen und die Tatsache, dass wir mit ihm und den anderen Wesen, die auf ihm wohnen, verbunden sind. Aber das soll keine Rechtfertigung sein, um unsere Mentalität zu beschönigen. Unsere Natur bestimmt nicht unser Verhalten. Wir bestimmen es. Darum geht es aber nicht, mein Lieber. Du bist über deine Natur hinausgegangen. Hast du es nicht gewusst, hast du nicht gefragt? Sag mir, wen sollte der Mensch zu jener Zeit fragen? Den Farn und die Flechten? Oder das Mastodon, das gerade vorbeigetrampelt ist? Sein Kiefer war nicht für ein Gespräch geeignet. Wie auch immer, es ist eine abenteuerliche und kurze Reise des Menschen. Wenn du berücksichtigst, dass unser Planet 4,5 Milliarden Jahre alt ist und das Leben auf der Erde vor etwa 3,5 Milliarden Jahren begonnen hat, während der Mensch als ihr Bewohner nur 3,5 Millionen Jahre alt ist, kann man von schwindelerregender Schnelligkeit sprechen. Wie schaffst du es, dich anzupassen? Logisch, dass du einen psychischen Knacks hast. Zum Glück ist da die Archäologie, die dir helfen kann.«

»Ist das der Zweck der Archäologie?«

»Im Spaß könnte man sagen, dass die Archäologie ein kollektiver, die gesamte Menschheit betreffender Psychotherapeutenkongress ist, auf dem wir unsere Vergangenheit ausgraben, um zu sehen, was dazu geführt hat, dass wir schließlich zur komplexesten Lebensform im Sonnensystem geworden sind.«

»Ja, du hast recht. Wir Menschen sind merkwürdige Wesen. Und wir brauchen alle eine Psychotherapie. Aber erzähl mir mehr vom altsteinzeitlichen Menschen und vom ersten Gerät, das er sich ausgedacht hat. Wie ist es dann weitergegangen?«

»Das Werkzeug hat ihm gefallen. Ein handliches

Gerät, es passte. Er hat noch eins gemacht. Und noch eins. Und noch eins. So viele Hände ringsum. Und nur ich, sagte er sich, soll mich mit Arbeit abmühen? Und dann hat einer nachgedacht, wie er es verbessern könnte. So wurden die ersten Werkzeuge entwickelt.«

»Aber warum sind diese Steinwerkzeuge so bedeutungsvoll?«

»Sie sind die charakteristischsten Funde an altsteinzeitlichen Orten. Handbeile und andere Werkzeuge aus Stein oder Knochen.«

»Hatten sie kein anderes Material?«

»Selbstverständlich hatten sie auch Werkzeug aus anderen Materialien, Holz zum Beispiel, aber Holz löst sich auf und hält sich nicht so lange wie Stein. Wir haben also gezwungenermaßen den ersten vorgeschichtlichen Menschen entdeckt, konkret den altsteinzeitlichen, und das hauptsächlich wegen der Überreste, die es bis zu uns geschafft haben.«

»Und was hat der Mensch, seit er auf der Welt ist, gemacht?«

»Kunst, mein Freund!«, rief ich aus, und meine plötzliche Begeisterung überraschte ihn ein wenig. »Kunst! Winzige Schmuckstücke und außerordentlich schöne Wandmalereien in Höhlen. Das Bedürfnis des Menschen nach Kunst hatte begonnen, bevor er gelernt hat, den Boden zu bebauen und Häuser aufzustellen! Und bis heute lieben die Menschen die Kunst, manche leben von ihr, und für sie lassen sie am Schluss das Mikrofon fallen und gehen mit erhobenem Kopf von der Bühne.«

»Mic Drop, der Künstler ist eben ein Dramatiker!«

»Wenn du also heute in einer Gruppe einen Homo sapiens sagen hörst, die Kunst interessiere ihn keinen Deut, denk daran, dass sein Vorfahr vor Hunderttausenden von Jahren, in Häuten von Tieren und kaum anders als die übrigen Tiere auf unserem Planeten lebend, in seiner Höhle das Bedürfnis verspürt hat, Kunst zu erschaffen. Und er hat es getan. Denn die Kunst ist mit der menschlichen Art auf die Welt gekommen. In einer Zeit, in der er sich noch keine anderen grundlegenden Hilfen zum Überleben angeeignet hatte, wie die Kultivierung von Pflanzen oder den Bau von Häusern, da hat der Mensch gelernt, künstlerisch tätig zu sein, und später, zu leben und zu essen ... wie ein Mensch.«

»Einverstanden, bis hier verstehe ich dich. Und nach der Altsteinzeit kam die Mittelsteinzeit?«

»Ja. Aber ich erinnere dich daran, dass wir ihr diesen Namen gegeben haben. Und der ist rein bildlich zu verstehen. Lass dich nicht verwirren. Sie haben sich nicht in irgendeiner Höhle zu einer Silvesterparty versammelt, von Wand zu Wand ein Tuch gespannt mit dem Spruch ›Happy Mittelsteinzeit‹ und dann die Sekunden heruntergezählt, drei, zwei, eins, und einander umarmt und gesungen: ›Vorbei ist's mit der Altsteinzeit!‹ Der Übergang fand Schritt für Schritt statt, und wir haben die Schritte zusammengefasst, um eine gewisse Ordnung ins zeitliche Chaos der Vorgeschichte zu bringen.«

»Warum musstet ihr die Mittelsteinzeit dazunehmen? Worin besteht der Unterschied zu den anderen?«

»Das Leben begann ganz zaghaft, sich wieder zu verändern ... Die Mittelsteinzeit ist der Übergang von der Altsteinzeit zur Jungsteinzeit, die nach und nach alles verändert hat.«

»Was ist passiert, dass sich alles verändert hat?«

»Es gab einen großen Mangel. Also, hör zu: Wir definieren die Jungsteinzeit als den Übergang von der Jäger- und Sammlerkultur zur Hirten- und Bauernkultur, und irgendwann in dieser Zeit beobachtete irgendeiner, wie eine Frucht zu Boden fiel und von unten etwas spross.

›Soll ich vielleicht versuchen, die Frucht aufzuheben und in die Erde zu stecken‹, fragte er sich. ›Mal sehen, was passiert?‹ Und bald schon hatte er seinen ersten Setzling! Es sprießt! Der Mensch lernt, die Erde zu bebauen und seine Nahrung zu produzieren. Nicht nur, sie zu produzieren, sondern auch, sie zu vermehren. Und er bewahrt sie auf für schwierige Zeiten oder wenn schlechtes Wetter herrscht und er nichts für seinen knurrenden Magen findet.«

»O ja! Das kommt mir sehr bekannt vor.«

»Und irgendwann, ich mache es kurz, entstanden die Grundlagen für Besitz und Tausch. Parallel zur Erfindung der Landwirtschaft geschahen weitere einschneidende Dinge. Unsere Vorfahren dachten sich, wenn wir den Acker benutzen, weil er uns ernährt – sollen wir es uns hier in dieser Gegend dann nicht so richtig gemütlich machen? Warum sollen wir ständig hin- und herziehen?«

»In der Jungsteinzeit hat sich also alles verändert?«

»Genau! Dieser Übergang zur jungsteinzeitlichen Epoche und Kultur, die alles veränderte, ist das beste Argument gegenüber jemandem, der sich einer Veränderung und einem Übergang zu etwas Neuem mit den Worten ›Es war doch schon immer so‹ widersetzt. Du kannst natürlich erwidern, dass die Menschheit Hunderttausende von Jahren ohne festen Wohnsitz gelebt hat und ohne das Land zu bebauen, um ein Stück Brot zu beißen zu haben. Sollten wir daher lieber in die Höhlen zurückkehren, weil es dort familiärer zugeht?«

»Die Innovation der Jungsteinzeit war also die Landwirtschaft?«

»Nicht nur. Gleichzeitig begann auch die Zähmung der Tiere. Das Rind ist stark und kann dir helfen, den Boden aufzugraben, schließlich gedeihen die Pflanzen besser, wenn du möglichst tief gräbst. Die Ziege gibt Milch und säugt ihre Jungen. Sollen wir, was übrig bleibt, nicht trinken? Das Schaf hat so viel Wolle. Und es hat besseres Haar als wir. Sollen wir es vielleicht scheren? Bis irgendein Vorfahr, den sie in Paris oder Mailand oder New York als Gott verehren müssten, sich gedacht hat, die Wolle zu nehmen und daraus Kleider zu machen. Es ist nicht schwierig, gute Ideen zu verbreiten. Sagen wir, einer ist in die Ferne gereist, hat Leute in nagelneuen Wollkleidern gesehen und ist neidisch geworden. Er wäre sicher zurück in sein Dorf geeilt und hätte das Tierleder angewidert in die Ecke geworfen.«

»Gut, aber die Wolle kratzt doch.«

»Ja, tatsächlich, und vielleicht hat sie auch einige jungsteinzeitliche Menschen gekratzt, bis dann einer irgendwann auf die Baumwolle aufmerksam wurde! Schau nur, wie weich dieses flaumige Ding aus Baumwolle ist. Aber bleiben wir realistisch und ehrlich, es muss nicht notwendigerweise nur einer auf dem ganzen Planeten darüber nachgedacht haben. Verschiedene Menschen können dieselbe Idee gleichzeitig gehabt haben, und zwar an weit voneinander entfernten Orten. Parallel dazu entstand auch die Keramik. Der Mensch nahm Erde, gab ihr eine Form, brannte sie, und schon wurden Gefäße hergestellt. Und Gefäße aus Ton sind von einem unglaublichen Zauber! Sie gehen nicht mit der Zeit kaputt, nur durch Menschenhand.«

»Wie kommt das?«

»Es ist gebrannte Erde. Wenn du sie sein lässt, dann bleibt sie so, wie sie ist, bis ans Ende aller Tage. Das stellt für die Wissenschaft natürlich eine riesige Chance dar. Dass uns Keramik aus den Anfängen ihrer Erschaffung, der Jungsteinzeit, bewahrt geblieben ist, erlaubt uns, sie in eine Entwicklungsreihe zu stellen und zu wissen, welches der Gefäße wann entstanden ist, das ist ungemein hilfreich. Tonwaren sind die häufigsten Funde bei Ausgrabungen, und diese gigantische Kette der Entwicklung der Keramikkunst hilft uns zu erkennen, zu welcher Zeit der Ort, den wir gerade ausgraben, gehört. In der Jungsteinzeit ändert sich alles. Und nachdem die jungsteinzeitliche Lebensweise Griechenland erreicht hat, verändert sich auch hier alles.«

»Oh ... Was meinst du damit? Sie hat nicht hier angefangen?«

»Nein. Wir sind nicht der erste Ort auf unserem Planeten, der die radikale jungsteinzeitliche Lebensweise angenommen hat. Im Osten existierte sie seit 10 000 vor Christus, in Griechenland beginnt sie etwa um 7000 vor Christus und dauert vier Jahrtausende. Das ist ein großer Zeitraum und, wie wir gesagt haben, nicht etwas Stagnierendes. Gezwungenermaßen haben wir auch diese Periode in Unterkategorien aufgeteilt: ältere Jungsteinzeit, mittlere Jungsteinzeit, späte Jungsteinzeit und Ende der Jungsteinzeit.«

»Mir verschmoren die Hirnzellen. Das kann ich doch nicht alles behalten.«

»Schon gut. Du musst auch gar nicht so viele Details kennen. Es reicht, wenn du weißt, dass sich in diesen Jahren die jungsteinzeitliche Lebensweise in ganz Kontinentaleuropa ausgebreitet hat, auch auf den Inseln. Mit der Erfindung der Landwirtschaft konnte der Mensch sich sein Überleben besser sichern.«

»Und deshalb haben sie auch Götter angebetet, zum Beispiel Mutter Erde?«

»Wir nehmen an, dass sie die Erde verehrt haben, ja ... sehr wahrscheinlich ist das tatsächlich geschehen, aber vergiss nicht, wir sind in der Vorgeschichte und wissen nicht einmal, wie sie ihre Götter genannt haben. Aber es werden eher harte Götter gewesen sein.«

»Warum denkt ihr das?«

»Leben und Überleben waren damals eindeutig schwierig. Es ist wahrscheinlich, dass die menschliche Psyche sich die Götter also entsprechend hart vorgestellt hat. Der Nahrungserwerb mit landwirtschaftlicher Arbeit war sehr mühsam. Die Arbeit des Bauern im endlosen eiskalten Raureif der Äcker oder in der Gluthitze der Sonne war hart, nicht immer brachte die Erde genug Früchte hervor, und Hagelschauer und Krankheiten konnten alles zerstören. Über Jahrtausende sind die Menschen, wenn die Erde ihnen nichts zu essen schenkte, an Hunger gestorben. Also musste eine Gottheit, die für all dies verantwortlich war, hart sein.«

»Aber hätten die Götter, die dafür sorgten, dass die Erde Ähren und der Baum Früchte hervorbringt, nicht etwas mitleidiger mit den Menschen sein können?«

»Das ist ein guter Gedanke. Warum konnten die Götter nicht beides sein? Und wäre es nicht eine Frage der Sympathie gewesen, wenn sie es mit den Menschen gut gemeint hätten?«

»Die Menschen sind also gläubig gewesen und haben versucht, die Götter mild zu stimmen!« Er hob den Finger in die Höhe, um zu zeigen, was für einen brillanten Einfall er da gehabt hatte.

»Ziemlich vereinfacht, aber wahr. Das war, ganz kurz gesagt, die jungsteinzeitliche ›Revolution‹, die sehr langsam und friedlich ablief und doch die Menschheit für immer verändert hat. Denn wenn die Innovationen, von denen wir gesprochen haben, nicht stattgefunden hätten, hättest du weder Mehl noch frisch gebackenes Brot, auf das du ein wenig von deiner geliebten Nugatcreme streichst und das du zum Frühstück zusammen mit

Milch und Müsli genießt. Milch und Zerealien sind ebenfalls eine Erfindung aus der Jungsteinzeit. Genauso wie das Haus, in dem du sie isst. Die Jungsteinzeit ist, wie du siehst, eine der bedeutendsten, wenn nicht *die* bedeutendste Periode des menschlichen Wegs.«

»Aber weißt du was? Die Vorgeschichte scheint bedeutend und interessant zu sein, doch sie bleibt eher unbekannt. Ihr Archäologen habt da mächtig viele Lücken. Immer nur ›vielleicht‹ und ›könnte‹.«

»Ja, es stimmt – die Orte der Vorgeschichte sind selten und schwer zu interpretieren. Denk mal, wie viele weitere Jahre auf ihnen lasten, in denen sie noch genutzt wurden. Eine vorgeschichtliche Siedlung haben auch die Griechen betreten, die Römer, die Byzantiner, die Venezianer, die Türken. Es gab Schlachten, neue Dörfer und Städte wurden erbaut, Äcker wurden jahrtausendelang gepflügt. Und in all diesen Jahren wurde alles aus dem Altertum, das zufällig gefunden wurde, weggeworfen oder zerstört. Dank ihrer Beharrlichkeit und Geduld stöbern die Archäologen aber immer wieder Funde und Orte auf, die uns neue Anhaltspunkte geben.«

»Gibt es in Griechenland noch archäologische Stätten aus der Jungsteinzeit, die wir besuchen können?«

»Natürlich! Sogar viele. Aber sie haben nicht das Ausmaß der geretteten Gebäude oder den Glanz der klassischen archäologischen Stätten, um die Öffentlichkeit zu begeistern. Als gute Belege dafür kann ich dir Sesklo und Dimini in Thessalien empfehlen, aber noch besser bringe ich dich zu einer Höhle auf der Peloponnes, nach Franchthi. Es ist nicht die einzige Höhle, aber wirklich ein sehr schönes Zeugnis.«

Ich öffne mein Handy, google den Namen und zeige ihm ein Foto. Es scheint ihn nicht zu beeindrucken. Was durchaus verständlich ist, denn die Höhle hat keine Stalagmiten und Stalaktiten. Sie ist ein Loch in einem Felsen.

»Und das ist die ganze Höhle?«

»Diese Höhle ist für uns ein seltener Glücksfall, denn sie wurde in der Altsteinzeit, der Mittelsteinzeit und der Jungsteinzeit bewohnt! Gibt es etwas Besseres, um die Unterschiede und die Entwicklungen zu sehen? In den Jahren der Altsteinzeit wurde sie von Jägern und Sammlern bewohnt, die mit Steinwerkzeugen arbeiteten. In der Mittelsteinzeit zeichnet sich langsam die Veränderung ab. Die Bewohner der Höhle beginnen, ihre Toten systematisch zu bestatten, sie unternehmen weite Reisen übers Meer und lernen, Fische massenweise zu fangen. In der Jungsteinzeit haben sich die Bewohner, wie wir erkennen, auch außerhalb der Höhle ausgebreitet; dort haben sie ihre Steinhäuschen errichtet, gefischt, das Land bebaut, Keramiken und schöne Idole aus Ton erschaffen. Bis am Ende der Jungsteinzeit, als bereits der Gebrauch von Metallen bekannt war, der Zeitpunkt kam, dass sich die Gesellschaft ein weiteres Mal veränderte. Radikal.«

»Wie lange hat die Jungsteinzeit gedauert?«

»In Griechenland hat sie von 7000 bis etwa 3000 vor Christus gedauert. Dann, am Anfang des 3. Jahrtausends vor Christus, kam die Zeit für die weiterentwickelten Zivilisationen in der Ägäis. Da irgendwo endet die Epoche der Steinzeit mit ihren drei Perioden, und wir treten ein in die Bronzezeit.«

»Mit weiteren drei ...?«

»Richtig! Die Bronzezeit also ...«

»Hetz nicht so. Und beantworte mir, bevor wir weitergehen, bitte diese Frage: Was ist die Archäologie nun eigentlich?«

FAQ: Was ist die Archäologie?

»Du, als Nichtarchäologe, was glaubst du, ist die Archäologie?«

»Die Archäologie ist die Wissenschaft, welche die Vergangenheit erforscht.«

»Ja, aber sie ist nicht die einzige Wissenschaft, die das tut. Das machen andere Wissenschaften auch, die berühmteste ist ihre Schwester, die Geschichte. Diese Definition deckt also die Wissenschaft der Archäologie nicht vollständig ab.«

»Gut, dann würde ich sagen, dass die Archäologie die Ausgrabung der Kostbarkeiten aus der Vergangenheit ist. Richtig?«

»Wieder nein, denn die Archäologie besteht nicht nur aus Graben. In der Beziehung würde ich versuchen zu sagen, dass die Archäologie die Erforschung der menschlichen Vergangenheit anhand der vorgefundenen Materialien ist.«

»Du ›würdest versuchen zu sagen‹, du als Archäologe? Was soll das bringen? Ihr wisst also nicht, wie ihr eure Wissenschaft definieren sollt?«

»Die Archäologie hat viele Definitionen bekommen, aber die meisten Archäologen geben sich mit keiner von ihnen richtig zufrieden. Die meisten Definitionen werden verworfen, weil ihnen etwas fehlt. Darüber hinaus hatte die Archäologie immer den Komplex, dass sie sich Ideen und Theorien aus anderen Gebieten ausleiht, zum Beispiel von der Soziologie, der Philosophie, der Geschichte, sogar von der Geologie, und schon immer hat sie versucht, sich selbst zu definieren. Die Schwäche der Archäologie, eine Definition zu finden, die alles miteinander in einer einzigen Wissenschaft abdeckt, hat einen großen Theoretiker der Archäologie, David L. Clarke, dazu gebracht, dass er ohnmächtig ausrief: ›Archaeology is Archaeology is Archaeology!‹ Als würden wir sagen: Ich bin, der ich bin, für den, dem ich gefalle! Zu guter Letzt ist die Definition, dass die Archäologie die menschliche Vergangenheit anhand der vorgefundenen Materialien erforscht, eine Kompromisslösung.«

»In Ordnung, lassen wir die Definitionen. Aber kannst du mir wenigstens erklären, wie sich die Wissenschaft der Archäologie entwickelt hat?«

»Ich erkläre es dir mit einem Vergleich. Stell dir die Wissenschaften als Stammgäste in einem Wirtshaus vor. Einige, die alten, sind schon viele Jahre hier. Die Archäologie, eine jugendliche Wissenschaft, frisch, aufrichtig und rein, steht vor dem Eingang. Die Tür geht auf, und ein Glöckchen tut seine Arbeit und kündet vom Eintreten einer jungen Frau in das fein ausgestattete Lokal. Die respektablen Damen sitzen an großen, runden Tafeln mit dick bestickten Tischtüchern, ihre Kaffeetässchen vor sich, das Gebäck zum Dippen in der Mitte, sie tragen kostbare Kleider und kunstvolle Hüte; sie wenden den Kopf, um den neuen Gast anzusehen. Die Archäologie macht einen Schritt und betritt das Kaffeekränzchen der großen Wissenschaften.

Alle Damen der Tafelrunde haben eine Beziehung zueinander. Sie unterhalten sich, und eine beeinflusst die andere. Eines Tages zieht die Geologie etwas aus ihrer Tasche, um es ihren Freundinnen zu zeigen. Es ist ein Stein. Aber kein gewöhnlicher. Er hat Risse und Einschnitte, die eine Seite ist abgerundet und leicht beschädigt, aber die andere Seite ist scharf, als hätte jemand sie zerbrochen, um ihr die Form eines Messers oder einer Klinge zu verleihen. ›Das habe ich gefunden‹, sagt die Geologie nachdenklich. Die Theologie am Tisch gegenüber schnauft abschätzig. ›Es ist offensichtlich, dass du keine Ahnung hast, um was es sich da handelt. Zum Glück weiß ich es! Es ist übrig geblieben von den Blitzen, die Gott in den alten Zeiten geschleudert hat, um die Sünder zu bestrafen.‹ Die Theologie hat die Tendenz, von selbst Antworten zu finden, ohne sich um Beweise zu kümmern. Die anderen Wissenschaften schweigen, da sie tatsächlich nicht wissen, was dieses Objekt sein soll. Aber es bringt sie zum Nachdenken.«

Mein Aufzuggenosse unterbrach mich überrascht. »Und was heißt das jetzt?«

»Wirklich, als sie anfingen, die ersten Steinwerkzeuge aus der Altsteinzeit zu lokalisieren, war die einzig ›logische‹ Lösung, dass es sich um Bruchstücke von Blitzen oder Spitzen von den Speeren der Engel handelte, die Gott auf die Erde gesandt hatte – es war damals undenkbar, dass die Menschheit schon seit vielen Jahrtausenden auf unserem Planeten existierte und dass es die ersten Werkzeuge waren, die der Mensch erschaffen hatte … ganz zu schweigen davon, dass die Herstellung der ersten Werkzeuge den Menschen im Grunde ›erschaffen‹ hat.«

»Okay, und was ist in dem Wirtshaus mit dem altsteinzeitlichen Werkzeug passiert?«

»Die Geologie lässt sich von der Theologie nicht überzeugen. Sie steckt den Stein nachdenklich in die Tasche. Zudem hat sie bereits begonnen zu beobachten, dass die Erde, auf der wir gehen, Schichten und Rinden hat wie die Lagen einer Torte, die im Lauf von Jahrtausenden hergestellt wurden. Und wo auch immer sie sucht, sie findet ihre Beobachtung bestätigt. Und die Archäologie, die sich neben sie gesetzt hat, spitzt die Ohren, um mehr zu erfahren. Diese Idee von den Erdschichten hat ihre Neugier geweckt. Wenig später findet die Geologie Beweise dafür, dass dieses Werkzeug menschlich ist. Und sogar uralt! Und die Erste, die davon erfährt, ist ihre neue Freundin, die Archäologie! Die Zeit vergeht, das Wirtshaus bekommt einen neuen Besitzer, und die großen Tafelrunden sind nicht mehr in Mode. Schicke Theken, ausgeklügelte Dekors und technische Apparate ersetzen die Tischchen, und man wendet sich den exakten Wissenschaften zu. Aber die sture Archäologie hängt immer noch dort herum, flirtet und klimpert mit den Wimpern. Sie schließt Freundschaft mit den wichtigen Wissenschaften, und für alles, was sie braucht, rennt sie zu ihnen und fragt. Sie ist sehr beliebt und wird immer öfter Archäometrie genannt. Nachdem sie ihren Platz im Wirtshaus der Wissenschaften gefunden hat – nämlich genau zwischen den theoretischen und den exakten Wissenschaften –, beschließt die Archäologie, auf Reisen zu gehen. Sie mag zwar im europäischen Raum gestartet sein, bei den großen Zivilisationen des Mittelmeers, begreift aber rasch, dass unser ganzer Planet sie etwas angeht. Wo auch immer der Mensch gewohnt hat.«

»Da schau her! Die Archäologie hat also nicht in Griechenland angefangen?«

»Natürlich nicht!«

»Aber ist das alte Griechenland nicht das Zentrum der Archäologie?«

»In Bezug auf alle, die sich für die griechische oder die klassische Archäologie interessieren, kannst du sagen, dass sie sich auf den griechischen Raum und aufs östliche Mittelmeer konzentrieren, wo sich die altgriechische Zivilisation ausgebreitet hat. Aber es ist nicht schlecht, wenn wir uns daran erinnern, dass die Archäologie weder mit dem alten Griechenland noch mit dem Altertum, wie wir es kennen und in der westlichen Zivilisation definieren, identisch ist.«

»Das musst du mir erklären.«

»Archäologie ist überall dort, wo es menschliche Behausungen gibt. Und weil die Menschheit vor vielen Jahrtausenden unseren ganzen Planeten überschwemmt hat, von den tropischen Tiefen in Afrika mit den riesigen Mauern von Groß-Simbabwe bis zu den Dünen von Ägypten mit den ersten Pyramiden, den Britischen Inseln mit ihren imposanten Steinmauern, den an Flüssen gelegenen Gebieten Indiens mit den ersten städtischen Strukturen auf der Erde, den Steppen von Russland, wo die Horden der Skythen wohnten, den dichten Tropenwäldern in Mexiko, wo die Mayas mitten im Dschungel gigantische Stätten errichteten, den einsamen Inselchen im Pazifik, wo kühne polynesische Pioniere ihre Totems aufstellten – folglich ist die Archäologie überall.«

»Wirklich fantastisch, diese Reisen durch den Geist der Archäologie!«

»Dann habe ich hier noch eine alternative Definition für dich: Die Archäologie ist der Spielplatz der menschlichen Fantasie.«

»All diese Zivilisationen, die du erwähnst, sind alt? Und haben gleichzeitig existiert?«

»Gewisse Zivilisationen gehen zeitlich den anderen voran. Das ist einfach eine chronologische Gegebenheit. Zivilisation ist nicht Wettbewerb. Die ersten städtischen Zivilisationen wurden in Mesopotamien geschaffen, in Ägypten und im Tal des Indus. An diesen Orten kannten sie Schrift, Architektonik und Techniken schon seit etwa 3000 vor Christus.«

»Gut, und was ist damals im griechischen Raum vor sich gegangen?«

»Der griechische Raum ließ in diesen Jahrhunderten die Jungsteinzeit hinter sich und trat in die Bronzezeit ein.«

»Hm! Dann erzähl mir von dieser Bronzezeit.«

2

Kykladische Zivilisation

»Da sind wir, etwas nach 3000 vor Christus, und es beginnt die Bronzezeit.«

»Das heißt, damals wurde das Kupfer entdeckt?«

»Nein, das Kupfer und andere Metalle waren bereits entdeckt worden – wie das Gold, das schon damals ein Hit war, so glänzend und schön, wie es war. Man hat in den Anfängen der Wissenschaft, als alles noch viel naiver aufgenommen wurde, einen gesteigerten Gebrauch von Kupfer beobachtet, genauer gesagt der Legierung von Kupfer und Zinn, die man Bronze nennt. Deshalb wurde die Periode in der englischen wissenschaftlichen Literatur als *Age of Bronze* geführt, und dieser Name ist dann geblieben.«

»Aber wenn der Begriff unpassend ist, warum ändert ihr ihn nicht?«

»Gute Frage. Aber das ist gar nicht so einfach, denn so haben wir es gelernt, so sind wir es gewohnt, und es ist nicht einfach, wissenschaftliche Begriffe weltweit zu ändern. Dann müsste ja eine gewisse Übereinkunft herrschen, wie wir diese Periode generell nennen wollen. Soll ich dir etwas Grundsätzliches sagen? Es nützt nicht viel, die Bezeichnung zu ändern. Der Punkt liegt woanders.«

»Wie lange hat diese Bronzezeit gedauert?«

»Der griechische Raum befindet sich von 3000 bis 1050 vor Christus in der Bronzezeit.* Die Wissenschaft unterscheidet herkömmlicherweise drei Perioden.«

»Ja, das hatten wir schon kurz angesprochen. Wie bei der Steinzeit: Alt-, Mittel- und Jungsteinzeit. Dann haben wir also die Altbronzezeit, die Mittelbronzezeit und die Spätbronzezeit. Habe ich recht?«

»Nein. Die einzelnen Perioden der Bronzezeit benennen wir ein bisschen anders: frühe, mittlere und späte Bronzezeit.«

»Euch geht's ja nicht gut.«

»Nein, geht es nicht, aber was sollen wir machen? Wir haben also die frühe, die mittlere und die späte Bronzezeit. Und wir unterscheiden sie nach drei geografischen Orten: Kykladen, Kreta und griechisches Festland.«

»Warum diese geografische Unterteilung?«

»Weil diese drei Räume verschiedene Wege der Zivilisation beschritten haben. Während sich also, wie wir gesagt haben, an anderen Orten der Welt sehr große städtische Zivilisationen entwickeln, beginnen in der Ägäis nach und nach Zivilisationen mit ihrer ureigenen charakteristischen Kultur zu entstehen. Die Bronzezeit war im griechischen Raum sehr fruchtbar. Nicht mit einem, sondern mit drei großen Erfolgen. Sie ist die Epoche der großen vorgeschichtlichen Zivilisationen, zeitlich war die kykladische (auf den Kykladen) die erste, dann kam die minoische (auf Kreta) und drittens die mykenische oder helladische (auf dem Festland).«

* In Mitteleuropa dauerte die Bronzezeit von 2200 bis 800 vor Christus. A. d. Ü.

»In meinem Kopf verschwimmt alles.«

»Mein Lieber, es ist ganz einfach, wir haben drei chronologische Perioden, drei Unterteilungen der Bronzezeit. Okay bis hier?«

»Ja.«

»Gut. Nimm die erste Periode, die frühe Bronzezeit, von 3000 bis 1900 vor Christus Wenn du auf den Kykladen bist, nennen wir sie frühkykladisch. Bist du auf Kreta, nennen wir sie frühminoisch. Und bist du auf dem griechischen Festland, nennen wir sie frühhelladisch.«

»Also gleichzeitig, einfach an allen Orten.«

»Genau. Von diesen drei wurde bei der ersten Talentshow die frühkykladische zur ›Siegerin‹ erklärt, weil da die kykladische Kultur erblühte.«

»Das heißt, damit ich's verstehe, die kykladische Zivilisation wird auch frühkykladische Periode genannt?«

»Kurz gesagt, ja. Die kykladische Zivilisation erreichte ihren Höhepunkt während der frühkykladischen Periode. Dementsprechend haben wir in der mittleren Bronzezeit, von 1900 bis 1600 vor Christus, die mittelkykladische, die mittelminoische und die mittelhelladische Periode, in der die minoische Zivilisation das Zepter übernimmt. Und schließlich die späte Bronzezeit von 1600 bis 1100 vor Christus ...«

»Lass mich raten! Da haben wir die spätkykladische, die spätminoische und die späthelladische Periode.«

»Genau! Wieder gleichzeitig, aber an anderen Orten. Da kam die Stunde, in der das Festland einen Teil des Ruhms erhalten sollte, mit der helladischen Kultur der mykenischen Zivilisation.«

»Schön. Mit Müh und Not haben wir es auf die Reihe gebracht ... Aber erzähl mir jetzt etwas zu den drei ...«

»Okay. Zuerst die Kykladen. Der Raum, wo sich die kykladische Zivilisation entwickelte.«

»Entschuldige, dass ich dich unterbreche, aber ist Kykladen nicht ein merkwürdiger Name?«

»Hm, ich verstehe, was du meinst. Aber es ist ein fantastischer Name, wenn du siehst, woher er kommt! Zeus war der König der Götter und liebestoll. Er verliebte sich in Leto, die Tochter des Titanen Koios und der Titanin Phoebe (sie symbolisierten den Intellekt und die Prophezeiung – also die Gesamtheit der Kenntnisse im Universum), und sie wurde mit Zwillingen schwanger. Hera, die wusste, dass der Knabe, der aus dieser Vereinigung geboren werden würde, alles in der existierenden Welt auf den Kopf stellen würde, befahl, dass kein Stück Erdboden und kein Ort Leto aufnehmen durften, damit sie gebären konnte. Leto streifte umher, ihr Bauch schmerzte, und sie keuchte schwer. Ein kleiner Fels, winzig und unscheinbar, schwamm in der Ägäis und erbarmte sich ihrer. Er sagte zu ihr: ›Meine Leto, ich habe die Verachtung der Welt kennengelernt, alle halten mich für völlig wertlos. Komm und gebäre deine Kinder bei mir. Ich habe keine Angst vor Hera!‹ Leto dankte ihm und beruhigte ihn, dass er sogleich den Ruhm erhalten werde, der ihm für sein Mitleid gebühre. Er werde kein unbekannter und unscheinbarer Ort mehr sein. So entstand Delos. Leto hielt sich an einer Palme in der Mitte der Insel fest und gebar ihren Sohn. Die anderen Göttinnen eilten heran, um den kleinen Apollon zu wickeln, und der griff nach einem goldenen Schwert, zerschnitt seine Windeln, stand auf und wurde in diesem Augenblick volljährig. Die ganze Ägäis war in Licht getaucht. Eine Schar von Schwänen, die von weither kam, aus dem Land der Hyperboräer, einer sagenhaften und paradiesischen Gegend, kreiste sieben Mal um die heilige Palme, und alle olympischen Götter erschienen, um den jungen Gott des Lichts zu bewundern. Der kleine Fels, auf dem das Licht der Erkenntnis geboren worden war, nahm seinen Platz im Zentrum der Ägäis ein. Die anderen Inseln kamen, um den Felsen, der das göttliche Licht hervorgebracht hatte, zu ehren. Sie bildeten einen Kreis um ihn und wurden zu den Kykladen.«*

»Da bekomme ich ja direkt eine Gänsehaut!« Er schwieg für ein paar Sekunden und fragte dann: »Delos war also seit jeher eine heilige Insel?«

»Nein, das habe ich nicht gesagt. Wir wissen es nicht. Dieser Mythos wurde von der dichterischen Fantasie der alten Griechen erschaffen, viele Jahrhunderte später. Wir wissen nicht, ob Delos in der vorgeschichtlichen Epoche eine heilige Insel war. Wir wissen genauso wenig, ob diese Inseln Kykladen genannt wurden – oder wie man zu ihnen damals sagte. Was uns interessiert, ist, was dort in der Vorgeschichte passierte.«

»Was ist denn damals in der Ägäis passiert, dass ihr die Steinzeit von der Bronzezeit unterscheidet und die Kykladen für das Zentrum der Zivilisation haltet?«

»Es scheint kein großes, erschütterndes Ereignis, keine Invasion, keine Unruhen, keinen Tumult gegeben zu haben. Die kulturelle Entwicklung war friedlich und stetig.«

»Warum betrachten wir dann die kykladische Zivilisation als die erste ›große‹ Zivilisation der griechischen Vorgeschichte?«

»Diese Zuschreibung kommt von uns. Von der Wissenschaft. Wenn eine Gemeinschaft den grundlegenden Zustand von Ackerbau und Viehzucht verlässt, in dem alle Gemeinschaften in der Jungsteinzeit gelebt haben, und konkrete Charakteristiken annimmt, die sie von den

* Das Wort Kreis heißt auf Griechisch κύκλος, *kyklos*, daher die Kykladen, die im Kreis versammelten Inseln. A. d. Ü.

anderen unterscheiden, betrachten wir sie als eigenständige ›Zivilisation‹. Die Bewohner der Kykladen nach 3000 vor Christus haben eine solche Zivilisation entwickelt, mit vielen Unterscheidungsmerkmalen. Wir wissen, dass sie ein ganz feines Gefühl für Kunst entwickelten, und sie haben uns diese wunderschönen kykladischen Idole hinterlassen, hergestellt aus dem leuchtenden kykladischen Marmor, der strahlt, als wäre er in göttlichem Licht getauft worden. Die Ägäis war ein endloser Boulevard, auf dem du fahren konntest, wohin du wolltest. Alles, was du brauchtest, waren ein Boot und eine gute Portion Mut, um dich dem offenen Meer entgegenzustellen, ein bisschen Entschlossenheit, ein bisschen Sehnsucht, diesen inneren Drang, der dich antreibt, etwas anderes zu erforschen. Und die Kykladen sind eine Schar von Filetgrundstücken auf diesem endlosen dunkelblauen Boulevard der Ägäis. Die Ägäis war dafür schon immer geeignet.«

»Als Phosphorpiste.«

»Auch der Phosphor leuchtet, wie der Marmor der Ägäis leuchtet. Darüber hinaus begann, wie im restlichen Griechenland, der Gebrauch von Metallen zuzunehmen, hauptsächlich der von Kupfer.«

»Und was bedeutet das?«

»Bessere Werkzeuge und bessere Waffen. Die Szenerie verändert sich vollkommen. So füllen sich die Inseln mit Siedlungen und Leuten, die die fantastische Gegend genießen, den Boden bebauen, Handel treiben, sich austauschen, miteinander in Verbindung stehen und reisen. Aber das grundlegende Element der Zivilisation, das uns immer noch beeindruckt, sind die Idole, die sie hergestellt haben.«

»Sind das die ersten menschlichen Bildnisse?«

»Idole aus Ton oder Stein hat die Menschheit Tausende von Jahren vor den kykladischen gemacht. Tönerne oder steinerne Idole in Form elementarer kleiner Gestalten von Menschen und Tieren finden wir seit der Jungsteinzeit, und es ist wunderschön zu sehen, wie die Menschen sich Mühe gaben, Gestalten abzubilden. Aber die Bewohner der Kykladen schufen sogar Kunstschulen, die wunderschöne Idole in menschlicher Gestalt (vor allem Frauen, aber auch Männer und erstaunlicherweise auch Musikanten) in einer riesigen Vielfalt von Formen und Größen, von winzig klein bis gigantisch groß, herstellten. Deshalb halten wir ihre Zivilisation für so bedeutend.«

»Und warum weisen solche Idole auf eine Zivilisation hin?«

»Wenn du so weit bist, dass du Kunst von höchster Qualität schaffen kannst, hast du das erste Stadium des reinen Überlebens durchschritten und kannst deinen Verstand benutzen, der zu höheren Dingen fähig ist.«

»Diese blendend weißen Idole sind wirklich schön.«

»Sie waren gar nicht blendend weiß! Sie wurden bemalt, aber im Lauf der Jahrhunderte sind die Farben verschwunden.«

»Wie wollt ihr dann wissen, dass sie bemalt waren?«

»Die alten Farbsubstanzen haben auf der Oberfläche der Figuren Spuren hinterlassen, die wir mit einer speziellen Analyse ausmachen können. Das deckt die Archäometrie auf, die ich vorhin erwähnt habe. Es hat sich einfach etabliert, dass wir sie als minimal und blendend weiß bestaunen. Diese Idole wurden zu einem derartigen Objekt der Bewunderung in der heutigen Zeit, dass sie nicht nur die moderne Kunst beeinflusst haben, sondern sie wurden auch zum Anlass für Dutzende von Raubgrabungen, die alles zerstört haben, weil man versuchte, möglichst viele solche Idole zu finden, um sie auf dem schwarzen Kunstmarkt an Sammler im Ausland zu verkaufen.«

»Oh! Das ist sicher ein großer Verlust.«

»Unermesslich und vor allem nicht wiedergutzumachen. Die Mehrzahl der Idole, die sich heute in den Museen überall auf der Welt befinden, ist von unbekannter Herkunft. Das ist katastrophal, weil wir über keine grundlegenden Informationen zu ihrem Gebrauch und ihrer Bedeutung verfügen. Wenn wir wüssten, wo und wie die Idole gefunden wurden, könnten wir dazu viel mehr herausfinden.«

»Es sieht jedenfalls so aus, als wüsstet ihr nicht besonders viel über die kykladische Zivilisation …«

»Stimmt, noch wissen wir nicht viel. Wir wissen, dass die Menschen in kleinen Siedlungen lebten, dass sie ein feines Gespür für die Kunst hatten, die aus ihrer volkstümlichen Kultur kam; entweder waren es die Idole oder wunderschöne Gefäße, die uns erhalten blieben, aus Ton und Marmor. Etwas mehr wissen wir über ihre Gräber.«

»Warum gerade über die Gräber?«

»Grundsätzlich ist es viel einfacher, unberührte Begräbnisstätten zu finden. Denn sie wurden ja so angelegt, dass sie in der Erde verborgen waren. Die Siedlungen sind für die Bedürfnisse der Lebenden da und verschwinden meist, wenn die Menschen verschwinden. Die meisten Inseln sind schwer zugänglich, und die Überreste aus dieser lang dauernden Epoche – es sind tatsächlich nur wenige – wurden in den folgenden Jahrhunderten zum großen Teil zerstört. Aber wir forschen weiter.«

»Wir werden also in Zukunft noch mehr erfahren?«

»Ja. Davon können wir fest ausgehen. Schon in den letzten Jahren haben wir mehr erfahren. Die Archäologie ist eine gerissene und subversive Wissenschaft, und erst vor Kurzem kam eine riesige Überraschung über die vorgeschichtliche kykladische Zivilisation im 3. Jahrtausend vor Christus dazu. Es gibt eine seit Jahrhunderten unbewohnte Insel, südlich von Naxos, neben Koufonisia, sie heißt Keros. Auf dieser Insel fanden die Antiquitätenschwarzhändler große Mengen an kykladischen Idolen, die in ausländischen Sammlungen verschwanden. Diese Idole waren zerbrochen! Der erste Gedanke war, dass die Schwarzhändler so grob vorgingen, dass sie sie zerbrachen, um mehrere Teile zu verkaufen.«

»Und, war es so?«

»Die Ausgrabungen auf der Insel zeigten, dass nicht die Schwarzhändler die Idole zerschlagen hatten, sondern dass sie schon seit der vorgeschichtlichen Zeit kaputt waren! Und als hätte diese Erkenntnis nicht gereicht, erwies sich das Volumen der Marmoridole, die man zerbrochen auf Keros fand, als so mächtig, dass wir mehr Idole von der winzigen Insel Keros haben als von allen Kykladeninseln zusammen! Offenbar reisten die Bewohner der Kykladen von verschiedenen Inseln nach Keros, um die Marmoridole, die sie selbst mit solcher Mühe geschaffen hatten, vorsätzlich zu zerschlagen.«

»Rätselhaft!«

»Wart's ab, denn die Sache birgt noch ein weiteres Rätsel. Gleich neben Keros liegt eine felsige Insel in der Form eines Kegels, Daskalio. Die war in vorgeschichtlicher Zeit mit Keros verbunden, wie eine Halbinsel. Die Grabungen zeigten, dass Daskalio eigentlich eine Marmorstadt war, die mit Hunderten Tonnen weißem Marmor aus den Kykladen errichtet worden war, in der Gestalt eines kunstvollen Bergs, mit Dutzenden von imposanten Gebäuden, die im blauen Licht der Ägäis leuchteten. Eine Stadt aus Marmor, deren oberster Punkt höchstwahrscheinlich der heiligste Ort der Insel, wenn nicht der ganzen Ägäis war.«

»Ein vorgeschichtliches Delos?«

»Mir gefällt die Art, wie du denkst. Das kann nicht bewiesen werden, zumindest noch nicht, aber es ist ein schöner Gedanke. Keros und Daskalio hatten ganz klar eine große Bedeutung, nach der nun geforscht wird. Aber fahren wir fort: Plötzlich fiel auf die kleinen Inseln der Ägäis der Schatten eines Giganten, der entschlossen war, sich zu erheben. Kreta, die größte Insel der Ägäis, betrat die Bühne und nahm den Kykladen das Mikrofon weg. ›Seid schön still, ihr Kykladen. Ich werde euch zeigen, was es heißt, als Stern geboren zu werden‹, sagte es.«

»Du sprichst vom minoischen Kreta?«

»Ja.«

»Ah ja! Ich erinnere mich, dass Evans es ausgegraben hat!«

»Arthur Evans hat es zu einer Berühmtheit gemacht, ja.«

»War Evans der erste Archäologe?«

»Nicht wirklich! Warum sollte er es gewesen sein?«

»Äh, ich habe gedacht, vielleicht ... Wer war denn der erste Archäologe?«

Ich atmete tief durch. Und beschloss, ihm etwas mehr über die Geschichte unserer Wissenschaft zu erzählen.

FAQ: Wer war der erste Archäologe?

»Es gibt keinen ersten Archäologen, da die Archäologie sich allmählich entwickelt hat. Zuerst war da die Liebe zum Altertum. Die Altertumsforscher waren, wie heute, Menschen, die die Vergangenheit faszinierte. Es gab aber verrückte Typen, die als Erste Schritte unternahmen, die der Archäologie eine solche Stellung verschafften, dass sie Wissenschaft genannt werden konnte.«

»Wie haben sie das gemacht? Und kannst du mir einen Namen nennen?«

»Gehen wir ungefähr ins Jahr 1400, in eine kleine italienische Stadt, Ancona, ins Haus einer Kaufmannsfamilie, die einen einzigen Sohn hatte, Ciriaco. Ciriaco de Pizzicolli war neugierig. Und er war der Erste, der das Altertum wie verrückt liebte; er verließ das Haus, um durch die Welt zu ziehen und Altertümer im dichten Dunkel des Mittelalters zu finden, in einer Epoche, in der keiner auch nur daran dachte, etwas Derartiges zu tun. Er wurde bekannt als Cyriacus von Ancona, auf Lateinisch hieß er Cyriacus Anconitanus.«

»Wegen seiner Ellbogen?«

»Nein, nicht wegen der Ellbogen. Sondern weil er eben aus Ancona stammte, das seinen Namen von den griechischen Kolonisten aus Syrakus erhalten hatte.«

»Und woher kommt der Name Ancona?«

»Vom griechischen Wort *ankónas* für Ellbogen, dessen Form die Hafenbucht bildete und der die Schiffe schützte.«

»Womit wir wieder bei den Ellbogen wären!« Er lächelte selbstgefällig. Auch ich schmunzelte.

»Wie auch immer: Ciriaco bummelte durch verschiedene Altertümer, die in seiner Nachbarschaft und in der näheren Umgebung lässig in der Sonne lagen, von allen vergessen, und er brannte vor Neugier, was in der Vergangenheit gewesen und passiert sein mochte. Ciriaco wollte nichts sehnlicher, als Altertümer zu entdecken. Also kehrte er seiner Heimat den Rücken und durchquerte das ganze Mittelmeer, erforschte und notierte alles, was er sah, in seinem Tagebuch. Sechs Bände hat er vollgeschrieben! Viele archäologische Stätten und Denkmäler sind zum ersten Mal von ihm lokalisiert worden. Er hat den Samen gesät und uns ein Geschenk hinterlassen: unzählige Aufzeichnungen und Skizzen. Viele Altertümer, die er damals angetroffen hat, sind inzwischen verschwunden. Aber dank Ciriaco haben wir eine Idee, wie sie vor ihrem Zerfall ausgesehen haben. Manche Stimmen haben ihn den Vater der Archäologie genannt.«

»Okay ... Einen ersten Archäologen gibt es nicht ... Und gibt es auch keinen ersten archäologischen Ort?«

»Doch, den gibt es!« Er war verblüfft. Das hatte er nicht erwartet. »Der erste bedeutende archäologische Ort wurde viele Jahre später entdeckt. Zufällig. Es handelt sich um die Städte, die am Fuß des Vesuvs erbaut waren, nahe bei Neapel, in der italienischen Region Kampanien. Die bedeutendsten sind Herculaneum, heute Ercolano, und Pompeji. Die Geschichte wirst du kennen. Kleine, ruhige Provinzstädtchen, mit ihren Läden, vornehmen Häusern, Bädern, Tavernen, dem Amphitheater und dem Odeon zur Unterhaltung. Bis eines Tages, im August des Jahres 79, der Vulkan, den sie Vesuv nannten, überraschend ausbrach. Und die Menschen, die sich schon damals freuten und stritten und sich in Arme und Reiche trennten und, solange sie lebten, darum kämpften, sich voneinander abzuheben, starben alle zusammen innerhalb weniger Stunden. Sie wurden von einer dicken Ascheschicht bedeckt, die alles jahrhundertelang unberührt ließ. Bis im 18. Jahrhundert ein Blumenhändler, der in seinem Dorf, das über diesen alten Städten lag, Pflanzen züchtete, seine drei Söhne beauftragte, den Brunnen tiefer zu graben, da er ausgetrocknet war. Dabei kamen die ersten Altertümer zum Vorschein. Der Provinzadel bekam Wind davon. Statuen kamen zum Vorschein, die antiken Schätze wurden ausgehoben. Es war auch die Epoche, in der die Leute nach der Renaissance langsam etwas aufgeklärter wurden, sodass man die Funde sehr schätzte. Und so fingen die Menschen voller Neugier an, sich für das, was in der Vergangenheit passiert war, zu interessieren.«

»Ich habe Archäologen gesehen, die mit einem Bürstchen und supersorgfältig graben. Wie konnte man diese Städte freilegen? Wussten sie damals, wie man beim Graben auf jedes Detail achten und methodisch vorgehen muss?«

»Nein. Sie gruben ohne irgendwelche Kenntnis, fast schon barbarisch. Sie wussten es nicht besser. Sie machten keine Ausgrabungen nach wissenschaftlichen Kriterien.«

»Und wann hat die Archäologie angefangen, mehr … wissenschaftlich zu graben?«

»Gute Frage. Schon recht bald. Für ein Beispiel gehen wir etwas weiter, ans Ende des 18. Jahrhunderts, aber weit weg von Italien, in die neu entstandenen Vereinigten Staaten von Amerika. Dort sehen wir eine der ersten Ausgrabungen, die man tatsächlich als wissenschaftlich bezeichnen kann; ein Mann hat sie gemacht, Thomas Jefferson. Der dritte Präsident der USA!«

»Wie geht denn das zusammen? Die hatten doch gar keine klassischen Altertümer in Amerika.«

»Hatten sie selbstverständlich nicht. Aber das eine ist die Archäologie, das andere die klassische Archäologie, wie ich gesagt habe. Archäologie gibt es überall, wo es eine menschliche Siedlung gibt.«

»Gut, aber ich habe angenommen, wir reden über das griechische Altertum.«

»Ja, mein Lieber! Aber weil wir jetzt über die Geschichte dieser Wissenschaft diskutieren, müssen wir, und sei es nur ein bisschen, die Grenzen des griechischen Altertums verlassen. Einfach, damit du verstehst, dass die Wissenschaft in der ganzen Welt aufgebaut wurde.

Nachher sprechen wir speziell über das alte Griechenland. Also: Thomas hatte ein paar Äcker. Auf diesen Äckern gab es Grabstätten, das heißt künstlich angelegte Hügel, in denen reichhaltige Gräber verborgen waren. Bis dahin wäre es den Weißen, die voller Träume und Hochmut nach Amerika gekommen waren, nicht im Geringsten in den Sinn gekommen, dass die einheimischen Stämme der Indianer, auf die sie trafen, irgendwann solche kunstvollen Grabhügel errichtet haben könnten. So schrieben sie deren Bau einem unbekannten vergangenen Volk zu, das untergegangen war, bevor die Indianer gekommen waren. Thomas war der Erste, der es wagte, eine große, laute, wissenschaftliche Frage zu stellen: ›Na, was sagt man dazu?‹ Und er begann, die Hügel auf seinem Land auszugraben. Er stieß auf mindestens tausend Gräber mit bedeutenden Funden für die einheimische Zivilisation. Thomas war kein Rassist.«

»Bravo, Thomas!«

»Sowohl in Bezug auf die Wissenschaft als auch in Bezug auf die Menschheit. Ungefähr in diesen Jahren, also in der zweiten Hälfte des 18. Jahrhunderts, gab es einen Deutschen mit Namen Johann Joachim Winckelmann …«

»Was für ein Name! Dass du dir den merken kannst!«

»Ja, er hatte nicht gerade den besten Namen für eine Karriere im Showbiz, aber er war eine reiselustige Seele und gelangte nach Italien, wo er die Sammlungen sah, die langsam mit den alten Statuen, die ans Licht gelangten, gefüllt wurden. Winckelmann war verliebt in die alte Kunst, die griechische wie die römische. Er legte das Fundament zur Erforschung der klassischen Kunst. Auch er wird von einigen als Vater der Archäologie bezeichnet. Der klassischen jedenfalls.«

»Und die Vorgeschichte? Ist die ein Waisenkind?«

»Nein, ist sie nicht. Es gab nämlich einen Dänen, der das Graben und die Funde, auf die er stieß, liebte. Er hieß Christian Jürgensen Thomsen …«

»Noch so ein komischer Name. Was hat der gemacht?«

»Er musste im regnerischen und kalten Norden Europas gar nicht erst nach imposanten, leuchtenden Statuen und alten Tempeln suchen, und er hatte auch keine schriftlichen Quellen, auf die er bei seiner Erforschung der Vergangenheit seiner Gegend zurückgreifen konnte. Daher beschloss er, seine Forschung auf die ferne und unbekannte Vergangenheit der Menschheit auszurichten. Historische Texte sind gut und schön, aber wenn wir über keine Quellen verfügen, was dann? Lassen wir's bleiben? Thomsen knipste die erste Taschenlampe an, die die tiefe Dunkelheit der Vorgeschichte erhellte, und gab damit den Anstoß für den Menschen, seine Vergangenheit zu entdecken. Er war es, der die Vorgeschichte in drei Teile gliederte, Steinzeit, Bronzezeit und Eisenzeit. Verschiedene nannten ihn ebenfalls …«

»Lass mich raten … Vater der Archäologie.«

»Genau! Und dann kam ein Franzose, Jacques Boucher de Crèvecœur de Perthes …«

»Die Namen sind absolut hinreißend – aber etwas Eingängigeres ist ihnen nicht eingefallen? Wie Cher, Sting, Moses, Zorro!«

»Darf ich fortfahren?«

»Ja.«

Er presste die Lippen zusammen und sah mir in die Augen.

»Dieser Franzose fand schließlich in Nordeuropa menschliche Skelette und Steinwerkzeuge, zusammen mit Knochen von Elefanten und Flusspferden, die vor Jahrtausenden bereits verschwunden waren, und rief kühn aus: ›He, ihr, seht ihr das? Was haben wir da vor uns? Sind vielleicht in uralter Zeit Menschen hier gewesen?‹ Dieses Trommelfeuer von Fragen hat tüchtig am Fundament der biblischen Erzählung gerüttelt. Ihn haben sie nicht Vater genannt, aber sein Beitrag war immens.«

»Auch gut, dass sie nicht auch ihn so genannt haben! Ihr habt ja schon viele Väter, mein Lieber ...«

»Die individuelle Vaterschaft ist nicht so wichtig, denn alle miteinander haben sie den Grundstein gelegt.«

»Hatte eure arme Wissenschaft gar keine Mutter?«

»Die Archäologie hat in einer von Männern beherrschten Welt begonnen. Später, als mit Müh und Not auch Frauen ihre Positionen in der Wissenschaft errungen hatten, wurden einige von ihnen weltberühmt. In Griechenland zum Beispiel war die Erste, die eine Ausgrabung machte, eine Amerikanerin, Harriet Ann Boyd-Hawes, und zwar auf Kreta, vor dem Zweiten Weltkrieg.«

»Sie war die erste Archäologin?«

»Nein! Gar nicht! Sie war einfach die Erste, die eine eigene Ausgrabung in Griechenland durchführte. Bis dahin ging man davon aus, dass die Frauen in eine Bibliothek und auf die akademische Seite der Wissenschaft gehörten und selbstverständlich hinter den Vorhang. Oder man beschäftigte sie, wenn's gar nicht anders ging, als Helferinnen bei den Ausgrabungen, aber natürlich wieder weit im Hintergrund! Ein eindeutiges Beispiel ist das von Mary Ross Ellingson, die ebenfalls vor dem Krieg, im alten Olynthos arbeitete und eine Riesenmenge an Material erforschte, aber ihre Arbeit wurde vom Herrn Chefausgräber als seine ausgegeben! Viel später wurde das bekannt und öffentlich gemacht. Aber zum Glück ist der Sexismus zum größten Teil aus der Wissenschaft getilgt worden.«

»Nicht vollständig?«

»Wie in der Gesellschaft ist der Sexismus auch in der Wissenschaft nicht ganz verschwunden, mein Freund. Denn er hat viele Erscheinungsformen, neben den offensichtlichen. Aber wir wollen nicht noch weiter abschweifen, du selbst hast gesagt, ich solle dir vom griechischen Altertum erzählen. Und wir sind noch nicht einmal mit der Vorgeschichte fertig.«

»Ja, genau. Wo sind wir stehen geblieben?«

»Beim minoischen Kreta.«

3

Minoische Zivilisation

Ich tat so, als hielte ich ein Mikrofon: »Meine Damen und Herren, ich bitte Sie um Ihre Aufmerksamkeit, denn nun ist der Augenblick der großen Diva gekommen. Die Grande Dame der griechischen Vorgeschichte betritt rund 2000 vor Christus die Bühne, und sie wird allen die Schau stehlen. Das minoische Kreta war die Marinella* der Vorgeschichte. Sie hat den Felsen geöffnet und ist hindurchgegangen. Und sie hatte Erfolg, unverschämten Erfolg! Sie hat sogar ein eigenes Album mit dem Titel Phaistos herausgebracht! Seit Tausenden von Jahren steht es an der Spitze der Charts. Mit den Lyrics haben wir Probleme, wir haben noch nicht wirklich verstanden, was sie singt, aber wir sind guter Dinge, dass sich auch das irgendwann lösen wird. Jedenfalls, wenn du dich wunderst, dass dieses Album einen solchen Erfolg hat,

* Marinella, geb. 1938, ist eine in Griechenland äußerst populäre Sängerin, eine Ikone des griechischen Lieds. In ihrer langen Karriere hat sie mit allen namhaften griechischen Komponisten zusammengearbeitet. A. d. Ü.

muss ich dir sagen, dass es trotzdem nie Platin wurde. Die Platte ist klein und aus Ton, lag weggeworfen in der Ecke eines Lagerraums im Palast von Phaistos. Die Zeichen, die auf ihr sind, können wir nicht lesen.«

»Irgendwo stand mal, dass jemand sie lesen konnte.«

»Das stimmt aber nicht.«

»Warum bist du so absolut? Und wenn der Mann doch recht hat? Was ist denn der Diskos von Phaistos deiner Meinung nach?«

»Ich werde dir nicht sagen, was ich glaube. Ich werde dir hingegen sagen, aus welchem Grund es unwichtig ist, was ich oder sonst jemand behauptet. Dass jemand eine Idee äußert, genügt nicht. Sie muss auch belegt werden können. Eine Schrift wie die auf dem Diskos von Phaistos ist nirgendwo sonst gefunden worden, und das Muster ist so klein, dass wir keine sicheren Schlüsse ziehen können. Wir können nicht testen, ob das, was irgendein Forscher meint, auch wirklich zutrifft. Wenn wir weitere Objekte in derselben Schrift finden, besteht eine gewisse Hoffnung. Bis dahin kann jeder kommen und seine Meinung dazu äußern, er hat jedes Recht dazu, aber wenn es ihm nicht gelingt, es auf eine Weise zu belegen, die die Mehrheit der wissenschaftlichen Gemeinschaft überzeugt, kann seine Ansicht nicht akzeptiert werden.«

»Und warum ist das so? Warum soll diese Ansicht nicht zählen?«

»Weil die Geisteswissenschaften so funktionieren. Es wird immer welche geben, die eine andere Meinung vertreten. Der Wissenschaftler ist verpflichtet, die Resultate seiner Forschung, zu denen er gelangt ist, zu veröffentlichen, damit sie von den übrigen Spezialisten überprüft werden können, und wenn sie als überzeugend und für die Mehrheit akzeptabel angesehen werden, dann okay!

Dass einer sagt, er habe den Diskos ›gelesen‹, ist einfach eine Behauptung. Und es bleibt eine unbegründete Behauptung. Das Beeindruckende besteht jedenfalls darin, dass der Diskos ›gedruckt‹ ist. Das heißt, jedes Symbol ist mit Stempeln gemacht worden, die in den Ton gedrückt wurden, so oft man sie brauchte. So, wie die Typografie viele Jahrhunderte später funktionierte.«

»Und warum hat die wissenschaftliche Gemeinschaft bis heute keine einzige Lesart des Diskos akzeptiert?«

»Eben weil keine anderen Objekte wie der Diskos von Phaistos existieren, mit denen man eine wahrscheinliche Lesart bestätigen könnte. Der Diskos ist sehr klein, und alle wahrscheinlichen Interpretationen sind theoretisch gleichwertig. Aber gleichermaßen unbestätigt.«

»Und was ist, abgesehen vom Diskos von Phaistos, in Kreta sonst noch so passiert?«

»Der magische Boden von Kreta hat eine sehr nährstoffreiche Erde, die alle schmackhaften Lebensmittel der Landwirtschaft hervorgebracht hat. Kreta war unabhängig, und das war zu seinem Besten. Es hatte bereits die Wellen bezwungen, und die minoischen Wasserfahrzeuge durchpflügten das östliche Mittelmeer.«

»Du meinst Fischerboote?«

»Nein, eine richtige Flotte! Wir können tatsächlich von einer minoischen Seeherrschaft in der Ägäis sprechen. Sie bekamen den Osten zu Gesicht. Paläste, große Kulturen, Entwicklung, Kunst. Wir wissen nicht, wie sich die Minoer selbst nannten, aber wir wissen, dass sie bei den Ägyptern den Namen Keftiu trugen.«

»Hatten sie ständige Beziehungen auf diese Distanzen?«

»Natürlich, und höchstwahrscheinlich viele und verschiedene. Tausch von Lebensmitteln? Handel? Verlobungen und Hochzeiten? Alles wahrscheinlich!«

»Holla, was für Verlobungen? Das hast du jetzt sicher nicht zufällig gesagt!«

»Nein, tatsächlich nicht …« Ich lächelte listig. »Ich sag's dir gleich, es wird dich umhauen. Aber langsam! Das minoische Kreta also sah, was in der übrigen Welt geschah, und wurde inspiriert; aber es verfolgte seinen eigenen, einzigartigen Weg. Mit Anmut, mit Finesse, im Mittelmeerstil, und sicher mit gutem Essen und Liebe zur Natur. Es war, wie gesagt, die große Diva des Altertums. Sie bauten Paläste! Was für Paläste? Ungetüme! Um 2000 vor Christus entstand der erste Schwung von Palästen, in der sogenannten Altpalastzeit. Keine 300 Jahre später, in der Neupalastzeit, errichteten sie noch größere, noch prächtigere, in Knossos, Phaistos, Malia, Zakros …«

»Warum ist Knossos bekannter als alle anderen geworden?«

»Knossos, der erste und größte der verschiedenen minoischen Paläste, war unvergleichlich in Ausmaß, Luxus und Pracht. Er hatte Treppen und Plätze, riesige Lager, Veranstaltungsräume, Bäder, gepflasterte Straßen, ein Wasserversorgungs- und Abwassersystem, bis hin zu Kesseln.«

»Denen hat gar nichts gefehlt.«

»Etwas schon! Es gab einen eklatanten Mangel. Einen Mangel, der die minoische Zivilisation noch eindrücklicher macht. Sie hatten keine Mauern rund um ihre riesigen Paläste.«

»Und was bedeutet das?«

»Dass die zentrale Macht so stark und erfolgreich war, das politische und kulturelle System so beständig, dass es keiner Bedrohung ausgesetzt war und keine Notwendigkeit zur Verteidigung bestand; sie mussten also keine hohen Mauern um ihre Zentren ziehen, um sich zu schützen. Und was blüht selbstverständlich in dieser Welt des Wohlstands?«

»Ich möchte sagen, Mandelbäume ... Aber dann wirst du nur wieder schimpfen. Jedenfalls müssen sie, wenn sie so lässig mit sich umgingen, das Leben in vollen Zügen genossen haben.«

»Ich weiß nicht, ob sie immer Highlife hatten, aber sie haben eine ganz große Kultur geprägt. Zuerst einmal hatten sie den Sport. Sie ließen sich von den Aktivitäten der östlichen Völker inspirieren und schufen ihre eigenen: Stierkämpfe und Akrobatenkunststücke.«

»Warum ausgerechnet Stierkämpfe?«

»Das war ein ganz typischer Sport in jener Zeit. Sie trieben einen Stier an, über den Platz zu rasen, und versuchten, über seinen Rücken zu springen, mit Akrobatik und Pirouetten, und dann auf der anderen Seite wieder zu landen. Außerdem übten sie verschiedene bildende Künste aus, die sich außergewöhnlich rasant entwickelten. Dabei schufen sie große, monumentale Dimensionen oder aber probierten sich in der Kleinkunst, mit diesen mikroskopischen, geschmackvoll verzierten Schmuckstücken, bei denen du denkst, dass der Künstler, wenn er sie so winzig machte, ja zu schielen anfangen musste. Und neben den Schmuckstücken fertigten sie auch Wandmalereien von einer derartigen unbegreiflichen Schönheit, dass du meinst, sie seien erst gestern angefertigt worden.«

»Ja, an die Wandmalereien erinnere ich mich. Sie sind wirklich eindrucksvoll.«

»Ja, und damit kehren wir zu den Verlobungen und Hochzeiten zurück, die ich vorhin erwähnt habe, zwischen den Königen von Knossos und den Pharaonen Ägyptens. In einem Palast in Ägypten, an der archäologischen Stätte Tell el-Dab'a, sind nämlich minoische Wandmalereien gefunden worden.«

»Wirklich minoische?«

»Sie waren den minoischen zumindest so ähnlich, dass sie entweder von minoischen Künstlern gemalt wurden oder von Künstlern, die große Kenntnisse von der minoischen Kunst hatten. Denn über den Kunststil hinaus zeigen sie auch Stierkämpfe.«

»Und was kann das bedeuten?«

»Schau ... Die Mitglieder der Königshäuser in jenen Zeiten, aber auch später, heirateten untereinander im Rahmen der Diplomatie. Es ist demnach sehr wahrscheinlich, dass es eine große königliche Hochzeit eines Ägypters mit einer minoischen Prinzessin gegeben hat.«

»Und die hat, sagen wir mal, ihre Künstler mitgebracht?«

»Wahrscheinlich sollten sie ihr neues Haus so gestalten, dass es sie an ihre Heimat erinnerte.«

»Und was hat sie sonst noch mitgenommen?«

»Das können wir nicht wissen! Aber wir können es uns vorstellen. Du hast sicher gemerkt, dass die Archäologie dazu führt, dass deine Fantasie sich Dinge ausmalt, an die du nie gedacht hast.«

»Ja, ich habe mir tatsächlich nie vorgestellt, wie Minoer in Ägypten auf Stieren tanzen.«

»Und jetzt stell dir die Prinzessin vor, wie sie das Schiff besteigt und vom Hafen aus voller Angst auf die wunderschönen Berge von Kreta zurückblickt. Selbstverständlich hat sie die Sachen, die sie bei sich haben will, mitgenommen – vielleicht ein Lieblingskleid? Ein Spielzeug aus ihren Kindertagen? Etwas, was ihr Sicherheit und Erdung gibt auf ihrer Reise ins Unbekannte? Unbekannt ist ebenfalls, zu wem sie reist, einem Fremden, der eine andere Sprache spricht und andere Götter verehrt – von denen man ihr erzählt hat, es seien riesige Menschen aus Stein mit einem Tierkopf. Und sie hat von Städten mit gigantischen Mauern und Palästen gehört, und von einem mächtigen Fluss, der riesige Ebenen voller Sand durchschneidet. Dass dort zwischen den Dünen monströse Bauwerke von sonderbarer Gestalt hervorschießen, mit vier Seiten, die sich in einer Spitze vereinen! So groß sind sie, dass sie es nicht glaubte, als man ihr versicherte, sie seien vor tausend Jahren gebaut worden. Für sie ist das Größte und Wichtigste, das es auf der Welt gibt, der zentrale Platz von Knossos, wo man sich versammelt, um die Stierkämpfe zu verfolgen.«

»Als Kind bin ich in Knossos gewesen, aber ich kann mir nicht vorstellen, wie sie dort Feste feierten und auf Stieren tanzten und über sie sprangen.«

»Und das war noch nicht alles! Sie haben auch eine Schrift geschaffen, um ein bisschen Ordnung in ihre öffentlichen Finanzen zu bringen. Wie sonst willst du solche Riesenpaläste und ein solches Netz verwalten, wenn du dir nicht irgendwelche Notizen machst? Als Schrift hatten sie am Anfang Hieroglyphen …«

»Ägyptische?«

»Nein. Es war eine kretische Hieroglyphenschrift. Wir haben sie so genannt, weil sie an die Hieroglyphenschrift der Ägypter erinnert. Aber rasch hat sich diese Schrift zu einer neuen weiterentwickelt, einer komplizierteren, zur sogenannten Linear A.«

»Was war das für eine Sprache? Wissen wir das?«

»Die Schrift ist das eine, die Sprache das andere! Eine Sprache kann in vielen Schriften geschrieben werden. Und nein, wir wissen nicht, in welcher Sprache die Linear A geschrieben ist, noch haben wir sie nicht entziffert. Einen Teil verstehen wir ansatzweise (vor allem Zahlensymbole), aber sonst ist es uns noch nicht gelungen, sie zu lesen. Das bleibt den nächsten Generationen von Wissenschaftlern vorbehalten.«

»Kreta hat eine besondere Ausstrahlung, was? Einen gewissen Glamour.«

»Hat es. Aber vieles ist auch mysteriös. Es ist kein Zufall, dass es uns immer noch begeistert. Es gab auch Frauen für Vergnügungen und Feiern. Wenn das Wetter schön war, gingen sie segeln. Und wenn es ihnen gerade passte, klemmten sie sich zwei Schlangen unter die Arme und gingen mit nackten Brüsten bummeln.«

»Warum mit Schlangen und warum oben ohne?«

»Warum nicht?«

»Was ist denn das für eine Antwort?«

»Ich zieh dich nur auf. In Wirklichkeit haben wir keine klare Antwort auf die kretischen Frauen mit ihren nackten Brüsten und den Schlangen, auch nicht auf die Frage nach ihrer Religion oder ihren Werten, wir haben ja keine schriftlichen Quellen dazu. Es wäre Hochstapelei, wenn wir unsere Annahmen als Fakten ausgeben würden! Aber allgemein erkennen wir, dass hinter all diesen Elementen eine vollendete Philosophie über das Leben und die Kunst gesteckt hat. Das allein genügt, um uns zu beeindrucken. Und natürlich war es Nahrung für vielerlei Mythen. Es ist kein Zufall, dass, gemäß der Mythologie, Zeus auf Kreta zur Welt gekommen ist.«

»In der minoischen Zeit?«

»Das wissen wir nicht! In historischer Zeit jedenfalls hat die ganze griechische Welt Kreta als Heimat des Vaters aller Götter anerkannt. Hör zu, wie sich die Sache verhält: Der Vater von Zeus, Kronos, war abergläubisch, er glaubte an Voraussagen. Er hörte einen Orakelspruch, dass eines seiner Kinder ihm den Thron rauben werde. Da die Methoden der Empfängnisverhütung noch nicht entdeckt waren, tat er das einzig Logische: Er fraß seine Kinder bei lebendigem Leib. Mit einem Bissen waren sie in seinem Magen. Was hätte er auch sonst tun sollen?

Den Thron verlieren? Gott bewahre! Seine Frau, Rhea, beschloss schließlich, nachdem genug Neugeborene als Vormittagsmahlzeit ihres fruchtbaren Gatten ein Ende gefunden hatten, das jüngste Kind, Zeus, in einer Höhle auf Kreta zu verstecken. Und als Kronos von ihr das Kind verlangte, um es zu fressen, machte sie ihm eine Fajita mit einem großen Stein und gab sie ihm. Und weil der göttliche Winzling recht quengelig war, gingen die Kureten, regionale Dämonen, die auch Krieger waren, hin und taten so, als kämpften sie, um das Weinen des Babys zu übertönen.«

»Dass das Baby geweint haben könnte, weil es eine Horde von langen Lulatschen sah, die sich vor ihm mitten in der Höhle prügelten, ist wohl niemandem eingefallen?«

»Verlang jetzt nicht noch Kenntnisse in Kinderpsychologie von mir! Zeus, schließlich und endlich, gesäugt von einer Ziege mit dem Namen Amaltheia, wuchs zu einem strammen Jüngling heran, der beschloss, die Welt zu erobern. Er brachte seinen Vater dazu, die Geschwister auszuspucken, die sich, obwohl sie von Magensäften umgeben und von den schwierigen Lebensbedingungen in den Eingeweiden ihres Vaters mitgenommen waren, schnell erholten. Natürlich standen sie dem jungen Zeus im Krieg, den er gegen seinen Vater und seine Onkel, die anderen Titanen, führte, zur Seite. Schließlich siegten sie, und Zeus wurde die Königsherrschaft verliehen. Auf dem Höhepunkt seines Ruhms wollte der neue Gebieter dann die Publicity gleich ausnutzen und beschloss, auch das weibliche Geschlecht zu erobern. Er ging bis nach Phönizien und raubte, in einen Stier verwandelt, ein junges Mädchen mit Namen Europa und brachte es für einen Schönheitsurlaub nach Kreta. Nach dieser attraktiven Geliebten von Zeus wurde der Kontinent genannt.«

»Stell dir vor, er hätte sich in eine mit dem Namen Afroxylanthi verliebt. Dann würden wir heute von der Afroxylanthischen Union und vom Afroxylanthischen Rahmen zur Stützung der Wirtschaft sprechen.«

»Auf Kreta herrschte damals der mächtige König Minos, dessen Frau sich in einen Stier verliebt hatte; aus dieser Verbindung war der Minotaurus hervorgegangen, halb Mensch, halb Stier. Ganz eindeutig psychisch gestört, dieses Kind einer dysfunktionalen Familie, wahrscheinlich mit einem Syndrom, das nicht rechtzeitig diagnostiziert wurde. Diesem Minotaurus kam in den Sinn, dass er Menschen fressen wollte. Der Rest der minoischen Seifenoper ist ein bisschen besser bekannt. Der hübsche, junge Theseus schmuggelte sich ins Land, tötete den Minotaurus, nahm die Königstochter Ariadne mit und machte sich aus dem Staub. ›Da kommen die Ausländer und stehlen uns die besten Mädchen‹, murmelten die giftigen Minoerinnen in ihren bunt verzierten Röcken auf den Gassen von Knossos.«

»Weißt du, wie ich mir die Minoer vorstelle, Herr Archäologe? Als liebenswerte Menschen, ohne Kriege, die in einem Blumenmeer sangen und tanzten. Ohne irgendwelche Komplexe, mit schönen Frauen, die oben ohne herumspazierten. Ist sie so gewesen? Die ideale naturliebende Gesellschaft?«

»Das ist eine völlig aberwitzige Vereinfachung, mein Freund! Sie wurden mit Waffen begraben! Warum sollten sie Waffen gehabt haben, wenn sie den Krieg nicht kannten? Du meinst, die Kreter waren wie John Lennon und Yoko Ono? Vergiss nicht, dass das Bild, das wir von der minoischen Zivilisation haben, das Bild von Sir Arthur Evans ist, das er schaffen wollte und das ihn berühmt gemacht hat. Wir wissen, dass die Minoer keine Blumenkinder waren. Sie brachten sogar Menschenopfer dar.«

»Ausgeschlossen!«

»Aber ja! Durch einen großartigen Zufall hat man auf einem Berg in Anemospilia am Hang des Giouchtas ein Heiligtum entdeckt, das bei einem Erdbeben zerstört worden ist. In einer Kammer wurden drei Skelette gefunden. Zwei, ein Mann und eine Frau, sind bei dem Erdbeben und dem folgenden Brand umgekommen. Aber das dritte Skelett, von einem jungen Mann, lag mit gebundenen Füßen auf einem steinernen Tisch, wie auf einem Altar. Und auf dem Altar lag ein Messer. Wahrscheinlich wurde in einer Zeit mit intensiver Erdbebentätigkeit die Opferung des Jungen beschlossen, zur Besänftigung der Götter. Und während des Opfers gab es ein Erdbeben, und das Gebäude begrub alle miteinander.«

»Aber macht all das nicht das Bild kaputt, das wir von unseren Vorfahren haben? Ist es nicht ein wenig so … als ob wir es beschmutzen?«

»Warum sollte das Bild von der Vergangenheit tadellos sein? Sind wir jetzt die perfekten menschlichen Wesen auf unserem Planeten? Warum sollten sie damals perfekt gewesen sein? Können wir uns nicht trotzdem von ihren Errungenschaften beeindrucken lassen, ungeachtet ihrer unvermeidlichen Fehler? Es waren raue Zeiten. Würdest du zu einem vorgeschichtlichen Menschen gehen, um mit ihm über einen Tempel zu reden, der für Menschen mit Handicaps keine Barrierefreiheit bietet? Wäre das nicht absurd?«

»Ja, wäre es wohl. Aber weißt du, wie ratlos du mich lässt, während du über Kreta redest? Was ist währenddessen auf den Inseln der Kykladen passiert? Ist dort die Zivilisation verschwunden?«

»Sicher nicht! Im Gegenteil. Die Kykladen gerieten in jener Zeit in die Einflusssphäre von Kreta.«

»In was für eine Einflusssphäre? Die politische? Die wirtschaftliche? Die kulturelle?«

»Höchstwahrscheinlich alle zusammen. In die kulturelle jedenfalls sicher! Santorini hat es uns bewiesen, mit dem Vulkanausbruch dort, ungefähr Ende des 17. Jahrhunderts vor Christus. Der Vulkan begann zu brüllen, und die Bewohner flohen. Darum haben wir keine beim Ausbruch Getöteten gefunden – zumindest noch nicht, wirst du jetzt sagen.«

»Was meinst du mit ›noch nicht‹? Ist die archäologische Stätte noch nicht ganz ausgegraben worden?«

»Natürlich nicht! Nur ein kleiner Teil ist bisher erschlossen. Der Vulkan ist jedenfalls heftig ausgebrochen. Vulkanasche bedeckte die ganze alte Stadt, dort, wo heute das Dorf Akrotiri ist; sie hat uns ein Lebensniveau offenbart, das wir nicht erwartet hatten.«

»Wie ein vorgeschichtliches Pompeji?«

»Ganz genau, wie ein vorgeschichtliches Pompeji. Man hat Straßen und Plätze entdeckt, Stadtviertel mit verschiedenen gut gebauten Häusern, mit allen Bequemlichkeiten. Ausgeschmückt mit fantastischen Wandmalereien, mit zwei Arten von Bildern (Stillleben und Darstellungen von Meer und Schifffahrt), gemalt auf einem zucker- oder magnolienfarbenen Hintergrund. Die Häuser hatten geschmackvoll geschnitzte Möbel, schöne Gefäße, der Luxus war beneidenswert. Und alles ist erhalten geblieben dank dem Ausbruch des Vulkans von Santorini.«

»Der die minoische Zivilisation zerstört hat?«

»Er hat die minoische Zivilisation nicht zerstört. Mit diesem Mythos ist es seit Jahrzehnten vorbei. Der Ausbruch hat ihr sicher einen Schaden zugefügt, sie aber nicht zerstört.«

»Und wie ist es schließlich mit der minoischen Zivilisation zu Ende gegangen, wenn es nicht der Vulkan war?«

»Keine Zivilisation geht wegen eines einzelnen Ereignisses von heute auf morgen unter. Nein, es gab aus unbekannten Gründen und auf eine Weise, die wir nur annehmen können, einen Einfall vom griechischen Festland her. Kreta war es lange Zeit bestens ergangen, aber das große Griechenland begann, das Leben in Abgeschlossenheit, das es bis dahin gekennzeichnet hatte, zu überwinden. Das Land begann, eine Zivilisation zu entwickeln, die eine Aristokratie, ein Heer und Lust auf Eroberungen hatte. Die mykenische Welt, die anfangs in Südgriechenland zu Hause gewesen war, baute ihre eigenen Paläste und wandte sich in alle Richtungen. Und entweder durch Handel oder mithilfe des Heeres breitete sie sich im ganzen helladischen Raum aus, in der Ägäis, auf Kreta und an den Küsten von Kleinasien. Kreta, mit seinem luxuriösen Leben und dem hohen Stand der Kultur, war verlockend für die mykenischen Griechen, sowohl für eine Eroberung als auch als Inspiration.«

»Ihr Archäologen habt nichts als Hypothesen. Ihr nehmt etwas über den Diskos von Phaistos an, vermutet, dass die minoische Zivilisation zusammengebrochen ist. Könnt ihr nicht einfach graben und herausfinden, was wirklich passiert ist?«

»Mein Lieber, so einfach ist es eben nicht. Die Archäologie besteht nicht nur aus Graben.«

»Was meinst du damit?«

FAQ: Was meinst du mit »nicht nur graben«?

»Archäologie heißt nicht einfach, dass ich grabe und nachschaue, was im Boden ist. Das passiert bei der Ausgrabung. Das wissenschaftliche Prozedere fängt vor der Ausgrabung an und wird lange danach weitergeführt. Die Funde müssen schließlich interpretiert werden.«

»Interpretiert? Aber die Sachen, die du findest, ›reden‹ doch nicht mit dir!«

»Ich würde mich wundern, wenn irgendeiner mit seinem Ohr an einem Stein, einem Gefäß oder am Erdboden darauf warten würde, einen flotten Spruch zu hören. Natürlich reden die Dinge nicht. Die Scherben und Bruchstücke bewahren ihre Stille. Das Dumme an diesen Funden ist, dass sie die Tendenz haben, mit dem, was wir über sie sagen, einverstanden zu sein. Wenn du die Gegebenheiten so anpassen willst, dass sie mit der Theorie, die du in deinem Kopf hast, übereinstimmen, wird sich ein Weg finden, sie zum Passen zu bringen. Folglich ist das größte Problem, wie du das, was du in der Erde findest, interpretierst.«

»Das klingt kompliziert.«

»Schau. Vor vielen Jahren war die Archäologie schlicht und naiv. Du würdest sie unerfahren nennen. Sie bekam etwas zu Gesicht, interpretierte es auf die erste offensichtliche Weise, die ihr in den Sinn kam, und ging weiter. Oder sie saß da und bewunderte den schönen Schnickschnack, den sie aus der Erde befördert hatte. Ein Beispiel: Wenn einer ein Gefäß fand, das antik griechisch oder keltisch aussah, glaubte er, dass dort wohl Griechen oder Kelten gelebt hatten. Diesen Ansatz wollen wir kulturgeschichtlich nennen.«

»Ja, okay. Und was ist daran naiv?«

»Diese Annäherung ist nicht logisch, sie ist eine riesige Vereinfachung, und letztlich hat sie sich als sehr gefährlich erwiesen. Erstens, weil diese Logik als ideologische Rechtfertigung für viele Völker benutzt wurde, um Gebiete, Boden, Hinterlassenschaften zu beanspruchen und imperialistische Praktiken zu bekräftigen, und zweitens, weil damit die Essenz und die magische Komplexität der menschlichen Zivilisation in ihrer ganzen Pracht verloren gingen.«

»Es will mir trotzdem nicht in den Kopf, warum, wenn du irgendwo ein antikes griechisches Gefäß findest, das nicht bedeutet, dass dort Griechen existierten.«

»Ich erkläre es dir mit einem Beispiel: Wenn in der Zukunft einer kommt, um mein Haus auszugraben, findet er Objekte japanischer, deutscher, italienischer, türkischer, koreanischer et cetera, et cetera Herkunft – und nur sehr wenige griechische. Aus diesen Ländern hat aber niemals auch nur einer einen Schritt über meine Schwelle gesetzt. Wenn es also darum geht, meine Nationalität anhand der Objekte, die ich besitze, zu bestimmen, bin ich tatsächlich nicht identifizierbar. Und wenn ich im Schlussverkauf diverse koreanische Geräte gekauft habe, wird ein späterer Ausgräber mich für einen Koreaner halten. Ist das logisch?

Zweites Beispiel, als Zeugnis für die Gefährlichkeit: Während des Aufstiegs und der Herrschaft des Nationalsozialismus in Deutschland benutzte man die Archäologie bis zum Überdruss zur Rechtfertigung, um Gegenden, wo alte Funde von germanischen Stämmen außerhalb Deutschlands lokalisiert wurden, als eigene zu beanspruchen. Beispielsweise in Polen. Wir alle wissen, wie sich diese Geschichte entwickelt hat. Besonders von 1939 bis 1945. Und wenn du sie nicht kennst, erzähle ich sie dir in einem Satz: Es hat kein gutes Ende genommen.

Weitere Beispiele für den Umgang mit der Vergangenheit zum Nutzen einer modernen Ideologie sind die sowjetische Archäologie, die sich fast ausschließlich auf eine marxistische Interpretation konzentrierte, und die Archäologie der Apartheid in Südafrika, welche die Möglichkeit ablehnte, dass die Ureinwohner in alten Zeiten eine Zivilisation gehabt hatten, und die jeden Fund als Beweis für die Kolonisation aus Europa deklarierte. Und auch die Benutzung des Altertums seitens der griechischen Politik, größtenteils im 19. und im 20. Jahrhundert, diente dem Nationalgefühl und dem Stolz, indem sie es unternahm, die Vergangenheit zu ›läutern‹, damit diese in reinem Glanz erstrahlte.«

»Und wie kann man diese Schwierigkeit überwinden?«

»In dem Moment, da die Archäologie begriff, dass es nicht genügt, Altertümer zu lokalisieren, einzuordnen und mit Völkerschaften zu verbinden, sondern dass es darum geht, tiefer zu graben und das Offensichtliche anzuzweifeln, war es für die junge Wissenschaft mit der Naivität vorbei. Das begann um die Sechziger- und dauerte bis in die Siebzigerjahre des 20. Jahrhunderts hinein. Es war die Zeit der Neuen Archäologie. Haben wir nicht gesagt, die Archäologie sei ein junges Mädchen gewesen, das sich mit den positiven Wissenschaften zusammengetan hatte? Eben, so versuchte sie, diese nachzuahmen und nach den Prozessen, die hinter den kulturellen Erscheinungen stecken, zu suchen. Darum wurde sie auch ›prozessuale Archäologie‹ genannt. Die antiken Kulturen wurden als System mit Untersystemen betrachtet und mit Methoden der Analyse und statistischen Modellen erforscht.«

»Dann sind wir also fertig mit der Theorie. Die Archäologie hat ihr Ziel erreicht.«

»Nein. So einfach war es nicht. Irgendwann begann, vor lauter Analyse von Statistiken, das Wesentliche unterzugehen. Man begriff, dass auch das nicht genügte, denn man musste sich sowohl des unberechenbaren menschlichen Faktors bewusst sein, als auch der Tatsache, dass die Archäologen ihre eigenen Zwangsvorstellungen und Vorurteile haben. Da hat man den Begriff der postprozessualen Archäologie geschaffen.«

»Was ist denn das nun schon wieder?«

»Die postprozessuale Archäologie suchte anhand der Objekte nach dem Menschen. Eigentlich sollte sie die prozessuale Archäologie ergänzen, aber das wissenschaftliche Gezänk ging einfach weiter.«

»Ihr wollt es einander zeigen, was? Ist die Archäologie endlich zu einem Schluss gekommen, oder kämpft sie immer noch um ihre Identität?«

»Was die Archäologie heute zu tun versucht, ist, alles, was ich dir gesagt habe, zu kombinieren, indem sie auch andere Facetten der menschlichen Existenz ins Auge fasst. Von der Gender-Archäologie, die nach der Bedeutung des Geschlechts in der Zivilisation sucht, bis zur gesellschaftlichen Archäologie, die nach den ökonomischen und gesellschaftlichen Facetten des Altertums sucht. Alle zusammen ergeben das riesige Puzzle der archäologischen Wissenschaft.«

»Aber warum eine derartige Diskussion über die Theorie der Archäologie?«

»Wie wir am Anfang gesagt haben: Wenn du nicht weißt, was du suchst und aus welchem Grund du das Altertum erforschst, wenn du keinen klaren Arbeitsplan hast, dann kannst du auch keine klaren Interpretationen liefern. Dann bist du nicht mehr als ein Schatzjäger. Und du kannst keine Antworten haben. Um auf Antworten zu stoßen, musst du die richtigen Fragen stellen. Wie zum Beispiel die, die wir vorhin erwähnt haben. Was hat zum Zerfall der minoischen Zivilisation geführt?«

»Ah ja! Da sind wir stehen geblieben. Du hast gesagt, die Mykener seien gekommen! Wie stand es um die mykenische Zivilisation?«

»Sehr gut, hör zu, was sich mit Mykene abgespielt hat ...«

4

Mykenische Zivilisation

»Irgendwann um das Jahr 1600 vor Christus kommen wir in die Epoche, die wir als späte Bronzezeit bezeichnet haben. Die frühen griechischen Stämme, die bereits auf das griechische Festland vorgedrungen sind, entwickeln unter dem Einfluss der kykladischen und minoischen Stämme allmählich eine städtische Kultur. Der Bau von Palästen beginnt.«

»Warte mal kurz! Die Mykener sind die ersten Griechen?«

»Die Mykener waren die erste dokumentierte griechischsprachige Zivilisation. Diese Zivilisation, die auf dem griechischen Festland entstanden war und zuerst dort herrschen sollte, dann auf den Inseln und auf Kreta und schließlich in Kleinasien, Makedonien und in Süditalien, wurde mykenisch genannt, und zwar nach dem zentralen und bedeutendsten Palast, dem von Mykene. Ganz Griechenland füllte sich mit mykenischen Palästen, und von Makedonien bis Kleinasien sind mykenische Anlagen gefunden worden. Die wichtigsten Paläste, neben dem von Mykene, befanden sich in Pylos, Theben,

Iolkos, Tiryns, Midea bei Argos, und sicher gab es auch einen auf der Akropolis in Athen, aber später hat man dort eine radikale Veränderung vorgenommen und ihn niedergerissen.«

»Hatten die Mykener eine vergleichbare glänzende Zivilisation wie die Minoer?«

»Es ist generell nicht ratsam, Kulturen zu ›vergleichen‹. Was soll das bringen? Sie hatten viele Gemeinsamkeiten, aber auch große Unterschiede.«

»Nenn mir einen solchen Unterschied.«

»Die Mykener orientierten sich mehr am Krieg und an der Kriegskunst. Außerdem stellten die nachkommenden Griechen der klassischen Zeit sie sich als mächtige Krieger vor.«

»Du hast gesagt, sie haben griechisch gesprochen?«

»Sie haben auch griechisch geschrieben! Sie haben das Schreibsystem, das sie auf Kreta gesehen haben, übernommen, es ein bisschen abgeändert und als sogenannte Linear B verwendet.«

»Sie haben also die Sprache der Minoer übernommen?«

»Mach jetzt kein Durcheinander! Die Schrift ist das eine, die Sprache das andere! Heute zum Beispiel ist *Greeklish* griechische Sprache in lateinischer Schrift.«

»Aha! Und was meinst du damit, dass sie griechisch geschrieben haben?«

»Wir haben Tausende von Täfelchen mit der Linear B gefunden, die ersten auf Kreta, und so hat man am Anfang geglaubt, es sei eine kretische Schrift. Aber auf Kreta ist die Linear A gefunden worden; die ist älter. Und man hat schließlich auf der Peloponnes kiloweise Täfelchen mit der Linear B ausgegraben. Wir wissen also, dass die Linear A die Schrift der Minoer und die Linear B die Schrift der Mykener war. Auf Schriftfunde sind wir einzig in den Palästen gestoßen. Im Palast von Pylos auf der Peloponnes wurde das königliche Archiv entdeckt, verbrannt und zerstört, wie es war. Aber dank dieser Katastrophe sind die Schrifttäfelchen erhalten geblieben.«

»Wie das?«

»Die Schreiber jener Zeit schrieben die Texte auf ungebrannte Tonstücke, die entweder die Form eines Baumblatts hatten oder die Form einer Seite, wie wir sie heute kennen. Sie ordneten sie in Strohschachteln je nach Kategorie und brachten sie ins Archiv. Wenn die Saison vorbei war und die Aufzeichnungen geändert wurden, nahmen sie die Teile, die Täfelchen, wie wir sie nennen, machten sie nass und formten neue.«

»Sehr ökologisch. Nachhaltigkeit und Recycling im 2. Jahrtausend vor Christus!«

»Nicht nur. Ihre Kunst hatte für uns noch etwas Gutes. Die Paläste der Mykener wurden gewaltsam zerstört, mit Feuer und Axt. Die Feuersbrunst, die den Palast zerstörte, hat die Tontäfelchen gebrannt, und so sind sie über Jahrtausende erhalten geblieben.«

»Die Mykener waren also gebildet.«

»Ich glaube nicht, dass sie es grundsätzlich waren! Die Schrift und deren Kenntnis betraf nur wenige. Es gab die Palastschreiber – wir erkennen ein paar Dutzend verschiedene Schriftbilder –, die ungebrannte Tonstücke nahmen, sie auf der Handfläche glätteten, damit sie die Form eines Olivenblatts oder, für die längeren Texte, einer kleinen Buchseite erhielten, und notierten mit einem scharfen Gegenstand Zeile um Zeile die Produkte, die in den Palast kamen und ihn verließen.«

»Du hast erwähnt, dass wir Tausende von solchen Texten gefunden haben. Was sagen sie?«

»In überwältigender Mehrheit sind es Buchhaltungen.«

»Oh, wie faszinierend!«

»Ja, aber sie sind nicht unbrauchbar, sie geben uns auch gute Informationen.«

»Was hat es mit den Buchhaltungen auf sich?«

»Fenchel, Sellerie, Kreuzkümmel, Kardamom, Mastix, Koriander, Sesam, Polei-Minze …«

»Mann, Archäologe! Wovon redest du da?«

»Ich zähle dir Name für Name die Duftstoffe und Gewürze auf, welche die Mykener für ihr Essen verwendet haben. Du hast es etwas eilig gehabt mit deiner Beurteilung der Buchhaltungsnotizen, aber sie zeigen dir, dass, wenn du ein feines Essen mit Gütern aus dem Herzen der Mittelmeererde genießen willst, sowohl du als auch die Mykener vor 3500 Jahren dieselben Produkte nahmen und sie auf dieselbe Weise benannten.«

»Ich bin begeistert! Was können wir auf den Täfelchen sonst noch entdecken?«

»Indirekt können wir sehr viel entdecken. Auch gesellschaftliche Dinge. Es gibt zum Beispiel ein Täfelchen, das einen gerichtlichen Konflikt zwischen Priesterschaft und Volk erwähnt. Eritha, Priesterin irgendeiner Gottheit, erhob Anspruch auf eine riesige Landwirtschaftsfläche, und das Volk als gegnerische Partei leistete Widerstand und wollte diese nicht hergeben. Weiter erfahren wir, dass bei einer Feier, die wohl die Thronbesteigung eines jungen Herrschers war, der Augias hieß, ein irres Gelage stattgefunden hat!«

»So hundert Kilo Fleisch?«

»Hundert? Was sagst du da? Ein Rind, 26 Hammel, sechs Schafe, vier Ziegen und sieben Schweine! Alles in allem über zwei Tonnen Fleisch. Die Tonnen von Früchten und Gemüse, Honig und Wein nicht mitgezählt!«

»Nicht schlecht! Und der Typ hieß Augias? Sind also auch Namen überliefert worden?«

»Nicht nur von Menschen, auch von ihren Tieren. Wir

wissen zum Beispiel von Bauern, die Rinder hatten mit Namen wie Pitsilotos, Mavros, Xanthos, Aspromouris, Krassatos.«

»Super! Und andere wichtige Persönlichkeiten werden nicht erwähnt?«

»Es wird eine Priesterin erwähnt, Karpathia, die, wie es aussieht, die Herrschenden gestört hat.«

»Warum?«

»Weil sie entweder faul war oder sich grundsätzlich nicht um ihre Pflichten kümmerte. Auf einem Täfelchen ist zu lesen, dass in ihrem Besitz zwei Grundstücke sind, und obwohl sie verpflichtet ist, diese zu bebauen, pflegt sie sie nicht. Mein persönliches Lieblingstäfelchen aber stammt von einem Schreiber, der irgendwann die Nase voll hatte. Kann sein, dass er auf die Produkte wartete, die man ihm bringen sollte, vielleicht war's auch schlicht ein langweiliger Tag, jedenfalls kehrte er das Täfelchen um und fing an, einen Krieger zu zeichnen, in tänzerischer Pose. Wer weiß, was er sich gedacht hat? ›Ach, Mama, ein Krieger wollte ich werden – oder ein berühmter Tänzer –, und jetzt hocke ich als Schreiber im Büro.‹«

»Weißt du, was mir Eindruck macht? Dass man diese Schrift letzten Endes hat lesen können!«

»Nach gigantischen Bemühungen von Forschern, die sich jahrelang abgerackert haben.«

»Und die Linear A, warum kann man die noch nicht lesen?«

»Erstens, weil wir nicht die gleiche Anzahl Texte haben, die uns in der Linear B zur Verfügung stehen, auch das spielt eine Rolle, da du so mehr Material hast, um die Entzifferungsversuche zu testen, und zweitens, weil sie eindeutig in einer uns nicht bekannten Sprache geschrieben ist. Man hat probiert, sie mit dem Griechischen als Grundlage zu lesen, wie es bei der Linear B der

Fall war, aber das hat zu keinem Resultat geführt. Wäre es tatsächlich Griechisch, so hätten wir es lesen können, so wie die Linear B gelesen wurde, die uns gezeigt hat, wie das Palastsystem und die Ökonomie jener Zeit funktionierten. Sag nicht, das sei wenig. Du kannst daraus auf viele gesellschaftliche Fakten schließen. Wie zum Beispiel, dass sie Sklaven hatten.«

»Gut, das überrascht mich jetzt nicht.«

»Oder dass es bereits ein Priestertum gab, dem Teile vom Boden zugesprochen wurden, die abgeschnitten waren von den öffentlichen und privaten Flächen; sie bildeten das Temenos*.«

»Aha! Wir benutzen das Wort Temenos immer noch! Seitdem hatten die Priester also Geld und Macht. Und mehr erfahren wir nicht? Hat uns die Linear B keine weiteren Erkenntnisse geliefert?«

»Doch, hat sie. Die Linear B gibt uns auch ein Bild von den Göttern, die sie damals verehrt haben. Und – Überraschung! – das Pantheon im mykenischen Griechenland besteht aus Göttern und Göttinnen, die wir später auch im klassischen Griechenland finden, aber nicht nur. Es gab Zeus, Dia, seine weibliche Version, aber es gab auch Hera und Drimios, den Sohn von Zeus.«

»Von Dia und Drimios höre ich zum ersten Mal! Wer ist dieser Sohn von Zeus?«

»Es sind Gottheiten und Teile der uralten Religion, die in den folgenden Jahren nicht überlebt haben. Wahrscheinlich wirst du auch die Namen von anderen Gottheiten jener Epoche zum ersten Mal hören, zum Beispiel Enyalios, der später mit Ares gleichgesetzt wurde, Paiao-

* Das Temenos bezeichnet den abgegrenzten Tempelbezirk. Das Wort stammt vom Verb τέμνειν, *temnein:* »abschneiden«. A. d. Ü.

nas, Potnia, Eleyia, Trisioras. Ganz sicher aber hast du von Athene, Artemis, Hermes, Dionysos, Apollon, Poseidon gehört … nicht aber von Posidaeia, seiner weiblichen Version also!«

»Und all diese Namen stehen auf den Täfelchen? Wie Gebete?«

»Wir haben gesagt, es seien Buchhaltungsarchive gewesen. Viele Götter werden auf Täfelchen erwähnt, auf denen die Geschenke, die man ihnen dargebracht hat, aufgelistet sind. Wie auf einem sehr wichtigen Täfelchen aus Pylos; dort steht, dass in einer religiösen Zeremonie an einem Ort, den sie Sphagianes nannten, im Monat der fruchtbaren Ernte den Gottheiten Geschenke und Schlachtopfer dargebracht wurden. Potnia eine goldene Kylix, das ist ein flacher Kelch, Poseidon eine goldene Phiale, also eine flache Opferschale, sowie eine Frau, für Trisiroas gab es nur einen Becher … er wird wohl ein drittrangiger Gott gewesen sein.«

»Hab ich richtig gehört? Schlachtopfer – Menschen?«

»Nach aller Wahrscheinlichkeit, ja. Es gibt auch einen kurzen Text, dass es sich um Sklaven handelt, die dem Heiligtum als Vermögen zugesprochen wurden, aber das ist meiner Meinung nach nicht sehr wahrscheinlich, da sich das Täfelchen auf ein Opfer bezieht. Dass wir die Menschen, die auf den Täfelchen auftauchen, als Sklaven interpretieren, die in einem Heiligtum dienen, ist eher unser eigener Versuch, die Realität schönzureden. Außerdem können wir in Bezug auf eine Feier für Poseidon lesen, dass Geschenke und Schlachtopfer dargebracht wurden, eine goldene Kylix und zwei Frauen, während dem Heiligtum von Zeus eine goldene Phiale und ein Mann übergeben wurden, dann gab es noch eine goldene Phiale und eine Frau für Hera, und Drimios, ihr Sohn, bekam nur eine Phiale.«

»Anscheinend haben sie den Jungen nicht sonderlich geschätzt. Was meinst du? Blutrünstige Typen, unsere Vorfahren, hätte ich nicht gedacht.«

»Die mykenische Zeit war grausam, aber gleichzeitig hatte sie eine Organisation, und es herrschte, wie es aussieht, Wohlstand.«

»Wenn du nicht das Pech gehabt hast, bei einem Fest geopfert zu werden. Heute gehst du einfach auf eine Kirchweih und siehst allerhöchstens eine gekochte Ziege und nicht die abgeschlachtete Frau deines Schwagers!«

»Die Priesterschaft war eindeutig mächtig. Aber die Herrschaft lag beim Palast, und das Regierungssystem hatte eine starke und komplizierte Hierarchie. Staatsoberhaupt und höchster Führer war der Herrscher, der Anaktas beziehungsweise Anax. Und darum nennen wir das Gebäude, in dem er lebte, das Herrscherhaus, Anaktoron.«

»Hatten sie keine Könige?«

»Doch, hatten sie! Aber die waren in der Hierarchie viel niedriger angesiedelt. Der Zweitwichtigste in der Hierarchie nach dem Anaktas war der Lagetas, der Anführer des Volkes. Es folgten die Hepetas und andere, die Koreten und die Prokoreten. Der König war ein Titel eines viel niedrigeren, lokalen Beamten. Merk dir das, du kannst es nachher brauchen.«

»Ach du lieber Gott, was für eine aufgeblähte öffentliche Verwaltung, schon in so alter Zeit! Und was genau haben die alle gemacht?«

»Es ist noch nicht sicher, was für eine Rolle jeder Titel spielte. Einige beschäftigten sich offensichtlich mit Armeeangelegenheiten. Andere vielleicht mit Handel, Verwaltung und Religion. Es war eine komplexe Gesellschaft. Wie sonst hätten sie solche monumentalen und kunstvollen Paläste bauen können?«

»Ich würde gern etwas über Mykene und das Löwentor erfahren. Ich war einmal auf einem Ausflug dort – wirklich imposant.«

»Das Löwentor, der Haupteingang zum grandiosen Palast von Mykene, ist eine wunderhübsch angemalte Kulisse. Und ein ganz schöner Brummer. Die Löwen symbolisieren selbstverständlich die Tapferkeit und Kraft der zentralen Macht. Die Köpfe der Löwen haben keinen Platz, um sich in die Lücke, die bleibt, zu zwängen. Darum nehmen wir an, dass sie nach außen, zum Zuschauer, gewandt waren. Auch Lord Elgin, ein englischer Diplomat, hat auf einer seiner Touren das Tor besucht und wollte es mitnehmen. Er versuchte, in den umliegenden Dörfern Arbeiter zu finden, aber Anfang des 19. Jahrhunderts verfügte die Region Argolis nicht über Arbeitskräfte, die einen so gigantischen Steinbrocken hätten heben können. Enttäuscht reiste Elgin ab. Aber dafür hat er sich die Hälfte der Marmorskulpturen vom Parthenon unter den Nagel gerissen. Wir streiten uns immer noch deswegen.«

»Die mykenische Gesellschaft war also sehr stark und bedeutend. Was ist weiter passiert?«

»Irgendwann wurde die mykenische Zivilisation brüchig.«

»Die auch? Warum?«

»Nun, über die Gründe für den Untergang der mykenischen Zivilisation wurde schon jahrzehntelang diskutiert. Innerer Zerfall? Klimafaktoren, die die landwirtschaftliche Produktion beeinflusst haben? Gesellschaftliche Unruhen? Eine Invasion? All das zusammen? Höchstwahrscheinlich war es nicht nur ein Grund. Jedenfalls war auf den Marktplätzen zu hören, dass böse Menschenscharen sich mit ihrer Flotte auf dem östlichen Mittelmeer herumtrieben (vielleicht kamen sie aus Sardinien?), alles zusammenschlugen und die Staaten wie Laub fielen. Diese Schlägerhorden, die ein Haufen aus verschiedenen unbekannten Stämmen und Gruppen waren, nennen wir kurz und einfach Seevölker. Und tatsächlich waren sie zu einer Treibjagd aufgebrochen und plünderten das ganze Mittelmeer, damals, am Ende der Bronzezeit. Mit größter Wahrscheinlichkeit sind sie auch ins mykenische Griechenland eingefallen, ins Reich der Hethiter, auch in Syrien und Palästina waren sie, und sie haben sich sogar bis zum allmächtigen Ägypten vorgewagt. Dort ist ihr Ansturm gebrochen worden. Ägypten hat sie sich aber nur mit Mühe vom Leib halten können. Und mit diesem großen Aufruhr und dem Zusammenbruch von so vielen Staaten geht die Bronzezeit zu Ende.«

»Ja gut, aber ist da nicht die ... wie sagt man ... die Wanderung der Dorer passiert?«

»Ja, ein paar Forscher vertraten die Meinung, dass die mykenische Kultur durch die Dorer vernichtet worden sei. Aber diese Wanderung ist archäologisch nicht fundiert. Es existiert nirgendwo ein kulturelles Element, das beweist, dass neue Völkerstämme nach Südgriechenland gekommen sind. Diese Forscher meinten, der geometrische Stil, der nach dem Fall der mykenischen Paläste im helladischen Raum auf den Tontöpfen vorherrschte, stamme von den Dorern. Aber das stimmt nicht. Erstens, weil, wie wir schon gesagt haben, es nie, wirklich *nie* gut ist, wenn wir keramische Stile mit konkreten Völkergruppen verbinden, denn wenn es so wäre, dann würden zukünftige Archäologen glauben, wir alle würden dem Supervolk der Tupperware angehören! Und zweitens tauchte der geometrische Stil zuallererst in Attika auf, und das war das Gebiet, das die Dorer, gemäß der Überlieferung, gar nicht betraten. Nein, sie umgingen es, um in die Peloponnes zu gelangen.«

»Was erzählst du da? Dass es die dorische Wanderung gar nicht gegeben hat?«

»Das habe ich nicht gesagt. Aber sie lief auf eine Art und Weise ab, in der nicht das gesamte Griechenland erschüttert wurde, wie wir lange dachten. Und sie war auch nicht zwingend der Grund für den Zusammenbruch der mykenischen Zivilisation.«

»Ach! Ein großes Durcheinander also. Da habt ihr noch ordentlich was zu tun.«

»Ja, haben wir. Und zum Glück. Kannst du dir vorstellen, wie langweilig es wäre, wenn wir schon alles entdeckt hätten? Wichtig ist, dass das allmächtige System der mykenischen Zivilisation aus irgendwelchen Gründen zusammengebrochen ist. Was folgt, ist das griechische Mittelalter – oder die dunklen Jahrhunderte –, wie wir die Zeit nennen.«

»Dunkle Jahrhunderte? In welchem Zeitraum waren die? Der Untergang und die dunklen Jahrhunderte?«

»Gegen Ende des 12. Jahrhunderts vor Christus begann die mykenische Zivilisation zu bröckeln. Im 11. Jahrhundert, etwa um 1050 vor Christus, kommen wir in die dunklen Jahrhunderte.«

»Mal redest du von helladischen, mykenischen und geometrischen Zeiten, dann wieder von Jahreszahlen! Warum ist die Datierung so verkorkst? Wie viele Datierungen habt ihr denn?«

»Warte, ich erklär's dir.«

FAQ: Wie werden Funde datiert?

»Deine Verwunderung ist gar nicht ungewöhnlich. Es gibt zwei große Klassen der Datierung. Die relative und die absolute. Die relative betrifft die zeitlichen Kategorien, mit denen wir Archäologen das Altertum unterteilt haben. In der Regel basieren sie auf den Keramikwaren, denn das sind die üblichsten Fundstücke. Die absolute Datierung richtet sich nach den Jahren und Jahrhunderten auf der Grundlage des Zeitablaufs auf der ganzen Welt, den wir alle kennen.«

»Da habe ich ein bisschen Mühe. Hilf mir.«

»Ein Beispiel, damit du es verstehst: Nimm ein Gefäß. Sagen wir, es ist ein vorgeschichtliches Gefäß, aus der mykenischen Epoche. Gemäß der relativen Datierung gehört es in die späthelladische Periode III, das bedeutet in absoluter Datierung das Jahr 1400 vor Christus.«

»Und warum habt ihr diese zwei Datierungen?«

»Die relativen Datierungen sind für die Forschenden bequemer, während die absoluten abschließend sind, und deshalb sind die natürlich viel verständlicher für die interessierten Leute. Aber die relativen Datierungen sind nützlicher, denn sie lassen sich leichter anpassen. Und neuere Funde können den Bezug zwischen relativer und absoluter Datierung ändern. Als endgültiges Ziel schwebt uns eine absolute Datierung vor. Die relative Datierung ist für uns einfach hilfreich, da sie gut ist für Arbeitshypothesen; sie gibt uns die Möglichkeit zu arbeiten, ohne dass wir uns an die absoluten Datierungen binden müssen. Die Wirbelsäule der relativen Datierung sind die Erforschung der einzelnen Schichten einer Ausgrabung und die Typologie der Fundstücke.«

»Was meinst du mit Erforschung der Schichten?«

»Die Erdschichten entsprechen Epochen, und in jeder Schicht stoßen wir auf verschiedene Funde. Und da die Keramiken sehr häufige (und brauchbare) Fundstücke sind, ist es uns schließlich gelungen, eine chronologische Reihe der Muster, die verwendet wurden, zu konstruieren. Das nennt man Typologie.«

»Kannst du mir noch etwas mehr zum Begriff der Typologie erzählen?«

»Nimm zum Beispiel die verschiedenen Modelle eines Autoherstellers. Du kannst sie in eine Reihe bringen und die allmähliche Entwicklung von einem Modell zum anderen im Lauf eines Jahrhunderts beobachten. Siehst du ein Modell von 1960, identifizierst du seine Datierung, da du die typologische Entwicklung des Wagens kennst. Genauso funktioniert es mit den Tongefäßen. Etwas Ähnliches ist auch bei anderen Funden möglich, beispielsweise bei Statuen, Metallgegenständen ...«

»Also nicht bei allen Funden?«

»Nein, das geht nicht bei allen, weil gewisse Gebrauchsgegenstände so gestaltet sind, dass sie keinen Unterschied im Lauf der Jahre zeigen. Die Keramik hingegen bildet mit einem riesigen Unterschied die meisten Fundstücke und verändert sich mit der Zeit. So hilft es uns außerordentlich, dass wir sie als Referenzmerkmal haben.«

»Und wie legt ihr die Zeit mit der absoluten Datierung fest?«

»Erinnerst du dich, dass wir gesagt haben, die Archäologie als Wissenschaft habe sich mit den positiven Wissenschaften angefreundet und dass das bestens laufe? Nun, die gerissene Archäologie bittet diese immer wieder mal um Hilfe. Zum Beispiel sollen sie ihr bei der Datierung helfen. All diese Methoden haben sicher ihre Grenzen. Ich erwähne als charakteristisch die grundlegendsten, damit du die Bedeutung siehst. Für die organischen Materialien ist der bekannteste Weg zur Datierung die Radiokarbonmethode. Wir wissen, dass C14 in allen lebenden Organismen vorhanden ist und sich zu verringern beginnt, wenn diese sterben. Der Radiokohlenstoff hat eine Halbwertszeit von 5500 Jahren. Also können wir die Zeit bestimmen, in der etwas gestorben ist.«

»Aha! Klingt sehr einfach.«

»Das wäre schön! Aber es ist überhaupt nicht einfach. Erstens gibt es beim Radiokohlenstoff eine große Fehlerspanne. Denn der Radiokohlenstoff muss anhand einer genügend großen Probe von organischem Material berechnet werden, das natürlich nicht durch anderes organisches Material verschmutzt sein darf, weder frisches noch altes. Du brauchst also das Glück, bei einer Ausgrabung organisches Material zu finden, das nicht zu gering und nicht mit anderen Materialien aus anderen Epochen vermischt ist; und das musst du nehmen und isolieren, ohne dass es durch die heutige Umwelt verschmutzt wird, und dann muss es direkt ins Labor. Wenn du dir vor Augen hältst, dass die archäologischen Stätten nur selten Schichten haben, die nicht durcheinandergeworfen wurden, und dass das organische Material ebenso selten und in so winzigen Mengen vorhanden ist, da die organischen Materialien – Holz, Fleisch, Haut und so weiter – außer in Ausnahmefällen die schlechte Gewohnheit haben, sich zu zersetzen und aufzulösen, dann begreifst du, wie schwierig sich die Sache in der Praxis gestaltet. Zudem gibt dir der Radiokohlenstoff keine Datierung. Da müsstest du ein Riesenglück haben. Er gibt dir einen großen Zeitraum, von wann bis wann, der zwischen 50 und 200 Jahren schwanken kann. Nimm die Vorgeschichte, da macht es keinen wesentlichen Unterschied, ob etwas auf 5330 oder 5270 datiert wird, aber in der geschichtlichen Zeit sind 100 und 200 Jahre eine immense Distanz. Also, klar, der Radiokohlenstoff ist gutes Gold, aber er nützt nur, wenn er eingegrenzt werden kann, wenn es ein kleines Zeitsegment gibt, vor allem aber, wenn es sich um vorgeschichtliche Altertümer handelt. Dann wiederum gibt er dir einen Hinweis zur Datierung.«

»Gibt es noch andere Methoden für die Datierung?«

»Eine weitere verbreitete Methode ist die sogenannte Dendrochronologie. Weißt du noch, wie man uns beigebracht hat, dass jeder Ring in einem gefällten Baumstamm einem Jahr entspricht? Findest du also bei einer Ausgrabung ein Stück Holz, kannst du die Jahresringe prüfen und den Stamm mit Ringen von anderen Bäumen vergleichen, und du findest heraus, in welches Jahr er gehört. Nach so vielen Jahren der Forschung gibt es ausreichend Daten von Bäumen im ganzen Mittelmeerraum und in Europa, die sich über Tausende von Jahren vor der jetzigen Zeit erstrecken. Natürlich, um eine archäologische Stätte und ihre Funde mit der Dendrochronologie zu datieren, brauchst du reichlich Glück und musst Holz finden, das gut erhalten ist, damit die Jahresringe sauber zu erkennen sind. In Griechenland ist das selten. Weil, wie wir gesagt haben, das Holz organisches Material ist und sich abnutzt. Die absolute Datierung ist, wie du siehst, eine schwierige Sache. Und aus diesem Grund stützen sich die Archäologen hauptsächlich auf die relative.«

»Ich hab's verstanden. Darum sprichst du von dunklen Jahrhunderten und hast nicht 1050 vor Christus gesagt.«

»Genau.«

»Schön. Gehen wir weiter. Etwas ist vorgefallen, und die mykenische Zivilisation ist versunken. Und was ist dann passiert?«

5

Dunkle Jahrhunderte

»Untergang also, und überall Verheerungen? Die Paläste? Die Mauern? Die Reichtümer? Alles vorbei?«

»Die Welt hat sich verändert. Die Menschen behielten selbstverständlich Elemente der Zivilisation bei, aber die Zahl der Siedlungen verringerte sich dramatisch, und viele Leute scheinen ausgewandert zu sein.«

»Wo sind sie hingegangen?«

»In die nördliche Ägäis, an die Küsten von Kleinasien, nach Zypern, bis zu den Küsten von Phönizien und Palästina. Die Menschen auf dem griechischen Festland kehrten zu Lebensweisen zurück, die weniger kompliziert und komplex waren, und die Errungenschaften der Bronzezeit gingen verloren. Sie hörten auf, in der Palastschrift zu schreiben, sie hörten auf, stark befestigte Gebäude und Mauern aus riesigen Steinen zu errichten. Und warum sollten sie auch? Alles brach zusammen! Aber in dieser Zeit kam die Nutzung von Eisen in Mode. Wir betreten also die Eisenzeit. Und worauf stützen wir uns wieder einmal, um Ordnung ins Chaos zu bringen? Auf die Keramik. Nach den mykenischen Jahren erscheint ein neuer Stil in der Keramik, mit geometrischen Formen und Verzierungen; wir nennen ihn den protogeometrischen Stil. Weil er dem geometrischen Stil vorangeht, der etwa anderthalb Jahrhunderte später aufkam.«

»He! Gerade hast du noch gesagt, dass wir von den mykenischen in die dunklen Jahrhunderte gegangen sind.«

»Das ist dasselbe. Die dunklen Jahrhunderte wurden schließlich protogeometrische Zeiten genannt.«

»Steht eure Wissenschaft irgendwie auf wohltönende Namen?«

»Tja, was soll ich sagen, da hast du recht! Die protogeometrische Keramik erinnert ein bisschen an die mykenischen Jahrhunderte, aber du siehst nicht mehr dieses kunstvolle Schaffen, mit dem die verzierten Gefäße in den Palästen angefertigt worden waren. Nun haben die Gefäße einen eher sparsamen Dekor mit einfachen und wenigen geometrischen Motiven, und viel schwarze Farbe füllt die Oberflächen.«

»Ich versteh trotzdem noch nicht, warum ihr von den dunklen Jahrhunderten sprecht.«

»Weil wir damals nicht viel über die Zeit nach dem Fall der mykenischen Zivilisation wussten, und darum haben wir sie griechisches Mittelalter oder dunkle Jahrhunderte genannt. Glücklicherweise wissen wir jetzt viel mehr. Wir glaubten, dass die Menschen für einige Jahrhunderte im finstersten Dunkel lebten, aber heute wissen wir, dass sie sich relativ rasch zu erholen begannen. Mit Sicherheit waren die Veränderungen und die Neuordnungen immens. Vergiss, was du über den helladischen Raum gewusst hast. Wenn das Gesellschaftssystem völlig zusammenbricht, und das nicht nur in Griechenland, sondern an den meisten Orten der damals entwickelten Welt, schauen die Leute, dass sie sich retten können.«

»Ah, wie in einem Film über die Zombieapokalypse! Wo sich die Überlebenden in Lagern zusammenrotten, um sich zu verteidigen.«

»Etwa so. Aber ohne die Zombies natürlich. Da die vorherige zentrale Macht des Palastes zur Kontrolle der Situation nicht mehr existierte, brach der helladische Raum auseinander und teilte sich auf in Stammesgruppen, die jede für sich ihr Überleben zu sichern versuchten. Ebenfalls vorbei ist es mit dem starken Anaktas, dem Lagetas und dem ganzen Palastgesindel. Höchstwahrscheinlich war der einzige Amtsträger, der auf seinem Posten blieb, der niedrige Offizier, den sie König nannten, und der Begriff bekam eine andere Bedeutung.«

»Oha, darum ist der Begriff ›König‹ für den höchsten Herrscher geblieben!«

»Auseinandergerissen und mit der Parole ›Rette sich, wer kann‹ kämpften die Völker ums Überleben. Die Art und Weise, wie sie das bewerkstelligten, variiert von Ort zu Ort. Auf Kreta zum Beispiel finden wir Siedlungen aus jener Zeit, die sich stark von den städtischen Zentren der vorangegangenen Periode unterscheiden. Jetzt sind die Siedlungen kleine Dörfer, die hoch oben an den Felsen kleben, wohl damit sich die Leute wehren und sich verstecken konnten. Auf dem griechischen Festland fingen sie an umzuziehen. Damit begann die erste große Abwanderung und die Epoche der ersten griechischen Kolonisation. Die verschiedenen griechischen Völker begannen, sich im helladischen Raum hin- und herzubewegen, zu den Inseln und zur gegenüberliegenden Küste von Kleinasien, und eroberten die Gegenden, die in historischer Zeit ihre Heimatländer sein sollten.«

»Was waren das für griechische Völker?«

»Es gab viele griechische Völker. Die größten waren die Dorer und die Ionier. Die Dorer konzentrierten sich hauptsächlich auf der Peloponnes, auf den südlichen Inseln der Ägäis, auf Kreta und auch an der Südküste Kleinasiens. Die Ionier lebten im Zentrum der Ägäis, in Attika und an den mittleren Küsten von Kleinasien. Ein ziemlich großes Volk waren auch die Äolier, die sich an den Nordküsten Kleinasiens ausbreiteten, aber es gab auch verschiedene kleine Stämme, die über den ganzen helladischen Raum verstreut waren.«

»Und diese Verheerung hat lange angehalten?«

»Die Erholung ließ nicht lange auf sich warten. Auf das beeindruckendste archäologische Fundstück als Beispiel für jene Zeit sind wir in Lefkandi auf Euböa gestoßen. Dort wurde ein großes Herrenhaus entdeckt, fast 500 Quadratmeter groß, länglich, mit vielen Zimmern, vielleicht sogar mit einem zweiten Stockwerk. Das Eindrückliche aber ist, dass sich in seinem Zentrum die Gräber der Menschen, die dort gewohnt haben, befanden. Ein Mann und eine Frau.«

»Was sind die gewesen? Herrscher? König und Königin?«

»Es ist sehr wahrscheinlich, dass es sich tatsächlich um das Herrscherpaar handelt. Sehr richtig! Die wurden also begraben, und ihnen wurden auch Pferde und viele wertvolle Beigaben ins Grab gelegt.«

»Und was sind das für Beigaben?«

»Als Beigabe bezeichnen wir jedes Objekt, das ein Begräbnis begleitet. Als Geschenk, als Weihegabe. Viele von den Beigaben stammten nicht nur aus Griechenland, sondern waren aus dem Ausland importiert worden. Obwohl wir diese Epoche als schwarz und düster und unzivilisiert angesehen haben, hatte sie doch ihre herrschaftlichen Häuser – wenn auch nur ganz wenige –, ihren Reichtum und die Möglichkeit, zu Wohlstand zu gelangen. Es gab keine Villen wie in Malibu oder Hollywood, aber auch Lefkandi war gar kein übler Ort.«

»Richtig. Das Haus ist in der Nähe des Meeres und hat einen fantastischen Strand, was sollen wir da mit Hollywood?«

»Lefkandi hatte noch andere Überraschungen für uns parat. Es hat uns nämlich gezeigt, dass schon in jenen Jahren die volkstümliche Überlieferung blühte, die später die Mythen erschaffen sollte. Im Grab eines kleinen Mädchens, im sich anschließenden Gräberfeld, haben wir das Tonidol eines Kentauren gefunden. Es ist das vorläufig älteste Idol eines Kentauren, das entdeckt wurde. Aber das ist gar nicht das Interessante. Dieser Kentaur erinnert an den Mythos von Cheiron, den einzigartigen und besonderen Kentauren, der mit seiner Bildung und seiner Güte viele archaische Helden erzog und zum Beispiel Asklepios in der Heilkunst ausbildete.«

»Warum war er der Einzige, der aus allen anderen herausstach?«

»Die anderen Kentauren waren animalische Wesen, wilde, reine Viecher. Cheiron hingegen war von einem anderen Planeten. Weise, gebildet, ein wahrer Gentleman. Ein Gentleman mit Hufen.«

»Und woher wissen wir, dass der im Grab gefundene Kentaur Cheiron war?«

»Die Sage erzählt, dass Cheiron versehentlich von Herakles am Fuß verwundet wurde. Und das Kentaurenidol im Grab des Mädchens hat eine Wunde am Fuß! Aber es gibt etwas noch Interessanteres.«

»Das nimmt ja kein Ende ...«

»Der Kentaur ist zerbrochen in einem Grab gefunden worden. Ein Stück hat ihm gefehlt. Und dieses fehlende Stück hat man in einem Grab daneben gefunden.«

»Mann, davon habe ich ja noch nie etwas gehört! Sprecht ihr etwa nicht darüber? Haltet ihr eure Funde vor uns geheim?«

»Fang jetzt nicht mit dieser alten Kamelle an. Wir halten nichts geheim. Jeder, der will, kann es erfahren.«

»Aber hier und jetzt sagst du mir, dass es in so alter Zeit eine echt krasse Entwicklung auf Euböa gegeben hat, und ich habe noch nie davon gehört!«

»Täusch dich nur nicht. Die Funde in Lefkandi sind kein Beweis dafür, dass Griechenland um 1000 vor Christus voll von Menschen war, die mit superteurem importierten Schmuck in den Palästen lebten. Selbst das imposante Gebäude in Lefkandi war aus Holz und Ziegeln, mit einem Strohdach. Es ähnelte viel mehr einem großen Stall als einem Herrscherhaus. Aber es zeigt uns, dass sie wussten, wie man eine weite Reise macht, und dass die Beziehungen zur Welt draußen nie abgebrochen sind. Unabhängig davon, dass der helladische Raum vor den Zivilisationen des Ostens zu einer Provinz wurde.«

»Wie haben denn diese Menschen gelebt?«

»Die meisten Häuser der einfachen Leute waren heutigen Hirtenhütten aus Holz ganz ähnlich. Zumindest da, wo sie Holz hatten, denn auf den Inseln, wo es keins gab, bauten sie mit Steinen. Die winzigen Häuschen standen ineinander verschachtelt an engen Sträßchen, damit alle in den Mauern der Stadt, die sie vor den Feinden schützten, Platz fanden. Das Haus des Herrschers war einfach etwas größer. Eben wie es sich für einen Herrscher gehörte. Hin und wieder gab es ein unbebautes Grundstück, das war entweder einfach ein freier Platz für gemeinschaftliche Aktivitäten, oder aber er war einem Gott gewidmet. Die Götter wurden damals nämlich unter freiem Himmel verehrt, an einem Ort, der extra zu diesem Zweck festgelegt worden war. Sie trennten ihn vom

Raum, der für die Menschen da war, sie schnitten ihn ab.«

»Das Temenos, das du für die mykenische Zeit erwähnt hast! Und sie verehrten weiterhin die Zwölfereinheit des Olymps? Die ist ja, wie du gesagt hast, in der mykenischen Epoche aufgetaucht!«

»Sehr richtig! Die Verehrung der olympischen Götter begann die Form anzunehmen, die sie in den folgenden Zeiten haben sollte. Also, in den dunklen Jahrhunderten, den protogeometrischen, wurden mit größter Wahrscheinlichkeit alle Gottheiten in der Natur verehrt, und die ganze Natur war göttlich; man kann sagen, das Abbild des Göttlichen war immer um dich. Am Himmel, auf der Erde, im Meer, in den Bäumen. Und oft ähnelten diese Bäume der Gestalt eines Menschen, oder wenn sie nicht so aussahen, so spendeten sie doch Schatten und Nahrung, und die Menschen sahen, wie sie welkten und starben – aber jedes Jahr erstanden sie wieder auf. Und das soll nicht göttlich sein? Und sie machten ein Abbild des Gottes, wie sie ihn sich vorstellten, und ihre Hände gestalteten ihn aus Metall oder häufiger aus Holz – gewisse Hölzer ähneln von sich aus bereits einem menschlichen Rumpf –, und sie stellten ihn ins Zentrum des Ortes, an dem sie die göttlichen Kräfte verehrten, die sich ihrer vielleicht erbarmen und sie einen weiteren Winter überstehen lassen würden oder einen weiteren feindlichen Angriff. Vielleicht wurden sie krank, und die Arzneien und Kräuter halfen nicht … und da sie allgemein unter schwierigen Bedingungen lebten, waren auch die Götter, die für diese Bedingungen verantwortlich waren, schwierig, und sie wollten sie milde stimmen, auf ihre Seite ziehen. Sie schützten das Symbol ihres Gottes, sie breiteten etwas über ihm aus und umhüllten es, damit die Stürme und die Regenfälle und der Hagel es nicht zerstörten. Sie bauten, sagen wir, eine Art Hütte, fast schon ein Haus für den jeweiligen Gott. Und im Grunde entstanden so die ersten Tempel und frühe, unvollkommene ›Statuen‹ von Göttern, die sie Xoana nannten. Das Xoanon ist eine aus Holz gefertigte Statue einer bestimmten Gottheit in Menschengestalt. Diese schützten und ehrten sie über viele Jahrhunderte. Denn, wie wir gesagt haben, nichts bleibt beständig in der Menschheitsgeschichte, und so war es auch beim Nebel der dunklen Jahrhunderte nur eine Frage der Zeit, dass er sich lichtete.«

»Ich habe noch eine Frage.«

»Dann stell sie.«

»Ich hatte sie schon vorher.«

»Komm, stell sie.«

»Sie hat nicht direkt mit dem zu tun, was du gesagt hast …«

»Spann mich nicht auf die Folter! Frag!«

»Du hast mir von Lefkandi erzählt, und davor hast du vom Fall der Zivilisationen gesprochen. Und du hast Menschenopfer auf Kreta erwähnt, und immer wieder sagst du, dass es gewisse Leute gibt, die eine andere Ansicht haben. Warum gibt es so viele verschiedene Sichtweisen in der Archäologie?«

FAQ: Warum gibt es so viele verschiedene Sichtweisen in der wissenschaftlichen Archäologie?

»Weil es so sein muss. Sonst wäre sie keine Wissenschaft. Wissenschaft ist global. Die Menschheit kann sich ja nicht mal einigen, ob wir überall Links- oder Rechtsverkehr haben müssen. Wie sollen sich da bei wissenschaftlichen Fragen alle einig sein?«

»Gut, ja, aber man nimmt doch an, dass die Wissenschaftler gebildete, kultivierte Menschen sind. Und ausgerechnet die können sich nicht einigen?«

»Verschiedene Sichtweisen machen das Wesen der Wissenschaft aus, es trennt sie von der puren Altertumsliebhaberei.«

»Ich verstehe nicht, was du meinst.«

»Der ›Prüfstein‹, von dem aus sich die verschiedenen Sichtweisen in der theoretischen Wissenschaft bilden, funktioniert so: Ein Forscher präsentiert einen Gedanken, eine Arbeitshypothese, eine Folgerung, und der Rest der Gemeinschaft ist aufgerufen zu beurteilen, was er beschreibt. Aber das ist nur möglich, wenn der Gedanke als Studie mit all seinen Überlegungen und den wissenschaftlichen Fakten, die diese begleiten, veröffentlicht wird. Dieses Prozedere ist unerlässlich. Es müssen verschiedene Sichtweisen auftauchen, wenn wir alles prüfen. In Grunde sind diese verschiedenen Sichtweisen wie die experimentellen Tests, die durchgeführt werden, bevor ein Medikament in Umlauf gelangt. Und weil kaum je alle mit etwas einverstanden sein werden, gilt es nicht als allgemein von der Wissenschaft anerkannt, sondern wir nehmen das, womit die Mehrheit der wissenschaftlichen Gemeinschaft einverstanden ist.«

»Was ist die größte Streitfrage in der Archäologie?«

»Das kann man so nicht sagen, dafür gibt es zu viele und zu unterschiedliche Theorien. Eine bekannte Streitfrage in der Archäologie ist die Datierung des Vulkanausbruchs auf Santorini, die irgendwann auf circa 1450 vor Christus festgelegt wurde. Mit ziemlicher Wahrscheinlichkeit ist der Vulkan etwa zwei Jahrhunderte früher ausgebrochen, vielleicht 1628 vor Christus, vielleicht

1642, vielleicht zwischen 1642 und 1616, vielleicht auch schon zwischen 1664 und 1651 vor Christus. Du verstehst, was ich sagen will? Genauso gab es unterschiedliche Ansichten in Bezug auf die Identität des Toten in Grab II in Vergina, von dem die meisten Archäologen glauben, es gehöre zu Philippos II. von Makedonien, dem Vater von Alexander dem Großen, aber ziemlich viele lehnen das ab und unterstützen die These, dass es sich um den Halbbruder von Alexander dem Großen handelt, Arrhidaios, den sie dann offiziell auch Philippos genannt haben.«

»Haben sie vergessen, den Namen aufs Grab zu schreiben?«

»Dass das Grab keine Inschrift trägt, erschwert die Dinge natürlich noch. Von all den königlichen und aristokratischen Gräbern im alten Makedonien – rund 130 sind bis jetzt gefunden worden – tragen gerade mal zwei eine Inschrift mit den Namen der Besitzer. Aber auch wenn auf Grab II in Vergina der Name gestanden hätte, so hätte dort wahrscheinlich Philippos gestanden. Philippos der eine, Philippos der andere. Wieder ein Schuss in den Ofen also.«

»In Ordnung, das sind große Fragen. Bei kleinen Dingen seid ihr euch vielleicht leichter einig, oder?«

»Wir haben nicht bei allem unterschiedliche Ansichten, aber doch ziemlich häufig, ehrlich gesagt. Schauen wir uns ein weiteres, nicht so bekanntes Beispiel an: das Nekromanteion, das Totenorakel, an der Mündung des Flusses Acheron in Epirus. Dorthin gingen die Gläubigen, um einen Spruch zu empfangen, nicht von Gott, wie von Zeus in Dodoni oder Apoll in Delphi, sondern von den Toten der Unterwelt. Ganz schön unheimlich! Es war nicht leicht, die Schranke zwischen diesem Leben und dem anderen zu durchbrechen. Das Totenorakel, wie es uns erhalten ist, gleicht einem befestigten Turm. Bei der Grabung wurden Zimmer gefunden, die man für Schlafräume hielt. In diesen mussten die Pilger, die gekommen waren, um einen Orakelspruch von den Toten aus der Unterwelt zu erhalten, ausharren. Es wurden auch große Krüge mit Überresten von Lebensmitteln, Getreide und Hülsenfrüchten gefunden, Ackerbohnen zum Beispiel, von denen man allgemein glaubt, dass sie Halluzinationen hervorrufen, denn die Pilger mussten fasten und eine spezielle Nahrung zu sich nehmen, bis sie in ein Delirium kamen. Es wurde ein Zickzackkorridor gefunden, mit verschiedenen Toren, wie ein kleines Labyrinth, das zu einer Öffnung im Boden führte. Diese Öffnung endete in einem Allerheiligsten mit gewölbtem Dach, dunkel, feucht und echt gruselig. Dort drin, so nehmen wir an, haben die Pilger – verwirrt von Hunger und Durst, der merkwürdigen Diät und dem Zickzack des Wegs – die Seelen der Toten erblickt, die sich bewegten und zu ihnen sprachen. Das Beeindruckende ist, wir haben Zahnräder und Zubehörteile von Hebemaschinen gefunden! Diese wurden als Überreste von Mechanismen interpretiert, welche die Priesterschaft benutzte, um vor den Augen der Berauschten Puppen zu bewegen, die die Seelen der Toten darstellten. Der arme, geplagte Pilger, der von den Ackerbohnen und dem anderen Zeug komplett high war, sah in den Figuren, die sich vor ihm bewegten, die Seelen aus der Unterwelt!«

»Und worüber wird hier gestritten?«

»Manche meinen, das alles sei eine falsche Interpretation der Funde. Der ganze Komplex des Totenorakels ist mit großen Außenmauern umbaut, wie eine Festung. Die Keramik und die anderen Funde zeigen, dass die letzte Phase der Benutzung gerade vor der römischen Besetzung von Epirus war. Wir wissen ebenfalls, dass bei der Eroberung von Epirus durch die Römer viel Blut geflossen ist. Siebzig Städte und Siedlungen wurden zerstört, und 150 000 Einwohner wurden zu Sklaven.«

»Also war das Gebäude kein Totenorakel, sondern eine Festung?«

»Manche meinen, es sei eine der letzten Festungen dieser Epoche gewesen, zur Verteidigung der Epiroten gegen den römischen Ansturm. Die großen Krüge mit den Nahrungsmitteln waren vielleicht der Vorrat der Belagerten, damit sie zu essen hatten, und die Zahnräder und die Metallteile können als Teile der Verteidigungsgeräte interpretiert werden, Katapulte und andere, die die Belagerten benutzten. Und vielleicht war das Heiligtum nichts anderes als ein Keller.«

»Und jetzt, was gilt?«

»All das hört sich zwar logisch an, aber es erklärt nicht, aus welchem Grund im Innern des Gebäudes ein labyrinthischer Korridor existiert – du kämpfst mit einer Belagerung und musst dich dazu auch noch mit einem Labyrinth herumschlagen? Der reinste Masochismus. Auch erklärt diese Interpretation nicht, warum der Keller mit einer solchen Sorgfalt gebaut wurde, mit verschiedenen Kammern und allem Drum und Dran. Eine lang angelegte Erforschung des Raums hat sogar bewiesen, dass dieser unterirdische Ort echolos war.«

»Was war er?«

»Er war so gebaut, dass es keinerlei Schall gab und absolute Stille herrschte.«

»Und die Zahnräder könnten schließlich nicht doch von Katapulten stammen?«

»Natürlich könnten sie das. Aber dass das Gebäude des Totenorakels im Widerstand gegen die Angriffe benutzt worden sein kann, bedeutet nicht, dass es früher nicht als Orakel gedient hat.«

»Und wie weit seid ihr jetzt?«

»Neue Untersuchungen belegen, dass die Argumente für die Meinung, es sei tatsächlich ein Totenorakel gewesen, überwiegen. Was sagt uns dieses kleine Beispiel? Irgendjemand muss Einwände gegen die Interpretation von Funden erheben, damit es zu weiteren Forschungen kommt, die entweder beweisen, dass die neue Interpretation gilt, oder die anfängliche Interpretation mit stärkeren Argumenten unterstützen. Und darum ist es gut, dass es in der Archäologie immer wieder Meinungsverschiedenheiten gibt.«

»Gut und schön das alles, aber kommen wir denn nie zum alten Griechenland? Du hältst mich jetzt schon ganz schön lange in der Vorgeschichte fest.«

»Okay, lass uns ins alte Griechenland gehen.«

6

Geometrische Epoche

»Wir sind also in der geometrischen Epoche angekommen, in der Epoche, in der der Prozess beginnt, der letztlich zum kulturellen Wunder der klassischen Antike führt.«

»Der Name der Epoche hört sich etwas sonderbar an. Warum geometrisch?«

»Daran ist wieder die Keramik schuld. Was ist auf den Gefäßen jener Epoche abgebildet? Eine Anhäufung von geometrischen Formen. Überall. In der vorangegangenen Periode war ein großer Teil der Oberfläche der Gefäße nicht ausgeschmückt. Jetzt werden die Formen größer, und die Verzierung breitet sich über den ganzen Gefäßkörper aus.«

»Abgesehen von der Keramik, was hat sich sonst noch verändert?«

»Vieles hat sich verändert. Die Welt des geometrischen Griechenlands ist in kleine politische Einheiten aufgesplittert, die sich zu Stadtstaaten entwickeln sollten. Die Wirtschaft verändert sich, weil der Handel sich immer mehr verstärkt. Die Produktion von Keramik verbessert sich, die Benutzung des Eisens verbreitet sich; wir sind in einer Epoche, in der die Technik ihre ersten schüchternen Schritte macht.«

»Moment! In Bezug auf die vorherige Periode bist du stark auf Euböa eingegangen. Ist die Insel weiterhin das Zentrum gewesen?«

»In den ersten geschichtlichen Zeiten, auch in den geometrischen Jahren, von denen wir jetzt sprechen, hat es kein konkretes Zentrum gegeben. Wir können aber davon ausgehen, dass Athen nun schon anfing, die Zügel in die Hand zu nehmen. Das wird vor allem angesichts der künstlerischen Produktion deutlich, insbesondere der Keramik. Athen war führend im geometrischen Stil. Viele andere Orte kopierten ihn oder ließen sich von ihm inspirieren.«

»Dann hat es also unterschiedliche Keramikstile in Griechenland gegeben?«

»Verschiedene Städte erschufen und bewahrten ihren eigenen Stil, aber der Einfluss, den die Keramik aus Athen hatte, ist beeindruckend. Dort ging man so weit, riesige Gefäße in Menschengröße herzustellen, die auf die Gräber gestellt wurden. Auch diese Gefäße hatten eine außergewöhnlich symmetrische und sorgfältige geometrische Verzierung, von oben bis unten. Keine Fläche war unverziert. Deshalb sagen wir, dass die Künstler jener Zeit einen Horror Vacui hatten, eine Angst vor der Leere. Sie ließen kein einziges Stück eines Gefäßes ungeschmückt.«

»Hatten sie nur geometrische Formen? Gab es keine Skulpturen von Männern oder Frauen?«

»Sie fingen ganz zögerlich an, die ersten Gestalten zu skizzieren. Menschen, Tiere, hauptsächlich natürlich Bestattungsszenen!«

»Warum Bestattungsszenen?« Er schüttelte sich.

»Vergiss nicht, die meisten sind uns erhalten geblieben, gerade weil sie in Beziehung zu Bestattungen standen. Die ganz großen Gefäße schufen sie als Denkmäler auf Gräbern, und die vielen kleinen gingen als Beigaben ins Grab. So sind sie vollständig erhalten geblieben. Folglich können wir diese Gefäße besser studieren. Wir haben begonnen, die Hand einzelner Künstler zu erkennen, und ihnen Namen gegeben. Der Maler von Dipylon, der Hirschfeld-Maler und so weiter und so fort.«

»Schon wieder erzählst du mir nur von Keramik.«

»Nun ja, sie gehört eben zu den bedeutendsten Überresten aus jener Epoche.«

»Aber ich habe ein paar grundsätzliche Fragen. Wie hat sich die helladische Welt entwickelt und ist zum klassischen antiken Griechenland weitergeschritten, wie du vorhin gesagt hast? Wo hat diese Entwicklung begonnen?«

»An den Orten, deren Einwohner reisefreudige Seelen waren und mehr zum Handel und zum Reisen neigten. Das war auf Euböa, Kreta und den Inseln der östlichen Ägäis der Fall. Die benachbarten Städte Chalkis und Eretria lagen untereinander im Wettstreit. Der Wettstreit treibt zum Streben nach Überlegenheit an. Wie lange kannst du dahocken und das Wasser des Evripos anstarren? Das schlägt dir aufs Gemüt. Also steigst du auf ein Schiff und machst dich auf den Weg. Und irgendwann entdeckte ein Reisender, dass sie dort drüben, im entwickelten Osten, Richtung Phönizien, eine andere Schrift benutzten, mit wenigen Symbolen; er hat sie genommen, Vokale hinzugefügt, ein wenig die Laute verändert, damit sie zur griechischen Sprache passten, und die erste Schrift in der Welt erschaffen, bei der jeder Buchstabe einem Laut der menschlichen Stimme entsprach. Und endlich, nachdem die Griechen das Schreiben vergessen und eine Schrift genutzt hatten, die nur von wenigen beherrscht wurde, hatten sie nun ein Werkzeug, das ihre Kultur verändern sollte.«

»Mal langsam mit dem Werkzeug. Sie haben ein Alphabet geschaffen.«

»Die Erfindung war überwältigend in ihrer Einfachheit. Nur eine Handvoll Buchstaben, jedes Symbol mit einem zugehörigen Laut. Es genügte, dass einer diese wenigen Symbole lernte, um seine Gedanken in seiner eigenen Ausdrucksweise wiederzugeben. Die Erweiterungen und die Folgen sind viel größer, als man sich vorstellen kann. Diese Erfindung öffnete nach und nach den Weg zum ›Wunder‹ der antiken griechischen Kultur. Jegliche Information konnte nun von vielen anderen aufgenommen werden. Diese Einfachheit war der geeignete Boden, damit der Same wachsen konnte, der später zur Fähigkeit des Volkes führen sollte, sein Schicksal selbst in die Hand zu nehmen, zur Verbreitung seiner Gedanken, zur Schöpfung der Philosophie und der Forschung, zur Geburt der Demokratie.«

»Als wir über die Linear B gesprochen haben, hast du gesagt, es seien nur Buchhaltungsunterlagen der Paläste gewesen. War das jetzt anders?«

»Völlig anders. Die griechische Schrift hat ein sehr schönes Charakteristikum, das oft nicht bemerkt wird. Die meisten älteren Texte auf Griechisch, die wir gefunden haben, sind metrisch. Das heißt poetisch.«

»Sie haben gedichtet? Echt jetzt?«

»Aber sicher. Seit es die griechische Schrift gibt, wurde damit Poesie geschrieben. Wieder haben wir es mit Kunst zu tun. Von dem Moment an, als der Mensch seine Gedanken und seine Sprache aufschreiben und ein anderer sie lesen konnte, hat sich die ganze Welt verändert. Allerdings zerfiel das griechische Alphabet von Anfang an in viele regionale Arten, mit großen Unterschieden zueinander. Das Erstaunlichste ist sicher, dass gleich nach der Erfindung des griechischen Alphabets und dessen Verbreitung die zwei größten Bestseller der Weltliteratur geschaffen wurden: die Ilias und die Odyssee.«

»Du meinst, sie sind zu der Zeit geschrieben worden?«

»Wir wissen nicht, ob sie tatsächlich damals geschrieben wurden. Aber sie wurden damals geschaffen! Der Zweck der epischen Poesie bestand darin, dass sie von umherwandernden Profisängern auswendig gelernt und in der griechischen Welt vorgetragen wurde. Diese zwei Werke haben der menschlichen Fantasie für gut 3000 Jahre Nahrung gegeben, sie sind in jedem Winkel der Welt bekannt, und sie haben Künstler inspiriert wie vielleicht nichts sonst. Die homerischen Epen waren berühmt seit der Zeit, in der sie geschaffen wurden. Denn sie hatten einen genialen Inhalt. Szenen, die einem heute noch die Haare zu Berge stehen lassen.«

»Na, wenn du meinst ...«

»Sie haben wirklich geniale Szenen! Du kannst dir gern eine aussuchen. Die Szene in der Ilias, wo Achilles, völlig down wegen des Todes seines Gefährten Patroklos, bei Hephaistos eine neue Rüstung in Auftrag gibt und losstürmt, um Rache zu nehmen? Er schlachtet so viele Trojaner ab, dass der Flussgott Skamandros, dessen Wasser vom vielen Blut anschwellen, sich erhebt und selbst mit dem mythischen Helden kämpft.«

»War Homer damals schon berühmt, oder haben erst wir ihn entdeckt und bewundern ihn jetzt?«

»Homer war immer populär. Er ist der absolute Bestsellerautor! Homer gehört nicht den Philologen. Er gehört in die volkstümliche Überlieferung, die seine Epen hat entstehen lassen. Selbst unsere Großmütter, die nie Lesen und Schreiben gelernt hatten, kannten Odysseus und Achilles. Homer ist in der volkstümlichen Überlieferung geboren worden, und dort bleibt er.«

»*Greek folk art?*«

»Ja, aber in epischen Dimensionen! Kannst du dir vorstellen, wie eingängig seine Epen waren? Fertige Szenarien mit erzählerischen Tricks, die wir heute noch genießen. Schau dir den Aufbau der Odyssee an: Beginne kurz vor dem Ende, bei Odysseus, dem archetypischen Symbol für jeden, der alles schafft, und für den reisenden Menschen schlechthin. Er muss, nachdem er so viele Abenteuer bestanden und Schiffbruch erlitten hat, auf der Insel von Kalypso bleiben, versteckt vor Poseidon, der nach ihm sucht, um ihn zu erledigen. Gleichzeitig schildert Homer uns die Lage in Ithaka, wo das Königreich von Odysseus wankt und sein Sohn und seine Frau darum kämpfen, es zu erhalten. Sie warten auf Odysseus, und seine Frau hat Not, dem Druck der Freier zu widerstehen. Schon am Anfang führt uns das Szenario in eine äußerst schwierige Situation. Du fragst dich natürlich, wie es dazu gekommen ist und wie Homer es schafft, eine Lösung zu finden! Die Götter greifen in einem Moment ein, als Poseidon abwesend ist, und beschließen, Odysseus nach Hause zurückkehren zu lassen. Odysseus baut sich selbst ein Floß und kommt endlich nach Hause. Aber kommt er rechtzeitig?«

»Gibt es eine überraschende Wendung?«

»Poseidon kommt zurück, löst ein Gewitter aus, und das ist jetzt eine meiner Lieblingsszenen: Die kleine Meeresgöttin Leukothea breitet ihren Schleier für Odysseus wie ein Rettungstuch aus und quält sich, um ihn inmitten der wütenden Wellen am Leben zu erhalten, bis Athena eingreift. Schließlich wird er als Schiffbrüchiger auf der Insel der Phäaken im letzten Moment gerettet. Aber das ist noch längst nicht alles, wir sind erst in der Mitte des

Blockbusters! Odysseus muss den Phäaken erzählen, was er bis dahin erlebt hat, und sie überzeugen, dass sie ihm helfen. Da beginnen die Flashbacks! Voller Action und Angst. Mit dem Zyklopen Polyphem, mit Kirke, mit Skylla und Charybdis, mit den Laistrygonen, mit den Lotophagen, mit dem Abstieg in die Unterwelt! Wir stecken alle mitten in der abenteuerlichen Achterbahn des Dramas, und die Phäaken helfen Odysseus, er kommt nach Ithaka. Ist die Sache damit zu Ende? Natürlich nicht. Wie ein professioneller Drehbuchschreiber lässt Homer kurz vor dem Ende weitere Schwierigkeiten auf den Helden los, und Odysseus muss einen Weg finden, um den Thron zurückzuerobern. Er muss sich als Bettler verkleiden, und es gelingt ihm voller List, die überlegenen Feinde zu besiegen. Als das alles geschafft ist, haben sowohl Odysseus als auch wir alle ein Happy End der Geschichte verdient. Und es handelt sich nicht um ein modernes Drehbuch. Es ist das älteste Drehbuch für ein Fantasy-Abenteuer, das je geschrieben wurde.«

»Sind die Epen von Homer ein Spiegel jener Epoche? Mit Troja und Mykene und all den großen Heldengestalten?«

»Das sind sie nicht. Es ist ein riesiger Fehler, wenn wir bei Homer geschichtliche Vorgänge zu sehen glauben. Es ist eine Mischung aus mykenischen Überresten und vielen Elementen der geometrischen Periode, und es wäre eine grobe Vereinfachung, das Wort für Wort zu glauben. Abgesehen davon darfst du nicht vergessen, dass es sich um ein Gespinst der schöpferischen Fantasie des Dichters handelt. Es ist keine Geschichtsschreibung.«

»Aber man hat doch Troja und Mykene und die Paläste der Helden gefunden!«

»Man hat archäologische Stätten gefunden, die mit allergrößter Wahrscheinlichkeit so genannt wurden und die der Fantasie, die den Mythos erschaffen sollte, Nahrung gaben. Der Mythos selbst ist jedoch keineswegs bewiesen. Es kann auch nicht bewiesen werden, dass beispielsweise das sogenannte Grab des Agamemnon tatsächlich sein eigenes ist.«

»Weißt du was? Das erinnert mich an den Lehrer, der uns in der Schule gesagt hat, dass Homer vielleicht gar nicht existiert hat, sondern dass verschiedene Dichter die Epen verfasst und schließlich vereint haben. Was denkst du darüber?«

»Ja, das ist die homerische Frage. Ob viele die Epen geschaffen haben, ob einer sie geschaffen hat, ob dieser eine Homer war, wann er sie verfasst hat und so weiter. Wenn wir aber mal das wissenschaftliche Durcheinandergerede und die Zankereien beiseitelassen, die gegensätzlichen Meinungen und die Dissonanzen, die in der Erforschung der Ilias und der Odyssee entstanden sind, so bleiben Homers Epen dennoch die Grundlage der klassischen Bildung.«

»Ich wusste gar nicht, dass die griechische Schrift vom Moment ihrer Erschaffung an zu so etwas Bedeutendem gedient hat.«

»Schön. Ich hol dich wieder ein bisschen auf den Boden der Tatsachen zurück. Glaub nur nicht, alle Inschriften, vor allem die älteren, seien Gedichte von höchster Güte. Die alten Griechen waren es gewohnt, überall den Eigentümer dranzuschreiben, einzukerben, um genau zu sein.«

»So, wie wir unseren Namen auf verschiedene Sachen schreiben? Sie haben, sagen wir, geschrieben, das gehört dem und dem?«

»Ja. Eine der ältesten und berühmtesten Inschriften auf Griechisch ist in einem Gefäß aus Rhodos eingekerbt, es wurde auf einem Inselchen vor Neapel gefunden – reiselustige Leutchen, die Griechen, und auch ihre Besitztümer waren immer unterwegs. Da steht: ›Ich bin der labende Becher von Nestor … ein zum Trunke wohlgeeignetes Trinkgefäß/Wer aber aus diesem Trinkgefäß trinkt, sogleich wird ihn/Die Sehnsucht ergreifen nach der schönbekränzten Aphrodite.‹«

»Was ist die Sehnsucht nach der schönbekränzten Aphrodite?«

»Du fragst im Ernst, was die Sehnsucht nach Aphrodite, welche die Menschen befällt, ist?«

»Ah.«

»Ja, genau, was du gedacht hast.«

»Na ja, aber der Becher hat ja wohl kaum mit den Menschen geredet?«

»O doch! Man glaubte, alle Objekte hätten eine Seele, und die Inschriften waren so formuliert, als würde das Ding selbst sprechen. Eine andere Inschrift, eine der älteren, aus Methoni in der Region Pieria, gibt sich nicht damit zufrieden zu sagen, dass dieser Becher irgendjemandem gehöre. Sie stößt direkt eine Drohung aus: ›Dem, der mir den Becher nimmt‹, sagt die Inschrift, ›sollen die Augen ausfallen.‹ Eine andere aus Marseille besagt: ›Ich gehöre Aristonas. Hier ist mein Platz! Lass mich! Stell mich sofort wieder hin.‹«

»Haben sie vor allem Drohungen aufgeschrieben?«

»Nein, nein. Aber die Mittelmeerbewohner waren damals schon Dramaqueens, das Feiern, die gute Laune und die Liebe waren für sie das Wichtigste. Es gab folglich auch Inschriften mit viel Herzblut, wie die auf einer Oinochoe, einem Weinkrug, die sagt, dass derjenige der Tänzer, der am fröhlichsten und ausgelassensten wie ein junger Mann tanze, den Krug als Geschenk bekomme!«

»Wo haben sie denn getanzt?«

»In diesem konkreten Fall am ehesten auf einem Symposion. Zu der Zeit in der griechischen Geschichte war bereits die berühmte Institution des Symposions aufgekommen. Und während der Festivitäten haben sie sich sozusagen mit Wettbewerben unterhalten; die Inschrift informiert uns über den Siegespreis: ›Dieser Krug geht an den, der am besten tanzt.‹ Eine andere Inschrift wiederum ermuntert uns, wir sollten uns entspannen: ›Trink, lösch den Durst, lebe‹, und noch eine andere ist ein kleines Geschenk eines schwer Verliebten, sie lautet: ›Mogeas macht mich Eucharis zum Geschenk, sie soll trinken, so viel sie mag.‹«

»Ui! Die haben es aber wirklich locker genommen im geometrischen Griechenland! Sag mal, die geometrische Epoche, ist die jetzt Vorgeschichte oder Geschichte?«

»Im Verlauf der geometrischen Epoche tritt das alte Griechenland in seine geschichtliche Zeit ein. Als offiziellen Zeitpunkt haben wir das Jahr 776 vor Christus.«

»Schön, aber konnte es kein rundes Jahr sein? Ist da etwas Bewegendes passiert?«

»Natürlich. Die ersten Olympischen Spiele! Wettkämpfe im alten Olympia! Außerdem werden in der geometrischen Periode die ersten panhellenischen Heiligtümer geschaffen, wie auf Delos für Apollon, in Eleusis für Demeter, in Olympia für Zeus, ebenso die ersten Orakel, in Dodoni das von Zeus und in Delphi das von Apollon. Und um noch mal auf olympischen Wettkämpfe zurückzukommen: Die erhalten in dieser Zeit ihre Regeln; am Anfang sahen nur ein paar Leute zu, aber bald schon wurden sie zum Event Nummer eins in der antiken Welt.«

»Ich hab mal irgendwo gelesen, dass im antiken Griechenland die Zuschauer dem Wettkampfsieger Kleider zugeworfen haben. Stimmt das?«

»Okay, es ist, glaube ich, an der Zeit, dass wir etwas klären.«

FAQ: Was haben die Griechen in der Antike wirklich gemacht?

»Was haben sie im antiken Griechenland gegessen? Wie haben sie im antiken Griechenland gelebt? Haben sie im antiken Griechenland dies oder das geglaubt oder getan?

Jeder Archäologe, in welcher Diskussion auch immer er auf das Altertum zu sprechen kommt, ist schon auf solche und ähnliche Fragen wie oben gestoßen. Aber die Leute machen einen großen Fehler, wenn sie solche Fragen stellen. Zuerst einmal ist es unklar, was die Leute unter dem alten Griechenland verstehen. In den meisten Fällen meinen sie das klassische Athen. Das kommt daher, dass das klassische Athen der Höhepunkt der altgriechischen Zivilisation war und dass die überwältigende Mehrheit der schriftlichen Quellen, die uns erhalten geblieben sind, sich auf diesen Zeitraum konzentriert. Aber das Altertum war nicht einfach ein Augenblick in der Zeit, und es war auch nicht statisch. Im Gegenteil, es war in ständiger Veränderung, kulturell, gesellschaftlich, geografisch und so weiter. Deshalb ist jede Frage, die darauf gerichtet ist, was sie im alten Griechenland getan haben, von Anfang an falsch. Was heißt altes Griechenland? Welches von allen?«

»Hat es denn so viele gegeben?«

»Wenn du vom alten Griechenland sprichst, meinst du dann Euböa im 10. Jahrhundert vor Christus, als der Handel mit dem Osten wieder aufblühte und neue Ideen aufkamen? Oder Argos im 9. Jahrhundert vor Christus, mit seiner Aristokratie der Ritter auf ihren Pferden? Oder Sparta im 8. Jahrhundert, das die militärische Staatsform mit dem seltsamen Brauch eines Doppelkönigtums einrichtete? (Ja, sie hatten zwei Könige in Sparta, und wenn Krieg herrschte, zog der eine als Heerführer in die Schlacht, und der andere blieb in der Stadt, damit diese nicht ohne Chef war.) Oder denkst du an Samos im 7. Jahrhundert mit seinem bedeutenden Hafen und dem reich verzierten Heiligtum der Hera, das Pilger aus der ganzen Welt anzog? Oder an Athen im 6. Jahrhundert mit seinen gesellschaftlichen Unruhen, die Kleisthenes schließlich dazu brachten, das Wunder der Demokratie zu schaffen? An Makedonien im 5. Jahrhundert mit seinen Bauerngemeinschaften und den halbnomadischen Viehzüchtern, die in der Berglandschaft herumzogen, während die makedonischen Könige aus der Dynastie der Argeaden versuchten, die räumlich kleineren Königshäuser zu kontrollieren und eine Brücke zu Südgriechenland zu schlagen? Oder an Rhodos im 4. Jahrhundert mit seinem reichen Hafen, den Kunstzentren mit den größten Malern und Bildhauern ihrer Zeit?«

»Okay, ich habe verstanden, was du meinst.«

»Die Unterschiede zwischen den erwähnten Zeiträumen sind bedeutend. Sowohl in der Kultur als auch in der Politik und der Gesellschaft. Das alte Griechenland ist nichts Stillstehendes. Folglich hat auch vieles von dem, was du gehört hast, im alten Griechenland stattgefunden. Gewisse Dinge gab es seit der Vorgeschichte und während des gesamten Altertums.«

»Wie was zum Beispiel?«

»Wie die Verehrung der Götter in einem Pantheon. Und es gab gewisse Dinge im Altertum, die bis in die heutigen Tage fortdauern, wie etwa Massenverpflegungen mit gebratenem Fleisch – im Altertum von den Opfern für die Götter, heute mit Spießen am Ostersonntag –, oder der Brauch, dass wir dem Enkel den Namen des Großvaters geben; andere Dinge hingegen hat es nur an gewissen Orten und zu gewissen Zeiten gegeben …

und bevor du fragst, gebe ich dir die Antwort, dass in Sparta die Mädchen in den Gymnasien erzogen wurden, ganz genau wie die Jungen, oder dass die alten Makedonier einen weiblichen Hund in zwei Teile rissen und das ganze Heer zwischen diesen Teilen hindurchmarschierte, als Prozedur der Reinigung der Soldaten vor dem Krieg.«

»Du meinst also, solche Fragen sind sinnlos?«

»Das sage ich nicht! Sie haben absolut einen Sinn! Sie sind einleuchtend und oft viel wesentlicher als einfache chronologische Fragen. Es geht aber darum, dass wir all die Informationen, die wir über das Altertum haben, nicht in einen Topf werfen und in die gleiche Zeit einordnen dürfen. Du würdest auch nicht sagen, dass man in Griechenland im 20. Jahrhundert ein Telegramm geschickt hat, weil man kein Telefon hatte, oder dass man zum Kiosk Argeaden ging, um zu telefonieren. Du würdest genauso wenig sagen, dass die Leute im Griechenland des 20. Jahrhunderts allgemein ein Handy hatten. Nicht, weil das, was gesagt wird, nicht gelten würde, sondern weil es eben nicht für das gesamte 20. Jahrhundert gilt. So kann man es sich vielleicht auch mit dem Altertum vorstellen.

Zu den Kleidern, die die Zuschauer den Wettkampfsiegern hingeworfen haben … ja, in einer bestimmten Periode des Altertums war es Brauch, dem Athleten Kleider als Geschenke und als Beweis ihrer Begeisterung zuzuwerfen. Aber das hat nicht lange angehalten.«

7

Archaische Zeit

»Nach der geometrischen Epoche gehen wir jetzt also in die klassische? Sind wir endlich angekommen?«

»Nein! Es kommt zuerst noch eine sehr bedeutende Periode, die Archaik. Die archaische Zeit wurde so genannt, weil sie der klassischen voranging. Sie hat dieser den Weg bereitet, das Haus geputzt, gekocht, ist müde geworden, hat die Teppiche ausgebreitet, hat alle Vorbereitungen erledigt, damit die klassische Zeit kommen konnte, um den Lorbeerkranz und den Ruhm zu ernten. Und doch ist es die archaische Zeit gewesen, die alles bewerkstelligt hat, was zum klassischen Wunder der griechischen Antike führte.«

»Interessant, aber erklär mir erst mal, wann das passiert ist und wie lange es angedauert hat.«

»Die Archaik dauerte grob von 700 bis ungefähr 500 vor Christus. Okay, schieben wir es noch ein wenig hinaus, bis 480 vor Christus, als die Perserkriege stattfanden und die Imperialisten der Zeit, das Persische Reich, endgültig besiegt worden waren; die spielten sich in jenen Jahren als größter Schläger in der Nachbarschaft auf.«

»Was ist in der archaischen Zeit Wichtiges geschehen?«

»Der Orient übte auf die alten Griechen immer eine besondere Anziehung aus, und entsprechend hatte er großen Einfluss auf so ziemlich alles. Sie besuchten die Häfen und Städte der Phönizier, der Assyrer, der Ägypter und der anderen Völker, die bereits über eine entwickelte Zivilisation verfügten. Von den Häfen, die sie nach den erschöpfenden Reisen übers aufgewühlte Mittelmeer auf ihren kleinen und schnellen Booten erreichten, gingen sie auf die Basare und die Märkte der fremden Städte. Sie betraten deren Tempel, sahen die riesigen Statuen, die für die Götter aufgestellt worden waren, und die Reliefs, die die starken Mauern schmückten. Sie sahen die Webereien, die Strickwaren, die Gefäße, luxuriös und für den Alltagsgebrauch, verziert mit allerlei Köstlichkeiten, Mustern und Figuren, Tieren, lebenden und mythischen, Löwen, Leoparden, Hirschen, Adlern, Sphingen, Greifen, Hähnchen, Zicklein und natürlich Menschengestalten. Und als Garnitur Blumenmotive, um die leeren Stellen zu füllen.«

»Und die Basare und die Zivilisationen des Orients haben ihnen gefallen?«

»Sehr! Sie machten die kleinen reisenden Griechen neidisch. Und inspirierten sie. So fingen diese ganz langsam an, die Motive und Muster aus dem Orient zu kopieren und auf ihre eigenen Objekte zu malen. Und da, wo die alte griechische Kunst bisher ein Festival der Geometrie gewesen war, wurden nun Tierchen, Blümchen, menschliche Figuren und was der Geist sich sonst noch ausdenkt, eingefügt. Diese Periode, in der die griechische Welt von Ideen aus der Fremde überschwemmt wurde, haben wir orientalisierende Periode genannt.«

»Nicht so schnell. Du hast mich vom Geometrischen

zum Archaischen geführt und jetzt zum Orientalisierenden? Sind wir fertig mit der Archaik?«

»Die orientalisierende Periode ist nur eine kurze Zeitspanne in der Kunst, zwischen der geometrischen und der archaischen Epoche. Es sind die ersten Jahrzehnte der Archaik.«

»Du bringst mich noch um mit deinen Perioden und Unterperioden!«

»Aber diese ist wichtig! Sie war der zündende Funke, den die helladische Welt brauchte, damals im 7. Jahrhundert vor Christus, um ihre eigene Entwicklung voranzutreiben, und sie hat zur archaischen Zeit hingeführt.«

»In Ordnung, aber neben der Kunst? Was ist da passiert? Wie haben sie in der archaischen Zeit gelebt?«

»Das Festland war schon aufgeteilt in Hunderte von Stadtstaaten, die begannen, sich zu ihrer endgültigen Gestalt zu entwickeln.«

»Und was ist die endgültige Gestalt eines Stadtstaats?«

»Im Wesentlichen handelte es sich um eine befestigte Stadt, die gewisse grundlegende Einrichtungen für alle hatte, wie die Agora, die Tempel und die Gymnasien; außerhalb der Mauern hatte sie rundherum Landwirtschaftsflächen, wo man Getreide sowie Obst und Gemüse für die Versorgung der Bewohner anbaute.«

»Und gab es viele Stadtstaaten?«

»Hunderte. Denk einfach daran, dass im Altertum Hunderte von verschiedenen griechischen Staatswesen existierten. Die meisten waren Stadtstaaten, hauptsächlich im Süden, auf den Inseln und an den Küsten von Kleinasien, die anderen waren die paar wenigen Königreiche, die überlebt hatten – zum Beispiel Makedonien, Epirus, Thessalien –, und vereinzelte Gemeinden in den Bergen von Westgriechenland; die lebten unter sehr ländlichen Umständen und organisierten sich einfach wie ›Völker‹ und nicht wie Stadtstaaten oder Königreiche.«

»Aber Griechenland ist nicht so riesig ... Wo hatten die Hunderte von Stadtstaaten noch rundherum Platz für ihre Landwirtschaft?«

»Das ist ein sehr guter Einwand. Gerade weil der Lebensraum beschränkt war, hatten viele Gemeinschaften nicht genügend fruchtbaren Boden, um Brot für alle herzustellen. Und die Bevölkerung wuchs, fing an, sich zusammenzudrängen. Und wenn die Leute eng aufeinanderhocken, was passiert dann?«

»Sie fangen an zu streiten.«

»Genau. Die wesentlichste Lösung war, dass einige von ihnen die Flucht ins Auge fassten. Diese Fluchtwelle aus den anfänglichen Heimatgegenden zu anderen Orten wurde schließlich riesig; wir bezeichnen sie als Zweite griechische Kolonisation.«

»Wann war denn die Erste?«

»Nach dem Fall der mykenischen Paläste, haben wir gesagt. Schon vergessen? Um 1100 bis 1050 vor Christus!«

»Ich kann mir doch nicht alles merken!«

»Wie auch immer, die Kolonisation ist eine bedeutende Sache. Und sie war nicht leicht. Die Leute mussten sich aufmachen und eine Gegend suchen, die sie ernähren konnte und wo sie mit der bereits bestehenden Bevölkerung zusammenleben konnten. Das war nicht immer möglich, nicht jeder Versuch war erfolgreich.«

»Was waren denn die Schwierigkeiten?«

»Nehmen wir als Beispiel das alte Thera auf Santorini. Zu jener Zeit hatte es viele Einwohner, und eine furchtbare Dürre machte den Inselbewohnern schwer zu schaffen. Sie gingen einander an die Gurgel und stritten. Vielleicht stritten sie auch aus politischen Gründen, wegen Erbschaften, wegen der Äcker; hast du Hunger und will das Dorf einen Streit, dann streitet es. Einige flohen auf Schiffen, um ein anderes Stück Land zu finden. Sie fanden etwas, aber sie wollten nicht bleiben. Die Ärmsten, sie haben die Schiffe bestiegen, um zu ihrem Inselchen zurückzukehren, aber die dort gebliebenen Einwohner haben sie gar nicht gut aufgenommen.

Sie sagten sich, jetzt, wo wir ein bisschen weniger Menschen geworden sind und unsere Ruhe wiedergefunden haben, was wollt ihr wieder hier? Und sie sind zum Hafen hinuntergestiegen und haben sie mit Steinen beworfen, um sie zu vertreiben. So sind die armen, vom Meer gequälten Menschen wieder geflohen und schließlich an der Küste von Nordafrika gelandet, wo sie Kyrene gegründet haben.«

»Und dort haben sie Fuß gefasst?«

»Nicht einfach Fuß gefasst, sondern Kyrene hat sich zu einer kolossalen und steinreichen Stadt entwickelt. Und das ist nur ein Beispiel von Dutzenden ähnlichen Szenen und Ortswechseln, die in jenen Jahren ausgehend von verschiedenen Teilen Griechenlands überall im Mittelmeer stattgefunden haben. Dutzende von Städten, kleine und große, haben in alle vier Himmelsrichtungen kolonisiert. Die einen schickten nur wenige Leute, die anderen eine riesige Menge. Es kam vor, dass zwei oder mehr Städte zusammenarbeiteten, um miteinander eine neue Kolonie zu gründen.«

»Ach? Hat's da auch Verbündete gegeben?«

»Ja. Die älteste Neugründung in Unteritalien, Pithekoussai, befand sich auf Ischia gegenüber dem heutigen Neapel, die Bevölkerung bestand aus Menschen aus Eretria und Chalkis. Genauso war es auch bei der Kolonie gegenüber Pithekoussai, Kyme.«

»Pithekoussai? Was für ein Name? Gab's da Affen?«*

»Wahrscheinlich gab es da welche. Vielleicht kam der Name aber auch vom Wort Pithos, was ein großes Vorratsgefäß für Nahrungsmittel war. Sybaris wurde von Siedlern aus Achaia und Troizen gegründet. Es gab vielfältige Kombinationen. Und all diese Menschen, die ihren Lebensraum verließen, entwurzelt waren, und das tosende Meer durchquerten, um in ihrer neuen Heimat zu überleben, verbanden sich untereinander auf neue Weise. Sie schufen neue Heimaten und neue Beziehungen. Und diese Verringerung der früheren gesellschaftlichen Unterschiede bereitete sie auf all die Veränderungen vor, die auf sie zukommen sollten. Die griechische Welt hat sich extrem gewandelt.«

»Das heißt, sie haben zusammengearbeitet? Merkwürdig. Sie hatten keine Rivalitäten untereinander?«

»Doch, die hatten sie. Die Zusammenarbeit war die Ausnahme. Und auch die Kriege haben sich verändert. In der archaischen Zeit war auch die Art und Weise des Krieges festgelegt, jeder kampffähige Bürger jeder Stadt wurde bei Bedarf eingezogen. Du kennst vielleicht die Phalanx der Hopliten. All diese schwer bewaffneten Soldaten standen zusammen, in einer Reihe, der Schild des einen schützte auch den Mann neben ihm, wie eine eisenbewehrte Mauer, nur die Speere ragten hervor. Es war eine neue, erfolgreiche Art der Kriegsführung, bei der sich die Teile der Gemeinschaft verbanden, im Bewusstsein, dass das Schicksal der Stadt in ihrer Hand lag. Heraklit hat gesagt: ›Der Krieg ist der Vater aller Dinge, der König aller.‹«

»Der mit dem Spruch ›alles fließt‹?«

»Genau der. Heraklit, der dunkle Philosoph. So haben

* Das griechische Wort für Affe ist πίθηκος, *pithekos*. A. d. Ü.

sie ihn schon im Altertum genannt, weil sie nicht verstanden haben, was genau er sagen wollte. Dieses konkrete Fragment bedeutete wahrscheinlich etwas in der Art von ›du kannst kein Omelett machen, wenn du kein Ei zerschlägst‹.«

»Dann hat die Philosophie also auch im alten Griechenland angefangen?«

»Ja, es ist die Zeit, in der die Philosophie entsteht. Heraklit war nur einer aus der Schar der Naturphilosophen, die damals in Erscheinung traten. Thales, Anaximander, Anaximenes …«

»Und wo haben die alle gelebt?«

»Ja, wovon sprechen wir die ganze Zeit? Dort, wo der schöne kulturelle und gesellschaftliche Mix entstanden ist: in den neuen Siedlungen in Kleinasien und Unteritalien. Wir haben sie in ›Schulen‹ aufgeteilt …«

»À la Schule für Gartenbau oder Schule für Elektrotechnik?«

»Nein, eher im bildhaften Sinn als ›Schule‹. In Gruppen, meine ich. Wir haben sie so genannt, da es nicht nur einer oder zwei waren! Es waren viele, sag ich dir. Da gab es die Schule von Milet, die Schule von Ephesos, die Schule von Elea …«

»Mann, diese Siedlungen … sie haben also die ganze alte Welt verändert!«

»In der Tat, denn viele von ihnen hielten die Beziehungen mit ihren Mutterstädten aufrecht und errichteten ein effizientes Handelsnetz. Korinth war bei alldem die Königin. Es gründete viele Siedlungen, wurde irre reich mit dem Netz, das es aufbaute, und seine Keramiken wurden im ganzen Mittelmeerraum berühmt. Und dann noch dieser Trick: Ihr Handel war zweitürig. Die Stadt hatte einen Hafen im Golf von Korinth, Lechaion, wo die Handelsschiffe von Ionien und Richtung Westen,

Italien und so weiter, ein- und ausliefen, und einen Hafen im Saronischen Golf, Kenchreai, für die Ägäis und den Orient.«

»Und das Schiff aus Persien ist in Korinth gestoppt worden?«*

»Siehst du, wie zeitlos die Beziehung von Korinth zum Meer ist? Korinth wusste viel vom Meer. Noch hatte es den Kanal nicht, aber es hatte den Diolkos, das heißt einen Korridor, auf dem sie die Schiffe auf Baumstämmen schoben, um sie von einem Ende des Isthmus zum anderen zu transportieren.«

»Solche Tricks haben die sich ausgedacht? Ich hatte keine Ahnung, wie sehr Korinth schon damals aufs Meer ausgerichtet war.«

»Außerdem, so wird erzählt, ist es der Korinther Ameinokles gewesen, der die Triere erfunden hat, für Samos oder Athen. Die alten Quellen sind da unterschiedlicher Meinung – wie so oft –, auch darüber, ob am Schluss wirklich Ameinokles oder ein anderer Korinther der Schiffbauer war. Diese Triere wurde jedenfalls das populärste Kriegsschiff des Altertums.«

»Du hast vorhin von den Keramiken aus Korinth gesprochen. Was war so bedeutend an denen?«

»Die korinthischen Waren zirkulierten in schönen Tongefäßen, die schon bald selbst als Schmuckstücke angesehen wurden, und so waren die korinthischen Gefäße mehr als begehrt. Die Keramiker von Korinth stellten filigrane Gefäße her, mit Miniaturverzierungen, die heute

* Das bezieht sich auf ein Lied des berühmten Rembetiko-Komponisten Vasilis Tsitsanis: »Das Schiff aus Persien/wurde in Korinth geschnappt/voll mit elf Tonnen von fein duftendem Haschisch./Jetzt weinen alle Jungen auf der Straße/wo sind die Mischungen?« A. d. Ü.

noch beeindrucken. Und dazu haben sie eine Art der Ausschmückung entwickelt, bei der die Figuren dunkel gemalt wurden, und vor dem Brennen ritzten sie mit einem spitzen Instrument die Details ein und schufen damit Kunstwerke. Wir nennen das den Schwarzfigurigen Stil. Und weil wir diese Gefäße überall im Mittelmeerraum finden, wissen wir viel über Korinth, aber auch über die ganze griechische Welt. Zum Beispiel haben die Korinther auch merkwürdige Gefäße gemacht, die wir Exaleiptron nennen und bei denen der Inhalt nicht ausfließen kann, da der Rand nach innen gewölbt ist, und wenn du das Gefäß leeren willst, wird die Flüssigkeit aufgefangen. Da hinein haben sie wertvolle aromatische Öle, Salben und Cremes getan. An verschiedenen Orten, zum Beispiel in Makedonien und Rhodos, haben sie sie für Bestattungen benutzt; vielleicht hatten sie darin die Essenzen, mit denen sie die Toten für ihre letzte Wohnstätte vorbereiteten, in Korinth hingegen dienten sie zu etwas anderem, da wir sie nicht in den Gräbern gefunden haben.«

»Jetzt erzählst du schon so lange, und mir fällt auf, dass ich alles in allem zwei Städte aus dem alten Griechenland kenne, Athen und Sparta – und die hast du bisher kaum erwähnt.«

»Ich habe sie bisher nicht erwähnt, weil Sparta und Athen die zwei großen Städte waren, die die Auswanderung nicht als beste Lösung für ihre Probleme sahen. Sie haben vielmehr versucht, diese in ihrem schon vorhandenen Lebensraum zu lösen. Und es waren diese zwei, die die bedeutendsten Städte im archaischen Raum werden sollten.«

»Erzähl von Sparta. Komm, erzähl!«

»Sparta war der stärkste Stadtstaat in der archaischen Zeit. Das wussten seine Bewohner, und sie waren stolz darauf. Sparta hatte ein politisches System geschaffen, ziemlich militärisch und völlig anders als das der anderen griechischen Städte. Die Legende sagt, der Gesetzgeber Lykurg habe dieses System geschaffen, und er habe verlangt, dass es nicht verändert werde, bis er zurückkehre. Er ist aus Sparta weggegangen und nie zurückgekehrt. Also haben die Spartiaten nichts verändert.«

»Sie haben es nie geändert?«

»Erst sehr viel später. In der archaischen und der klassischen Zeit hielten die Spartiaten die Gesetze von Lykurg hoch. Alle Spartiaten waren Berufskrieger. Und die Frauen trieben Sport wie die Männer. Der Spartiat war in erster Linie Soldat und dann Mensch, und so hat sich Sparta zu einer Kriegsmaschinerie von unüberwindlicher Stärke entwickelt.«

»Eindrücklich, dieses Sparta.«

»Ist es das wirklich? Es war eine raue Gesellschaft. Jedes Jahr gab es ein Fest, die Krypteia, an dem die jungen Spartiaten mitten in der Nacht einen Sklaven aufstöbern und ermorden mussten! Zudem hat Sparta mehr oder weniger den größten Teil der Peloponnes zusammengeschlagen. Sie stritten sich oft mit der Argolis und mit Arkadien, und Messenien haben sie derart gequält, dass es seine Moral gänzlich verlor. Sie haben es unterworfen, zu ihrem Großgrundbesitz gemacht und die Bevölkerung versklavt. Der Hass und die Feindschaft der Messenier haben Jahrhunderte angehalten.«

»Jetzt hast du mir mein Bild von Sparta kaputt gemacht.«

»So musst du das nicht sehen. Denk dran, es gibt nicht nur Schwarz und Weiß. Sparta war bewundernswert wegen einiger Dinge, aber es war eben auch eine raue Gesellschaft. Warum haben wir das Bedürfnis, es zu idealisieren? Es war, was es war. Mit all seinem Guten und seinem Schlechten.«

»Aber alle sind voller Bewunderung, für Sparta und allgemein für das alte Griechenland.«

»Dennoch war es keine Gesellschaft von perfekten Menschen. Es war eine Zivilisation, die es, trotz allem Schlechten einer menschlichen Gesellschaft, gleichzeitig fertiggebracht hat, in gewissen Bereichen ein bemerkenswertes Kulturprodukt zu schaffen.«

»Und den großen Parthenon zu bauen.«

»Noch nicht! Der Parthenon ist viel später errichtet worden. Aber da du ihn schon erwähnst, in den Jahren der Archaik begann auch die Architektur einen definitiv klaren Charakter zu bekommen. Was du in der Architektur siehst und was du wahrscheinlich griechisch nennst, ist in dieser Epoche geschaffen worden. Am Anfang entstanden verschiedene architektonische Stile, der dorische und der ionische. Der dorische war hauptsächlich bei den Bevölkerungen des griechischen Festlands beliebt, da die meisten dorischer Abstammung waren, und der ionische vor allem bei den Bevölkerungen auf den griechischen Inseln und in Kleinasien, da die Leute zum größten Teil ionischer Herkunft waren.«

»Ich kann die beiden nicht unterscheiden.«

»Der dorische Stil ist kräftiger, vornehmer. Er hat kannelierte Säulen mit scharfen Kanten und als ›Deckel‹ – es heißt Kapitell – eine schlichte, bescheidene, diskrete Form wie eine Platte oder ein umgekehrter Kegelstumpf. Der beste Tempel, um die Entwicklung des dorischen Stils zu erkennen, ist der Tempel der Hera im alten Olympia. Er gehört zu den ältesten großen Tempeln, die uns erhalten geblieben sind. Zuerst wurde er aus Holz gebaut. Später haben sie jede Säule, die morsch oder alt wurde, durch frisches Material ersetzt, diesmal aber war es Stein. Und jede Säule, die durch Stein ausgewechselt wurde, hatte den Stil und die Dimensionen der Zeit. Kurz, das Ergebnis war ein Tempel mit dorischen Säulen in unterschiedlichen Stilen! Der dorische Stil hat mit gedrungeneren Säulen und mit einem aufgeblähten Kapitell, wie ein Brotlaib, begonnen, und je mehr Zeit verging, desto feiner wurden die Säulen, sie wuchsen in die Höhe, und das Kapitell wurde konischer und bescheidener, wie du es auf dem Parthenon sehen kannst.«

»Und der ionische Stil, wie ist der?«

»Der ionische Stil war leichter, sagen wir, maritimer. Er hatte feinere Säulen, wieder mit Kanneluren, aber die hatten abgerundete Kanten und zwei Spiralen an jedem Kapitell. Es ist die charakteristischste Form, die auf der ganzen Welt verwendet wird, wenn einer etwas schaffen will, was einem griechischen Muster ähneln soll. An den Nordküsten von Kleinasien lebten die Aeoler, die ihren eigenen Typ von Kapitell hatten. Mit dem originellen Namen äolisches Kapitell. Aber es war nicht besonders beeindruckend, es ähnelte ein wenig dem ionischen, und so hat es sich nicht durchgesetzt.«

»Haben sie auch noch etwas anderes als Kapitelle gemacht?«

»Aber hallo, jetzt ging es erst richtig los! In der Bildhauerei wurden die ersten großen Statuen geschaffen. Wir haben gesagt, dass die Vorfahren eine besondere Vorliebe hatten, zu den orientalischen zivilisierten Städten zu reisen. Den größten Eindruck von allen Ländern aber hat ihnen Ägypten gemacht.«

»Warum Ägypten?«

»Es hatte eine fortschrittliche Zivilisation, die für die Menschen damals so alt war wie für uns heute die alten Griechen. Es gab dort eine große Tradition und Erfahrung in Sachen Statuen, und die Bildhauer machten sie riesig und eindrucksvoll aus Basalt, Granit und anderen prachtvollen Gesteinen im selben Stil, Jahrhundert um Jahrhundert. Die Hände klebten bei aufrechten Statuen an der Seite, ein Fuß trat vor, um die Balance zu halten, damit kein Granitstück herunterfiel und einen Passanten erschlug. Die Griechen haben anfänglich das ägyptische Modell kopiert und damit begonnen, es auch bei sich zu Hause so zu machen.«

»Modell?«

»Die Ägypter haben Statuen auf der Grundlage eines konkreten Modells von Abmessungen angefertigt, damit sie sich alle glichen. Die Legende sagt, dass zwei Bildhauer aus Samos nach Ägypten gefahren seien, um das System, nach dem die Ägypter ihre Statuen schufen, kennenzulernen. Die beiden Brüder haben in zwei verschiedenen Werkstätten jeder eine halbe Statue hergestellt, von Kopf bis Fuß, und diese zwei Hälften haben sie dann zusammengefügt. Sie hatten die ägyptischen Regeln streng befolgt, und die beiden Teile passten perfekt zueinander.«

»Du meinst, die Griechen der archaischen Zeit haben angefangen, Statuen wie die ägyptischen zu machen?«

»Nicht die gleichen. Aber die griechischen Bildhauer in der Ägäis haben sich stark von den ägyptischen Meisterwerken inspirieren lassen. Doch gewöhnlich waren ihre Statuen in einem kleineren Maßstab. Sie waren selten so riesig. Aber das hat nicht lange angehalten. Irgendetwas scheint ihnen nicht gefallen zu haben.«

»Vielleicht ist es ihnen zu langweilig geworden, immer die gleiche Art Statuen zu machen?«

»Oder vielleicht haben sie nicht ihrer Wesensart entsprochen. Also veränderten sie nach und nach immer mehr Details. Bei den Ägyptern hatte die Statuen beispielsweise Kleider an. Die Griechen wollten sie hingegen splitterfasernackt. Außerdem wurden die Hände von der Seite befreit, und der Körper nahm eine natürlichere Haltung an. So entstand der Typ Statue, den wir als Kouros kennen. Die weiblichen nannten sie Koren. Und alle hatten ein sanftes Lächeln. Das ist eine weitere Möglichkeit, an der du eine archaische Statue erkennst – das ›archaische Lächeln‹. Diese Mode hat sich zuerst im Griechenland der Inseln entwickelt, aber weil wohl ganz Griechenland darauf neidisch war, schloss es sich dieser Mode an. Und so haben sich die Kouroi auch auf dem Festland verbreitet. Ah, und noch etwas fällt mir gerade ein: Theodoros und Roikos, die beiden spartanischen Bildhauer, die damals nach Ägypten reisten und das Modell der Skulpturen kopierten, machten für den König von Lydien, Kroisos, einen Krater, der 1800 Liter Wein fasste.«

»Was ist ein Krater?«

»Krater nennen wir das Gefäß, in dem sie ihren Wein mit Wasser mischten, für das Symposion. Sie machten also eine Weinmischung! Von da kommt auch das Wort für Wein*!«

»Und schon sind wir wieder bei der Keramik.«

»Aber jetzt ist die Zeit gekommen, in der die Töpferkunst Triumphe feiert. Die Athener sehen den Schwarzfigurigen Stil, den die Korinther entwickelt haben, und packen die Gelegenheit beim Schopf. Wenn die Korinther das können, dann können wir es auch, oder? Der Schwarzfigurige Stil war bei den Athenern sehr beliebt und fand hier seine perfekten Ausdrucksformen. Wahnsinnig viele Künstler haben ihn übernommen. Der Höhepunkt aber war ein Trio von Künstlern, die gleichzeitig in

* Das griechische Wort für Wein heißt κρασί, *krassí*, bedeutet also eine Mischung aus Wein und Wasser. A. d. Ü.

nebeneinanderliegenden Werkstätten arbeiteten, in den engen und schmutzigen Gassen unter dem Felsen der Akropolis.«

»Erzähl mir von ihnen.«

»Der eine war Lydos.«

»Ist das sein Name oder seine Herkunft? Aus Lydien also?«

»Vielleicht war er tatsächlich ein Immigrant aus Lydien, dann könnte sein Name darauf hinweisen. Der zweite Künstler war Exekias und der dritte der Amasis-Maler.«

»Und diese drei waren die größten Maler für Gefäße im Schwarzfigurigen Stil? Lydos, Exekias und Amasis?«

»Nicht Amasis! Der Amasis-Maler!«

»Und was ist der Unterschied?«

»Wir kennen seinen Namen nicht! Aber wir wissen, dass er für einen Töpfer Vasen bemalt hat, eben für Amasis. So haben wir ihm den Namen Amasis-Maler gegeben. Dieser Amasis hatte einen fremden Namen. Einen ägyptischen. Vielleicht war er Ägypter.«

»Okay. Die drei waren also das Sahnehäubchen der Vasenmaler von Athen?«

»Der Vasenmaler im Schwarzfigurigen Stil. Kurz bevor die archaische Zeit in Athen erlischt, gibt es nämlich noch eine Innovation. Etwa um 530 vor Christus hatte ein Töpfer, Andokides, an seiner Seite einen Maler, von dem wir den Namen ebenfalls nicht kennen.«

»Und den nennen wir demnach den Andokides-Maler?«

»Ganz genau! Dieser Maler also erfand, wie es scheint, einen neuen Maltrick. Statt schwarze Gestalten auf einen roten Grund zu malen, wie es damals Sitte war, hat er das Ganze umgekehrt. Er fing an, rote Figuren auf schwarzem Grund zu malen. Im intensiven Rot des Tons traten die Gestalten viel lebendiger, viel leuchtender hervor. Der neue Rotfigurige Stil gewann sofort an Bedeutung, und viele Maler folgten dem Beispiel des unbekannten Künstlers.«

»Ob ich die zwei Stile auseinanderhalten kann?«

»Es ist ganz einfach. Sind die Figuren der Menschen schwarz, ist es schwarzfigurig, sind die Gestalten rot, ist es rotfigurig. Einige Künstler haben auch Vasen bemalt, die auf der einen Seite rotfigurig und auf der anderen schwarzfigurig waren. Die nennen wir bilingue, zweisprachige, Vasen.«

»Schön. Aber dreh nicht gleich durch, so innovativ ist das nun auch wieder nicht.«

»O doch! Wir reden hier von großartiger Vasenmalerei. Ist es etwa ein Zufall, dass die alten griechischen Gefäße zu den bedeutendsten Ausstellungsstücken in Museen auf der ganzen Welt gehören? Die erste Generation der Keramik im Rotfigurigen Stil ist klein, aber die folgende, die zweite Generation, prägt ihn, und er wird immer besser. Sie beginnt, die Möglichkeiten des neuen Stils zu erforschen, in der Abbildung des menschlichen Körpers, und die Fantasie – die Kreativität – feiert Orgien. Wir haben diese Künstler die Pioniergruppe genannt. Nicht, weil sie den Rotfigurigen Stil entdeckt, sondern weil sie ihn hin zu beispielloser Höhe entwickelt haben. Es ist die erste Künstlergruppe in der Geschichte der westlichen Kunst. Und wahrscheinlich waren sie eine richtige Clique.«

»Wie lässt sich das belegen?«

»Mit ihrer Arbeit und vor allem mit den Inschriften auf ihren Gefäßen. Sie haben viel auf ihre Werke geschrieben. Und das Schönste, viele haben mit ihrem Namen unterschrieben. So kennen wir einige von ihnen: Euphronios, Euthymides, Smikros – wahrscheinlich ein Spitzname, er war klein –, Phidias, Hypsis. In ihrer Kunst können wir auch ihre persönlichen Beziehungen sehen. Ein paar malen sich selbst, wie sie mit Freunden feiern. Euthymides schreibt sogar auf eine seiner Vasen: ›Euphronios hat nie so schön gemalt wie ich.‹ Diese einfachen Männer haben sich in ihrer Kreativität gegenseitig beeinflusst, aber sie konnten sich wohl in ihren verrücktesten Träumen nicht ausmalen, dass ihre Werke Jahrtausende später als höchste Momente der menschlichen Schöpfungskraft in Museen weltweit studiert und gerühmt würden.«

»Und sie waren eine richtige kleine Clique?«

»Der Kerameikos in Athen – seien wir ehrlich, von der Größe her ein Dorf – war ein Viertel, in dem die Töpfer ihre Werkstätten hatten. Die einen formten Gefäße, die anderen bemalten sie, einige machten auch beides, Maler gingen vom einen zum anderen Atelier. Kunsthandwerker, über die Töpferscheibe gebeugt, in engen Kabäuschen voll von Staub, formten Gefäße, die heute die größten Museen füllen. Aber man hat die Nase über sie gerümpft. Dass du nicht deinen ganzen Körper für die Arbeit einsetzt, sondern als Künstler dasitzt, eingeschlossen in einem Raum, in den kein Sonnenlicht dringt, war nicht so angesehen. Aber der Ton brachte Gewinn. Die attischen Gefäße wurden immer begehrter im ganzen östlichen Mittelmeerraum, an den Küsten des Schwarzen Meers und auch im Westen! Die Töpfer arbeiteten in ihren Hütten aus Ziegeln. In den vorderen Räumen oder draußen auf der Straße stellten sie die fertigen Keramiken zum Verkauf aus, weiter hinten war die Werkstatt mit der Töpferscheibe, den Eimern mit der Erde und den Werkzeugen, die an der Wand hingen. Die Männer selbst waren schmutzig von der Erde, trugen schlichte Kleider, einen Chiton und ein wollenes Oberkleid darüber für die kalten Tage; die Finger klebten aneinander, und die Nägel waren ständig rot vom Ton. Ein paar Gefäße trockneten, nachdem sie bemalt worden waren, und warteten aufs Brennen. Höchstwahrscheinlich halfen die Frauen und die Kinder der Künstler bei der Herstellung der Keramiken. Und an den Tagen, an denen sie ihre Produkte brannten, standen sie unter Stress, denn das Brennen war der schwierigste und wichtigste Teil ihrer Arbeit. Sie mussten alle Gefäße im Brennofen über dem Feuer stapeln, Feuer machen und über Stunden Holz nachlegen, bis eine Temperatur von 800 bis 900 Grad erreicht war. Dann hängten sie Talismane oben am Brennofen auf, damit keine bösen Dämonen kamen: Syntribas, der alles zerbrach; Sabaktis, der die Stapel durcheinanderwarf; Smaragos, der Risse in die Gefäße machte; Omodamos, der einen guten Brennerfolg verhinderte, und Asbestos, der bewirkte, dass das Feuer unkontrolliert loderte. Die Götter und die Dämonen waren im Leben der alten Griechen eben überall anwesend. Sowohl das Symposion, wenn du dich erinnerst, als auch all die Gefäße, von denen wir sprechen, orientierten sich an einem konkreten Gott.«

»An Dionysos?«

»Ja! Vielleicht der einflussreichste Gott; ohne seine Verehrung würde die halbe westliche Zivilisation nicht existieren.«

»Jetzt übertreibst du.«

»Überhaupt nicht. Hör zu. Dionysos war ein origineller Gott. Erstens wurde er, nach der Sage, zweimal geboren. Einmal kam er in Theben in Böotien auf die Welt, als Kind von Semele, einer dortigen Prinzessin. Semele, von Hera getäuscht und angestiftet, bat Zeus, sich ihr in seiner tatsächlichen Gestalt zu zeigen, in ›seinem ganzen göttlichen Glanz‹.«

»Semele hatte also eine … außereheliche Beziehung mit Zeus. Hat sie seiner Frau geglaubt?«

»Na ja, sie war vielleicht ein bisschen leichtgläubig. Zeus versuchte, es ihr auszureden, denn er wusste, dass ihre sterblichen Augen seinen Anblick nicht ertragen würden, aber er hatte eben versprochen, ihr einen Wunsch zu erfüllen, egal, um welchen sie ihn bitten würde. ›Was hast du davon, liebe Semele, wenn ich mich in meiner tatsächlichen Gestalt zeige?‹, fragte er. Doch sie bestand darauf. So nahm denn Zeus seine wahre Gestalt an, Blitz und Donner, und verbrannte den ganzen Palast, und Semele wurde zu Kohle. Da warf die Göttin Gaia, die Erde, Efeuzweige in dieses Feuergetöse, und es gelang ihnen, das göttliche Kind zu ergreifen; sie wickelten es in Tücher und retteten es. Zeus erbarmte sich seiner, schlitzte sich den Oberschenkel auf und nähte es ein. Als das Kind dank der Hilfe des göttlichen Bluts, das zum Bein des Göttervaters floss, fertig ausgetragen war, wurde Dionysos zum zweiten Mal geboren und begann seine Karriere als junger Gott. Und wenn du in einer solchen Szenerie zur Welt gekommen bist und dazu Hera zur Stiefmutter hast, die dir das Leben schwer macht, dann ist es wohl nicht erstaunlich, dass du als junger Gott psychische Probleme hast. Dionysos musste einen Weg finden, um sich abzureagieren. Und so entdeckte der junge Gott den Wein. Und was will der Wein?«

»Was will er?«

»Partys. Lieder und Tänze. Zuerst sangen die Gläubigen einfache Lieder zu Ehren von Dionysos, die sich mit der Zeit weiterentwickelten; wir haben sie Dithyramben genannt. Diese Dithyramben wurden zu einem Erfolg in ganz Griechenland, und man hat sie bei allen Feiern gesungen. Als Ziegenböcke verkleidet, sprangen Männer wild herum und sangen die Verse. Bis bei einem Fest in

Attika, auf den Feldern, wo sich das ganze Dorf versammelte, ein merkwürdiger Typ, Thespis, sich etwas sehr Eigenwilliges ausdachte. Er stellte sich vor die übrigen Sänger und erfand einen rudimentären Dialog. Thespis und der Chor begannen eine Art Gespräch. Der Chor sang, und Thespis antwortete. Und so wurde das Theater geboren. In dem Moment, als Thespis ein paar Schritte tat, den anderen gegenüberstand und seinen Mund aufmachte, entstand das ganze Universum des Theaters. Thespis hat sicher nicht begriffen, was er da geschaffen hat. Er konnte nicht wissen, dass noch Jahrhunderte später, von der Commedia dell'arte im Florenz der Renaissance unter den Medici bis zum Globe Theatre von Shakespeare am Themseufer, von der Scala in Mailand bis zur Carnegie Hall in New York, dieser Funken zünden würde. Vielleicht war es ein Funke aus dem Palast in Theben in dem Moment, als Dionysos sich erhob.«

»Ich verstehe, was du meinst, aber ich persönlich bin der Meinung, dass es ein noch größeres Geschenk des alten Griechenland gibt, und das ist die Demokratie. Wann ist die Demokratie entstanden?«

»Da war es gar nicht mehr weithin! Zuerst aber mussten die Könige ihre Siebensachen packen und gehen, denn nach all den Geschehnissen im helladischen Raum war ein politischer Wechsel unvermeidlich. In den meisten griechischen Staaten hatten die Könige ihre Macht eingebüßt, und die Griechen wurden von den Adligen verwaltet, von der Aristokratie also. Sicher, gewisse Aristokraten in griechischen Städten waren sehr hochmütig. Sie unterdrückten besonders die niedrigeren Klassen. In vielen Städten trat aus verschiedenen Gründen und Anlässen das Phänomen auf, dass ein geeigneter Mann – gewöhnlich ein Aristokrat, aber nicht zwingend – als

Beschützer der Unterdrückten erschien, putschte und als Tyrann die Macht an sich riss.«

»Ein Diktator also!«

»Damals hatte das Wort noch keine schlechte Bedeutung. Es meinte einfach den, der die Macht übernommen hatte und allein regierte. Von Kleinasien und den ägäischen Inseln bis zum griechischen Festland und den Kolonien in Sizilien gab es viele schlaue Männer, die aufgrund der ersten erfolgreichen Tyranneien nach Pomp und Luxus gierten und es schafften, in ihren Städten Tyrannen zu werden. Viele von ihnen regierten auf radikale Art und Weise, aber natürlich gab es auch solche, die dafür sorgten, die Volksmassen zu befriedigen, damit sie auf sie zählen konnten.«

»Wo überall gab es denn Tyrannen?«

»An vielen Orten. Zum Beispiel hatte Samos einen Tyrannen, Polykrates, der mit seinen zwei Brüdern die Macht an sich gerissen hatte; sie haben die Insel dreigeteilt, aber dann hat Polykrates den einen Bruder umgebracht und den anderen verbannt. Auch Naxos hatte einen Tyrannen, Lygdamis. Der Tyrann von Korinth war Periandros, er hat seine schwangere Frau mit Tritten in den Bauch getötet. Und er war auch ein Freund von Thrasyboulos, dem Tyrannen von Milet, zu dem er sogar einen Boten schickte, um ihn zu fragen, wie er sich am besten an der Macht halten könne. Und die Legende erzählt, Thrasyboulos habe kein Wort gesagt, sondern den Abgesandten auf die Felder geführt und angefangen, jede höher aufragende Ähre abzureißen. Die Botschaft war klar. Von da an ließ Periandros jeden aus der Menge herausragenden Korinther umbringen. Tyrannen hatte auch Sikyon, eine kleine, aber reiche Stadt in der nördlichen Peloponnes. Einer von ihnen war Kleisthenes, von dem man sagt, er sei der Urenkel eines Metzgers oder

Kochs gewesen (vielleicht ist das auch ein Mythos, und man hat es erzählt, um ihn entweder zu beleidigen oder zu ehren – als Selfmademan und nicht einfach als Erben von Titeln). Kleisthenes hatte eine Tochter, Agariste, und es wird erzählt, er habe die besten Freier aus ganz Griechenland eingeladen, zu ihm zu kommen und um die Hand seines so innig geliebten Töchterchens zu kämpfen.«

»Warum erzählst du mir diese Familiengeschichten von Kleisthenes?«

»Weil sie wichtig sind. Es kamen junge Männer nicht nur aus den Nachbarstädten, sondern von ganz weit her, aus Thessalien und Unteritalien. Ins Finale gelangten die beiden Athener Hippokleides und Megakles. Kleisthenes wählte Hippokleides. Aber zur Hochzeitsfeier, für die sie hundert Rinder geschlachtet und zu der sie die ganze Stadt und auch alle Beamten eingeladen hatten, kletterte Hippokleides, besoffen vom Wein und von der Freude, auf einen Tisch und fing an zu tanzen. Er stützte sich auf seinen Kopf, streckte die Beine in die Höhe und führte sich ziemlich auf.«

»Wie ein Breakdancer?«

»Ja, aber Kleisthenes war ein Mann, der Wert auf gute Sitten legte und diese bei den Freiern auch testete, und da war er natürlich schockiert, als Hippokleides sich so aufführte. Während der Bräutigam verkehrt herum tanzte und den Tischgenossen so seinen nackten Unterleib präsentierte, warf Kleisthenes ihm an Kopf: ›Du hast deine Hochzeit vertanzt!‹ Das Wort, das er gebrauchte, war doppeldeutig, damit meinte er: ›Mit deiner Tanzerei und deinen unbedeckten Hoden … hast du deine Heirat vergeigt!‹ Und der besoffene Hippokleides entgegnete: ›Ist mir doch egal!‹ Kleisthenes raste, annullierte die Heirat und gab seine Tochter dem zweiten Kandidaten,

Megakles. Ein Glück für die ganze Weltgeschichte. Denn das junge Paar nannte sein erstes Kind Kleisthenes, zu Ehren seines Großvaters, und Kleisthenes junior sollte, als er groß war, in Athen den Grundstein zur Demokratie legen.«

»Hatte Athen auch einen Tyrannen?«

»Ja. Peisistratos. Der war extrem klug und gewitzt und ein verrückter Schauspieler. Dreimal hat er versucht, eine Tyrannei zu errichten. Beim ersten Mal verletzte er sich selbst und erstach seine Tiere, dann ging er ins Stadtzentrum und rief: ›Mein Leben wird bedroht. Hilfe!‹ Er verlangte eine Leibwache, die ihn beschützen sollte, weil ihn die Leute hassten. Er hat sie bekommen.«

»Und keiner hat das Gras wachsen hören?«

»Einzig der berühmte Solon, einer der sieben Weisen, hat es begriffen und reagiert, aber niemand hörte auf ihn. Peisistratos machte seine Leibgarde zu seiner persönlichen Armee und wurde Tyrann, aber seine Herrschaft hielt nicht lange an, und er wurde verjagt. Beim zweiten Mal fand er ein strammes Mädchen, verkleidete es als Göttin Athene, setzte es auf einen Wagen und veranstaltete einen Festzug von Paiania bis nach Athen; die Athener sollten sehen, wie die Göttin höchstpersönlich den Anführer bringt.«

»Und die Athener haben das geschluckt und ihm die Maskerade abgenommen?«

»Glücklicherweise nicht alle! Diesmal hat ihn Megakles davongejagt, der kam aus der großen und reichen Familie der Alkmeoniden, er war der Schwiegersohn von Kleisthenes. Aber Peisistratos kam ein drittes Mal zurück, er hatte es in den Silberbergwerken in Makedonien zu viel Geld gebracht, und mit anderen Tyrannen, die zu ihm hielten, übernahm er endgültig die Macht und behielt sie für viele Jahre. Seine Gegner, vor allem die Alkmeoniden, gingen freiwillig ins Exil. Einzig Solon blieb und versuchte, mit öffentlichen Reden weiter Widerstand zu leisten, aber er war ein alter Mann, und kurz darauf ist er auch gestorben.«

»Hat man Solon nicht bestraft, weil er sich gegen den Tyrannen auflehnte?«

»Nein, er war wie gesagt schon hochbetagt und ein geachteter Mann. Sein Wort hatte Gewicht. Außerdem soll er nach dem Gerücht auch einmal der Liebhaber von Peisistratos gewesen sein.«

»Wirklich?«

»Verschiedene alte Schriftsteller berichten das. Nur Aristoteles zweifelt daran, wegen des großen Altersunterschieds.«

»Und wie hat Peisistratos es nach so vielen Versuchen geschafft, sich an der Macht zu halten?«

»Er war schlau und ein erfolgreicher Anführer. Er hat öffentliche Bauprojekte verwirklicht, und natürlich hat er das getan, was immer nützt, er hat dem Volk Spektakel geboten. Der Wert, den er den Panathenäen und den Dionysien verlieh, sollte der Stadt für den Rest ihrer Geschichte im Bewusstsein bleiben. Als Peisistratos starb, folgten ihm seine Söhne Hippias und Hipparchos. Am Anfang lief alles ruhig, bis Hipparchos' Blick auf einen Jüngling fiel, Harmodios. Doch der wies ihn ab. Abgesehen davon hatte Harmodios schon etwas mit Aristogeiton. Aus Rache beleidigte Hipparchos öffentlich die jüngere Schwester von Harmodios: Sie dürfe nicht bei den öffentlichen Feiern für Athene mitmachen, da sie keine Jungfrau mehr sei.«

»War das so schlimm?«

»Natürlich! Diese Beleidigung war ungeheuer. Nur Jungfrauen durften am Festzug der Göttin Athene teilnehmen. Harmodios und sein Liebhaber Aristogeiton erstachen am Festtag den Tyrannen Hipparchos. Später sollten die Athener sie als Tyrannenmörder und Vorbereiter des Wegs zur Demokratie ehren. Doch Hippias drehte nach diesem Vorfall völlig durch und wurde zu einem äußerst harten Tyrannen. Bis die Athener schließlich aufstanden – sie baten Sparta um Hilfe und machten der Tyrannei ein Ende. Zu dieser Zeit tauchte Kleisthenes auf und schlug etwas Radikales vor: die Demokratie. Das war im Jahr 508 vor Christus. Und weil die griechische Welt mittlerweile Stadtstaaten geschaffen hatte, die Schrift sich verbreitet hatte, die Fundamente der höchsten Kunst, der Architektur, der Philosophie, des Theaters und der Wissenschaft errichtet worden waren, kam die archaische Zeit zu ihrem Ende. Die Demokratie wurde geboren und musste nun ums Überleben kämpfen. Der Test kam äußerst rasch. Es war die Zeit, in der ein riesiges und allmächtiges Reich, Persien, sein Auge auf diesen Winkel der Erde warf und die Klauen wetzte.«

»Kann ich erst noch eine Frage stellen?«

»Was für eine Frage?«

»Ständig wirfst du mit unbekannten Wörtern um dich. Da kann einem echt schwindelig werden! Warum benutzt ihr Wissenschaftler immer so komplizierte Begriffe?«

FAQ: Warum gibt es in der Archäologie so viele Spezialbegriffe?

»Mir ist klar, dass dich das verwirrt und fast zum Ausflippen bringt. Und du hast recht. Es ist in der Tat mühsam und unverständlich. Aber der fremde Wortschatz hat einen Zweck und ist nicht grundlos entstanden. Sobald es eine Wissenschaft gibt, mit der sich Tausende von Menschen auf der ganzen Welt befassen, muss es auch eine gemeinsame Sprache geben, wir müssen gewisse Dinge so nennen, dass wir uns miteinander verständigen können.«

»Du kannst also nicht einfach sagen: ›Hier, bitte schön, ein Gefäß.‹ Das heißt, es ist nötig, dass du 500 verschiedene Namen dafür hast?«

»Was denn für ein Gefäß? Es gibt so viele verschiedene Gefäße! Du musst sie irgendwie unterscheiden. Wie auch immer, Terminologie ist etwas Notwendiges, aber zur Wahrheit gehört auch, dass es ausreicht, wenn sie im Kontext der wissenschaftlichen Schriften, Diskussionen, Analysen und Auseinandersetzungen der Spezialisten bleibt. Und natürlich ändern Begriffe sich im Lauf der Jahre, es kommen neue Ideen dazu, und ältere werden verworfen.«

»Das Problem ist, wenn diese Terminologie bis an die Oberfläche dringt, muss die Wissenschaft sich bemühen, so zu kommunizieren, dass auch die anderen Leute sie verstehen.«

»Da hast du recht. Man kann nicht voraussetzen, dass die Leute die Besonderheiten der Wissenschaftssprache kennen. Aber hier ist nicht der Ort, um das ganze Phänomen des fachlichen Wortschatzes zu analysieren und Übersetzungen für jeden Begriff zu liefern, den die Wissenschaft benutzt. Immerhin habe ich dich mit keinerlei schwieriger Fachsprache bombardiert. Details habe ich dir jedes Mal erklärt. Es gibt einige merkwürdige, eigentümliche oder bizarre Fälle im Fachwortschatz, die für den einen Archäologen einen Sinn haben, für den anderen aber nicht.«

»Willst du mich völlig durcheinanderbringen? Was für Begriffe meinst du zum Beispiel?«

1

2

3

4

5

6

7

8

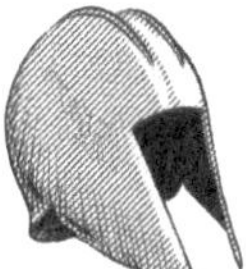

9

10

11

12

13

»Das Alabastron der mykenischen Epoche ist ein abgeplattetes, kreisförmiges Gefäß, wie ein zusammengepresster, runder Brotlaib, sie haben Cremes und Schönheitsmittel darin aufbewahrt (Bild 1). Die Alabastra der klassischen Zeit aber sind anders, dünn und fein, sie gleichen Fläschchen in einem Chemielabor, sie enthielten Parfüms und wohlriechende Öle (Bild 2). Das Exaleiptron ist ein etwas sonderbares Gefäß aus dem klassischen Altertum, abgeflacht und kreisförmig wie die mykenischen Alabastra, aber hier geht der Rand nach innen und unten, damit der Inhalt nicht ausfließen kann (Bild 3). Einmal haben wir sie Kothon genannt. Wenn die Exaleiptra einen Fuß haben, nennen wir sie Plemochoen (Bild 4). Es gibt Gefäße wie breite Becher mit Henkeln am Rand, daraus wurde Wein getrunken. Wir nennen sie Skyphoi (Bild 5). Von diesen Skyphoi gab es Dutzende Arten. Eine bekam den Namen Skyphos Typ Bolsal (Bild 6). Die ersten beiden von ihnen waren viele Jahre vor den anderen beschrieben worden, der eine war aus Bologna, der andere aus Thessaloniki. Also Bol-ogna & Sal-onica ... Bolsal! Ein anderer Typ von Skyphos heißt CHC (Bild 7.) Es waren nämlich gewöhnlich Szenen mit Kriegswagen (auf Englisch *chariots*) abgebildet oder Szenen mit Flirts, Umwerbungen und Balzereien *(courting)*. Und weil diese Skyphoi Ch(ariots) & C(ourting) zeigen, wurden sie CHC genannt. Der Skyphos und die Kotyle haben die gleiche Form.«

»Merkst du, dass ihr ein Problem habt?«

»Warte mal, nicht so schnell, es kommt noch schlimmer. Gehen wir kurz zur Kriegsausrüstung und zu deren einzelnen Spezialwörtern. Nimm einen Schild. Du beschreibst ihn nicht einfach als Schild (Bild 8). Das Metallteil, das sich im Innern befindet und für die Hand dessen, der den Schild hält, gedacht ist, heißt nicht Griff. Es heißt Ochanon, Handbügel, während der Metallrand des Schilds nicht einfach Metallrand genannt wird. Wir nennen ihn Antyx, Einfassung des Schilds. Und bei den Helmen haben wir einen kompletten Wirrwarr. Der illyrische Helm war gar nicht illyrisch (Bild 9).«

»Was heißt illyrisch?«

»Die Illyrer waren ein Volk, das ungefähr im heutigen Nordwestgriechenland und im südöstlichen Albanien lebte. Der Helm, der nach ihnen benannt wurde, war griechisch und hat sich wohl von Südgriechenland aus im restlichen Gebiet verbreitet. Die ersten dieser Helme wurden in der Region des alten Illyrien gefunden, und der Begriff ist geblieben. Den korinthischen Helm hingegen hat man seit dem Altertum so genannt (Bild 10). Auch Herodot erwähnt ihn, als er alte Stämme in Libyen beschreibt, die Machlyes und die Ausseer. Bei ihnen war es Brauch, einem Mädchen den korinthischen Helm aufzusetzen, es in eine Rüstung zu stecken und auf einem Kriegswagen rund um einen See zu führen, bevor ein ritueller Kampf zwischen zwei Gruppen junger Frauen begann; diejenigen, die dabei umkamen, nannte man Pseudojungfrauen. Man war der festen Meinung, sie hätten sterben müssen, weil sie über ihre Jungfräulichkeit gelogen hätten.«

»Und wo ist der Zusammenhang?«

»Nirgends. Ich finde das alles nur so skurril, dass ich es mit dir teilen wollte.«

»Um mich noch mehr durcheinanderzubringen.«

»Der korinthische ist heute der berühmteste antike Helm, die Form des altgriechischen Helms par excellence, darum siehst du ihn in allen Souvenirläden, und selbst Magneto in den Marvel-Comics trägt ihn. Aber den chalkidischen Helm, der eine Variante des korinthischen Helms ist, nannten die Forscher so, weil sie ihn auf Gefäßen gemalt sahen, von denen sie glaubten, sie stammten aus Chalkis. Nichts von dem kann man belegen. Den böotischen Helm hat man seit dem Altertum so genannt (Bild 11). Auch Xenophon erwähnt ihn, er fand ihn am geeignetsten für die Reiter. Der heute als attisch bezeichnete Helm ist hingegen nie so berühmt geworden (Bild 12). Aber die Römer haben ihn kopiert und machten Furore mit einer Variante von ihm, die, wie du sehen kannst, alle Römer tragen.«

»Ich weiß, dass ich mich wiederhole, aber du hast mir gerade Hunderte von Hirnzellen verbrannt.«

»Willst du vielleicht zurück zu den Gefäßen? Es gibt eine Kategorie von antiken Gefäßen, die wir milotisch nennen, weil sie zuerst auf Milos gefunden wurden. Aber mittlerweile wissen wir, dass sie aus Paros stammen. Wie auch eine ganz besondere Art von Gefäßen, aus außerordentlich reinem und feinem Ton, dünn wie Kristallglas, aus Chios, die haben wir naukratisch genannt, da sie zuallererst im ägyptischen Naukratos gefunden wurden, was ein gesamtgriechischer Handelsschwerpunkt war; der Pharao hatte den Griechen erlaubt, ihn zu gründen. Jetzt aber nennen wir diese Gefäße chiotisch, denn wir haben herausgefunden, dass sie in Chios hergestellt wurden (Bild 13).«

»Aha, so beschließt ihr also, den alten Fachwortschatz zu vergessen, wenn es euch gerade passt.«

»Ich bin ja noch nicht fertig! Im späteren Altertum gab es kleine Gefäße, die wir jetzt Parfümbehälter nennen. Denn das war ihr Zweck. Es waren Behälter für Parfüm und Duftöle. Wir finden sie in fast jedem Grab aus der hellenistischen Zeit und danach. Diese kleinen Gefäße haben wir früher einmal als Tränenväschen bezeichnet.«

»Was ist das denn? Haben sie darin die Tränen gesammelt, die die Verwandten der Toten vergossen haben?«

»Ja, für eine gewisse Zeit versuchte man es mit einem ins Lateinische übersetzten Begriff – diese Gefäße waren auch in der römischen Zeit sehr berühmt – und nannte sie Lacrimarien.«

»OMG!«

»Aryter nennen wir den großen Metalllöffel, den sie in der klassischen Zeit und danach benutzten, um den Wein aus dem Krater in die Becher zu schöpfen – diese wiederum nennen wir nicht Becher, sondern Kylix oder Skyphos oder Kotyle. Das Sieb wiederum bezeichnen wir mit dem altgriechischen Wort Ethmos; in den Wein gaben sie gewöhnlich verschiedene Kräuter und Gewürze, um ihm einen guten Geschmack zu verleihen, aber vor dem Trinken musste man sie absieben. Den Ohrring nennen wir Enotion, Ohrgehänge; das Medaillon ist ein Periapton, ein umgehängtes Schmuckstück; die Rückenlehne des Stuhls ist ein Ereisinoton, eine Stütze; der Arm des Stuhls heißt Ereisicheira, Armlehne; der Stoff, der über dem Kleid hängt, ist ein Apoptygma, eine gefaltete Schicht; die Kleiderärmel sind Cheirides, und die Kleider mit Ärmeln sind ›geärmelt‹, die ohne Ärmel ›ärmellos‹. Das sind alles altgriechische Wörter. Puh … ich bin erst mal fertig.«

»O ja, das reicht völlig! Bittet einfach jeden Besucher des Museums um Verzeihung, der von einem Ausstellungsstück davongelaufen ist, weil er die Wörter der Legende nicht verstanden hat.«

»Jammere nicht herum. Lass uns lieber weitermachen. Jetzt kommt das Beste.«

»Was?«

»Sagt dir der Spruch THIS IS SPARTA etwas?«*

* Der Satz ist ein Zitat aus dem Film *300:* Leonidas stellt sich mit 300 Spartiaten den Persern an den Thermopylen entgegen. Er schreit: »This is Sparta!« – Sparta kapituliert nicht. A. d. Ü.

8

Die Perserkriege

»Es war einmal ein Reich, das in einer Gegend unseres Planeten entstand, die schon über viele Jahrhunderte viele Reiche gesehen hatte: Mesopotamien. Die Meder und die Perser, verwandte Stämme, errichteten auf dem Boden von Mesopotamien ein weiteres Reich und breiteten sich aus, wie sich bis dahin kein Reich ausgebreitet hatte.«

»So weit gehst du mit mir zurück? Kommen wir nicht direkt zur Sache?«

»Mecker nicht! Es geht gleich weiter. Wenn du nicht weißt, gegen wen die Griechen in den Perserkriegen gekämpft haben, wie willst du dann verstehen, warum ihr Sieg so bedeutend war?«

»Mach's nicht so dramatisch! Das Perserreich war eine barbarische und unzivilisierte Gesellschaft, die nur an Eroberungen interessiert war.«

»Und das war's, meinst du? Diese Gesellschaft war eindeutig grausam, und eindeutig wollte sie erobern, wie alle vor und nach ihr. Aber gleichzeitig hatten die Perser auch die Infrastruktur und das Know-how, um ein derartiges staatliches Gebilde zu schaffen. Es gelang dem Reich, Hunderte von Völkern unter seiner Macht zu vereinen, indem es ihnen Religionsfreiheit bot. Und es hat auch die Künste entwickelt. Persien wurde schnell zu einer Supermacht und unterwarf den ganzen Mittleren Osten bis nach Kleinasien. Die Griechen, die in Kleinasien wohnten, hatten sich hauptsächlich an den Küsten niedergelassen. Aber sie wurden von der verheerenden Welle der Perser überrollt. Dann rebellierten die griechischen Städte. Sie schickten ihren Geschwistern in Griechenland eine Nachricht und baten sie um Hilfe.«

»Stopp. Die Perserkriege haben nicht in Griechenland stattgefunden?«

»Nur langsam. Wir sind noch nicht bei den Perserkriegen. Wovon ich gerade spreche, ist der Ionische Aufstand. Die meisten Städte in Griechenland hatten Angst oder wollten nicht helfen. Aber Eretria und Athen machten sich schnell auf, um die Griechen, die von den Persern tyrannisiert wurden, zu unterstützen. Doch der Aufstand von 492 vor Christus misslang. Die kleinasiatischen Städte gerieten nun endgültig unter das Joch der Perser. Weil die persischen Machthaber aber gesehen hatten, dass Athen und Eretria Hilfe geschickt hatten, dachten sie sich, dass es gut wäre, sie beispielhaft zu bestrafen. Und so begann der erste Perserkrieg. 490 vor Christus, zwei Jahre nach dem Aufstand, schickt Persien eine Armee, die nach Eretria kommt, es erobert und bis auf die Grundmauern niederbrennt. Von dort sticht sie ins Meer, Richtung Attika, das gegenüberliegt. Die persische Flotte nimmt Marathon ein und beginnt, ein Heer abzuladen, wie Griechenland es noch nie gesehen hat.«

»Haben sich die Griechen nicht gegen die Perser zusammengeschlossen?«

»Zu dem Zeitpunkt noch nicht! Die Athener schickten einen Hilferuf. Ein Meldeläufer, Pheidippides, rannte nach Sparta, er legte in wenigen Tagen mehr als 200 Kilometer zurück, um dort um Hilfe zu bitten. Aber vergebens, denn die abergläubischen Spartiaten wollten warten, bis der Vollmond vorbei war, und dann erst ein eigenes Heer schicken. Sonst wäre es ein böses Vorzeichen gewesen.«

»Für nichts und wieder nichts ist der Kerl derart gerannt.«

»Irgendwo auf der Hälfte des Wegs, an den Hängen des Bergs Parthenion, erzählt die Sage, hat Pheidippides bei den Kermeseichen angehalten, um sich auszuruhen. Da geschah ein Wunder. Ein kleiner Gott beschloss, den Griechen zu helfen. Gemäß der Sage ist Pan Pheidippides erschienen und versicherte ihm, dass die Athener in ihm einen Kampfgenossen hätten, wenn sie ihn anbeten würden. Pheidippides versprach, den Athenern die Botschaft zu überbringen, und als er zurückkam, sagte er es ihnen. Die Athener glaubten ihm und versprachen, Pan zu verehren.«

»Und, haben die Athener Hilfe erhalten?«

»Weder von den Spartiaten noch von den anderen Griechen, abgesehen von den Leuten aus Plataiai, die aber nur tausend Mann schicken konnten. Du siehst, Athen stand vor der Gefahr einer absoluten Katastrophe. Alle kampftüchtigen Bürger des Städtchens, die erst vor wenigen Jahren ihr Schicksal in die Hand genommen hatten, waren aufgerufen, dem Universum zu beweisen, dass ihre Demokratie funktioniert und dass ein Dorf am Ende der Welt sich gegen ein Ungetüm von Reich erheben kann! Die jungen Athener, die sich in Marathon sammelten, um sich den Horden der Perser entgegenzustellen, sahen an der gegenüberliegenden Küste den Rauch von Eretria und wussten, nun waren sie an der

Reihe. Die Athener hatten 9000 bis 10 000 Hopliten. Vor ihnen standen aber x-mal so viele Feinde.«

»Wie viele?«

»Doppelt bis zehnmal so viele, die Schätzungen variieren. Die Athener greifen also zu einem besonderen Manöver: Sie lassen die Mitte schwach und verstärken die Flanken der Phalanx. Die Mitte beginnt, vor der Masse des feindlichen Heers zurückzuweichen, aber die starken Flanken machen Boden gut. Von zwei Seiten nehmen sie das persische Heer in die Zange. Und die Perser, die das nicht erwartet haben, verlieren den Ball! Es heißt, Pan habe tatsächlich geholfen, da er sich über den Entschluss der Athener, ihn zu verehren, gefreut habe. Er flößte den Persern Furcht ein, sodass sie Panik ergriff. Am Ende wurden 203 tote Griechen und 6500 tote Perser gezählt.«

»Das Wort Panik kommt also von Pan? Das ist mir noch nie in den Sinn gekommen.«

»Die Perser beginnen einen ungeordneten Rückzug. Sie hasten zu ihren Schiffen, während die Athener sie verfolgen. Da rennt nach der Sage ein Athener, Kynaigeiros, zu einem persischen Schiff und hält es am Bug fest, sodass es nicht abfahren kann! Völlig panisch hacken ihm die Perser die Hand ab. Er packt den Bug mit der anderen. Sie hauen sie ab. Er verbeißt sich ins Schiff. Und sie schlagen ihm den Kopf ab! Nun denken die Perser: ›Hm ... das ganze Heer der Athener ist in Marathon. Viele Kilometer weit von der Stadt weg, sie ist ungeschützt. Nehmen wir sie gleich ein.‹ Und sie stechen in See Richtung Phaleron, heute Paleo Faliro, das eine Vorstadt des alten Athen war. Aber die athenischen Soldaten waren nicht auf den Kopf gefallen. Sie hatten einen Verdacht. Und obwohl sie völlig erschöpft waren, rannten sie los, um zur rechten Zeit in Athen zu sein.«

»Wie konnten sie das? Abgekämpft nach einer grausamen Schlacht und mit ihren schweren Rüstungen?«

»Darin liegt die Magie! Die jungen Hopliten einer kleinen Stadt, völlig erschöpft nach der grausamen Schlacht gegen ein Riesenheer, ließen ihre Verwundeten zurück und rannten den beschwerlichen Weg von Marathon nach Athen, um ihre Stadt zu retten. Sie sind quasi einen Marathon gelaufen. In voller Rüstung!«

»Und haben sie es geschafft?«

»Ja. Als die Flotte der Perser in Phaleron ankam, sahen sie die Athener, wie sie stolz mit Schild und Speer an den Hügeln vor der Stadt standen, und begriffen, dass sie endgültig verloren hatten. Sie packten ein und kehrten dahin zurück, woher sie gekommen waren. Und so, mit der Katastrophe von Eretria und der Rettung von Athen, ging der erste Perserkrieg zu Ende. Die Schlacht von Marathon wurde legendär. Die folgenden Generationen dachten sich Geschichten über diesen Tag aus. Sie stellten sich vor, Götter hätten ihnen geholfen, wie Pan, und dass Theseus selbst in der Schlacht erschienen sei … mit derselben Logik, mit der die viel jüngeren Generationen von Griechen Heilige oder die Muttergottes sahen, die ihnen beistanden. Aber Persien konnte eine solche Beleidigung nicht hinnehmen. Zehn Jahre lang bereitete es sich vor und stellte ein Heer zusammen, und 480 vor Christus begann das Sequel, der zweite Perserkrieg.«

»Sind sie wieder mit Schiffen gekommen?«

»Nein! Diesmal marschierte Persien übers Festland, mit einem noch viel größeren Heer. Natürlich ist es auch mit einer riesigen Flotte aufgekreuzt, aber eben mit noch viel mehr Landheer. Es eroberte Thrakien, unterwarf Makedonien und hatte wohl die Idee, dass es alle so im Vorbeigehen einsammeln könnte. Doch der König von Makedonien, Alexandros I., obwohl scheinbar mit den

Persern verbündet, ließ den Griechen im Süden heimlich Informationen zukommen. Einige griechische Städte hatten Angst und verkündeten eiligst ihre Unterwerfung. Auch der vornehme Klerus von Delphi. Er sagte sich: ›Wir setzen auf den wahrscheinlichsten Sieger, jetzt ist nicht die Zeit für Risiken.‹«

»Das größte Heiligtum der antiken Welt prophezeite also, dass die Eindringlinge siegen würden?«

»Ja, aber die meisten griechischen Städte ignorierten die Rufe der Priester und vereinten sich, um der Bedrohung zu widerstehen. Die Führung hatten die Spartiaten, da sie auch die größte Macht waren. Die erste Verteidigungslinie waren die Thermopylen. Da kam nicht einmal eine Fliege durch. Doch es kommt zu einem Verrat, und die Griechen sind gezwungen, sich von den Thermopylen zurückzuziehen. Athen, das sich vor zehn Jahren hatte retten können, wird evakuiert, und die Stadt fällt den Persern in die Hände, die sie vollständig niederbrennen. Die Athener machen sich mit dem, was sie tragen können, als Flüchtlinge auf den Weg zu den nahen Inseln. Einzig die Peloponnes bleibt frei, und im gesamtgriechischen Kriegsrat diskutieren sie über eine Verteidigung am Isthmos.«

»Was für ein Stress! Zum Glück weiß ich, dass es gut ausgeht.«

»Der Athener Themistokles weiß, dass die Griechen auf dem Meer überlegen sind, und lockt die persische Flotte in die Meerenge von Salamis, wo sie aufeinandertreffen. Die athenische Flotte wütet in der Schlacht mit ihren Trieren. Diese Seesoldaten waren keine Superhelden, aber es waren die jungen Männer, die gesehen hatten, wie ihre Familien verjagt und ihre Stadt dem Erdboden gleichgemacht wurde. Ihnen war nichts mehr geblieben. Und sie siegten, denn die kleinen griechischen

Schiffe waren viel wendiger als die mächtigen persischen. Der persische Großkönig Xerxes, der es sich auf dem Berg Aigaleo bequem gemacht hatte, um der Seeschlacht zuzuschauen, ist an seiner eigenen Arroganz erstickt.«

»Ja, aber das war nur ein Sieg auf dem Meer. Hat das schon gereicht?«

»Der Seesieg verschaffte Zeit, und ohne Schiffe konnte kein Nachschub zur riesigen persischen Armee gelangen. Dem griechischen Landheer gelang es, neue Truppen zusammenzustellen, sodass es bald darauf, in der Schlacht von Plataiai, das persische Landheer bezwang. Die Perser machten sich als Besiegte auf den Rückweg, aber die griechischen Schiffe verfolgten sie bis nach Mykale an der kleinasiatischen Küste und besiegten sie ein weiteres Mal.«

»Der letzte Schlag ins Genick des Rüpels.«

»In der Folge hat ganz Griechenland ein neues Selbstbewusstsein und ein Gefühl von Überlegenheit entwickelt. Es war eine Zeit des Glanzes, als es schließlich in die klassische Zeit eintrat. Was aber ist in der klassischen Zeit geschehen, dass diese als eine der bedeutendsten Epochen der Weltgeschichte angesehen wird?«

»Bevor du mir davon erzählst, habe ich eine Frage. Du hast gesagt, Athen sei niedergebrannt und dem Erdboden gleichgemacht worden. Da ist mir etwas eingefallen, was mir schon immer unklar war. Wie kommt es, dass die alten Städte so tief in der Erde vergraben liegen?«

FAQ: Warum liegen die Altertümer so tief in der Erde vergraben?

»Das ist die Frage, die ich am häufigsten höre. Die Antwort ist sehr einfach: Weil die Menschen über viele Jahrhunderte an den gleichen Stellen wohnten.«

»Das hilft mir immer noch nicht weiter.«

»Ich erklär es dir etwas genauer. Die Erdkruste ist nicht fest. Der Boden bewegt sich. Die Kruste ist eine plastische Schicht und besteht aus verschiedenen Materialien. Sagen wir einfach, aus Stein und Erde. Hier gibt es Berge und dort Ebenen. Und es gibt Wasser. Sehr viel Wasser. Entweder in den Ozeanen oder – und das betrifft uns viel stärker – in Flüssen und Seen. Und natürlich befindet sich dieses Wasser in einem Kreislauf. Es gibt Regengüsse, Erdrutsche, es gibt Erde, die von den Flüssen mitgerissen wird, die ihren Lauf ändern, die Deltas füllen, sich in die Erde graben. Daneben gibt es Erdbeben, Vulkane, die Gezeiten ... ein ständiges Auf und Ab. Die Landschaft und der Boden verändern sich permanent. Die Erdschichten, die sich im Lauf der Jahrhunderte ansammeln, werden Aufschüttungen genannt.«

»Und diese Aufschüttungen sind überall gleich?«

»Nein! Sie schwanken zwischen ein paar Zentimetern und vielen Metern. Und dann nimm noch den unberechenbaren und einflussreichen Faktor namens Mensch hinzu. Der Mensch zieht herum und siedelt selbstverständlich an Orten, die für sein Leben geeignet sind. Die befinden sich in Ebenen oder an niedrigen Hügeln, nahe beim Wasser. Und in der Gegend, in der er bleibt, gräbt er, pflügt er, bewegt er Erde, und hauptsächlich baut er. Über Jahrtausende baut der Mensch mit organischen Materialien, Holz, Backsteinen, Steinen, über organischen Materialien. Er passt sich die Erde um sich herum an, damit er seine Bedürfnisse befriedigen kann. Aber die Menschen neigen zu Zerstörung, sind unbedacht und kriegslüstern. Eine Laterne fällt auf den Boden, ein Tontopf fürs Kochen bleibt unbeaufsichtigt, und schon hast du eine Feuersbrunst, es gibt ein Erdbeben, ein feindlicher Stamm fällt ein … Es gibt Tausende von Gründen, dass ein Haus zerstört wird, ein Quartier, eine ganze Stadt. Und wenn es nicht zerstört wird, wird es alt und fällt zusammen. Du räumst es weg und baust darauf weiter.«

»Aber musst du nicht tief graben? Wegen der Fundamente?«

»Die Fundamente waren nicht so tief, wie wir sie heute legen, weil wir so riesige Gebäude bauen. Zweitens, hast du schon mal eine archäologische Stätte besucht und zerstörte Wände gesehen und dennoch versucht, den Grundriss des alten Hauses zu verstehen?«

»Ja.«

»Eben. Das geschieht, wenn du verschiedene Bauphasen gleichzeitig siehst. Inzwischen haben die Regenfälle, die Erdbewegungen, entweder durch die Natur oder durch die Menschen, langsam und vor allem unbemerkt den Erdboden angehoben. Diese ganze Aktivität bewirkt das, was wir Verfüllungen nennen. Und so haben sich in vielen griechischen Städten diese Aufschüttungen angehäuft. Aber auch bei alten Städten, die nicht seit dem Altertum bewohnt waren, gibt es sie.«

»Sind diese Verfüllungen und Aufschüttungen immer in großer Tiefe?«

»Das ist sehr verschieden. Im antiken Olynthos beispielsweise, das oben auf einem Hügel lag und in der klassischen Zeit zerstört wurde, konnte sich nach der Aufgabe der Stadt nicht eine solche Menge Erde anhäufen. Wieder anders ist es im antiken Messene, das an den Hängen eines Berges erbaut worden war, der über mehrere Jahrtausende Wasser und Erde hinabführte; hier liegen die geretteten Altertümer nicht so tief. Das heißt, die alten Städte sind manchmal unter Tonnen von Erde verborgen, manchmal unter einer dünnen Erdschicht, und hie und da sind die Altertümer gar nicht begraben, wie die Akropolis.«

»Warum sind archäologische Stätten wie die Akropolis nicht begraben?«

»Weil sie immer genutzt wurden. Die Akropolis von Athen wurde nie aufgegeben, und auch nach dem 5. Jahrhundert vor Christus wurde sie nicht so eingeebnet, dass man sie neu bauen musste.«

»Im 5. Jahrhundert vor Christus ist die Akropolis zerstört worden?«

»Wie wir gerade gesagt haben, wurde Athen 480 vor Christus von den Persern, die es eingenommen hatten, verbrannt und zerstört. Und fünfzig Jahre später wurde sie neu und wunderschön wiederaufgebaut. Und sie ist bis heute das absolute Symbol der klassischen Zeit, und nicht nur das.«

»Dann sind wir endlich bei der Klassik angekommen?«

»O ja.«

»Endlich!«

9

Klassische Zeit

»Das ist es! Wir sind beim Höhepunkt angekommen!«

»Beim großen Moment der altgriechischen Zivilisation?«

»Moment ist vielleicht nicht das richtige Wort! Es waren ungefähr anderthalb Jahrhunderte. Und es ist der Höhepunkt der altgriechischen Zivilisation, darin sind sich eigentlich alle einig.«

»Warum?«

»Diese Periode und ihre Errungenschaften wurden von den ersten Forschern und später von vielen anderen als Höhepunkt der altgriechischen Zivilisation angesehen. Und nicht zu Unrecht.«

»Das heißt, vor oder nach der klassischen Zeit hat es keine bedeutende kulturelle Produktion gegeben?«

»Im Gegenteil. Wie wir gesehen haben, war sehr, sehr viel von dem, was wir am Altertum bewundern, schon in den vorangegangenen Jahren entstanden, und vieles sollte noch nach Ende der sogenannten klassischen Zeit passieren. Die Klassik war einfach die Periode, in der die kulturelle Produktion so konzentriert war, dass sie uns dazu gebracht hat, die antike griechische Welt als einzigartigen Fall in der Weltgeschichte zu sehen.«

»Das hört sich ein wenig unbestimmt und vollmundig an. Da musst du schon konkreter werden.«

»Als klassisches Griechenland betrachten wir die Periode zwischen zwei weltgeschichtlichen Ereignissen: den Perserkriegen und Alexander dem Großen. 480 vor Christus sind die Perserkriege vorbei, und alles, was danach kam, ordnen wir ins klassische Griechenland ein, bis zum Tod von Alexander dem Großen 323 vor Christus, dessen Marsch die ganze Welt verändert hat.«

»Und was ist jetzt in der klassischen Zeit geschehen?«

»Erst einmal sind die kleinen Griechen, nachdem sie es fertiggebracht hatten, das größte Reich zu besiegen, das die Welt bis dahin gesehen hatte, aus dieser Krise mit einem anderen Bild von sich und voller Selbstbewusstsein hervorgegangen. Der Stolz und die Siege verliehen ihnen Antrieb auf allen Ebenen.«

»Blieb Sparta weiterhin der wichtigste von allen Stadtstaaten?«

»Eigentlich ja, aber auch Athen war eine aufsteigende Macht, und in seinem Übermut, weil es letztlich den Sieg gegen Persien errungen hatte, ging es noch einen Schritt weiter: Es gründete einen Bund mit vielen anderen Städten (vor allem auf den Inseln) als Koalition gegen Persien.«

»Aber hatten sie Persien nicht besiegt?«

»Das haben sie, aber die Gefahr war nicht gebannt. Die bestand weiter, und sie glaubten, es wäre gut, vorbereitet zu sein. Zum Zentrum dieses Bundes machten sie Delos, die heilige Insel von Apollon, und deshalb nannten sie ihn den Delischen Seebund. Weil aber Athen der Anführer bei all diesen Unternehmungen war, nahm es die Bundeskasse an sich, und so sprechen wir auch vom Attischen Seebund. Um die Wahrheit zu sagen, hat sich Athen gegenüber seinen Bündnispartnern nicht sehr ›alliiert‹ verhalten. Es hat sie wie Zitronen ausgepresst.«

»Wie meinst du das?«

»Ich meine, dass in vielen Städten und auf vielen Inseln die Beiträge für die Allianz, also die Steuern, die sie zahlen mussten, damit sie weiterhin zum Bündnis gehören durften, wahnsinnig hoch waren, und wenn eine Stadt austreten wollte, nun ... sie konnte gar nicht. Die athenische Armee kam vorbei und zwang sie mit dem Argument ihrer Waffenstärke zum Bleiben. Mit anderen Worten, Athen tyrannisierte die Ägäis.«

»Dann ist das Bild, das wir vom klassischen Athen haben, falsch?«

»Falsch ist es nicht. Manchmal aber ein bisschen einseitig. Nichts ist entweder gut oder schlecht. Und Athen war in der Tat eine beeindruckende Stadt.«

»Das Goldene Zeitalter von Perikles, wann war das?«

»Genau in dieser Periode. Auf dem Höhepunkt des Ruhms und der Macht stand er am Steuer von Athen, ein charismatischer Politiker, der bis heute in den Geschichtsbüchern steht. Perikles aus Cholargos. Seine Mutter, Agariste, stammte von den Alkmeoniden ab. Erinnerst du dich an sie?«

»War das nicht diese Aristokratenfamilie, die die Tyrannen aus Athen gejagt hat?«

»Genau. Gemäß der Legende träumte Agariste, als sie schwanger war, sie werde einen Löwen gebären. Erkennst du, was für eine Botschaft die Legende uns überbringen will?«

»Sie hat es tatsächlich geträumt?«

»Nimm das nicht so ernst. Immer wieder haben die Mächtigen solche Gerüchte in die Welt gesetzt, um ihrem Namen Glanz zu verleihen. Sicher haben sie später auch ihren Spaß mit Perikles getrieben und behauptet, dass der Traum seiner Mutter bedeute, er sei mit einer Entstellung geboren worden. Es heißt, Perikles habe einen entstellten Schädel gehabt und trage deshalb bei allen Büsten den Helm auf dem Hinterkopf. Wie dem auch sei, Perikles war ein politischer Schakal und verband sich mit einer Hetäre, Aspasia, die großen Einfluss auf ihn gehabt haben soll. Sie muss nicht nur gebildet gewesen sein, sondern auch eine sehr kluge Frau.«

»Ja, aber ... eine Hetäre. Eine Hure also.«

»Die Hetären waren keine Huren in dem Sinn, wie du es meinst! Sie waren gebildete freie Frauen, die nicht als Ehegattinnen leben wollten. Damit lebten sie außerhalb der gesellschaftlichen Norm, waren aber paradoxerweise in den Kreisen der gebildeten starken Männer akzeptiert und respektiert. Da sie keine andere Erwerbsmöglichkeit hatten, mussten sie für ihre Anwesenheit, intellektuell, aber auch körperlich, etwas verlangen.«

»Von Aspasia habe ich gehört. Gab es auch andere berühmte Hetären?«

»Da gab es zum Beispiel Phryne, mit einem richtigen Filmleben. Sie kam in einem Ziegendorf in Böotien auf die Welt, packte aber schon früh ihre Siebensachen und ging in die große Stadt, genauer gesagt nach Athen, um dort Karriere zu machen. Es heißt, sie habe eine Riesensumme für den Beischlaf verlangt (bis zu hundert Taglöhne für eine Nacht), und je weniger ihr einer gefallen habe, desto mehr habe er zahlen müssen. Aber dem Philosophen Diogenes, der ein sorgloser und armer Mann war – er lebte freiwillig in einem Fass –, hat sie ihre Reize völlig gratis angeboten, denn sie war hingerissen von seinem Verstand.«

»Sie war eine schöne Frau, was?«

»Sie war vor allem eine selbstbewusste Frau. Einmal,

bei einem Fest am Meer, so heißt es, wollte sie sich abkühlen. Also zog sie einfach ihre Kleider aus und sprang nackt vor der Menschenmenge ins Wasser. Der Maler Apelles hat sie gesehen und nach ihr sein Bild der *Aphrodite Anadyomene* geschaffen. Sie hatte auch eine Beziehung zum Bildhauer Praxiteles und inspirierte diesen zur ersten Statue einer nackten Frau in der Antike, der *Aphrodite von Knidos.* Die Statue hat schockiert, aber sie wurde *instant classic,* richtig gehypt. Es kam so weit, dass man Phryne in Athen vor den Areopag, den Obersten Rat, zerrte und ihr vorwarf, sie sei mit ihrer Schamlosigkeit für die jungen Mädchen ein schlechtes Vorbild. Während des Prozesses, so sagt die Legende, habe ihr Anwalt ihr das Kleid ausgezogen und sie nackt dastehen lassen. Sie war so schön, heißt es, dass die verblüfften Geschworenen sie sofort freisprachen. Nach einer anderen Version sei sie hingegangen und habe mit den Richtern, einem nach dem andern, einen Händedruck ausgetauscht und diese gebeten, sie freizusprechen. Und sie haben sie freigesprochen.«

»Nur weil sie sie berührt hat?«

»Eine Berührung reichte aus. Sie war Aphrodite.«

»Unsere alten Vorfahren scheinen die Schönheit geliebt zu haben.« Er lächelte.

»Na ja, sie waren ein bisschen abergläubisch. Sie hielten die Schönheit für eine Gunst und die Hässlichkeit für eine Strafe der Götter. Das klingt unfair. Aber war es nur das? Aberglauben war sehr verbreitet. Sie hatten ein echt surreales Opferritual, die Bouphonia, bei dem man auf der Akropolis einen Ochsen töten musste. Aber die Ochsen durften, weil sie bei der Landwirtschaftsarbeit halfen, nicht getötet werden. Die waren unabdingbar für die Bebauung des Bodens und fürs Überleben. Also warfen sie Getreide auf den Altar der Akropolis, banden die

Ochsen los, und jedes Mal fraß einer vom Getreide auf dem Altar und ›beleidigte‹ damit automatisch die Götter. Folglich musste er sterben! Aber er durfte nicht öffentlich getötet werden. Alle gingen weg, scheinbar uninteressiert, als wüssten sie nicht, was nun folgen würde. Ein Priester blieb, tötete den Ochsen mit einer Axt, warf diese auf den Boden und rannte davon. Als die anderen zurückkamen, sahen sie den Ochsen tot, der Mörder war verschwunden. Das Einzige, was von der Tat kündete, war die Axt. Und so haben sie diese Axt des Mordes schuldig gesprochen. Und alles war gut.«

»Was war denn das für ein surreales Theater? Sie wussten es doch!«

»Siehst du, das hast du nicht erwartet von der Heimat der Demokratie. Unsere antiken Vorfahren waren ziemlich abergläubisch, sodass sie sogar glaubten, dass seelenlose Dinge einen Willen haben können und man sie dafür bestrafen muss. Das nächste Mal, wenn du darum kämpfst, etwas auszudrucken, und der Drucker will einfach nicht, fühl dich ein bisschen wie ein alter Grieche, während du auf ihn losgehst.«

»Solche Sachen haben sie auf der Akropolis veranstaltet? Und wir halten sie für das Symbol einer hohen Kultur?«

»Aber die Akropolis ist tatsächlich ein Symbol. Ihre Monumente sind wirklich unbegreiflich. Sie ist der Höhepunkt der klassischen Bildhauerkunst und Architektur.«

»Warum?«

»Dank dem Geld seiner Bündnispartner beschloss Athen, sich schön zu machen. Perikles initiierte ein Bauprogramm mit Gebäuden in ganz Attika: Sounion, Eleusis, der Tempel des Hephaistos auf der alten Agora und so weiter. Ganz Attika war eine endlose Baustelle. Der wichtigste Teil des Programms aber war die Erneuerung der Akropolis. Und es wurde beschlossen, das perfekteste Gebäude zu errichten, das jemals geschaffen wurde. Der unübertreffliche Parthenon.«

»Warum ist der Parthenon anderen antiken Tempeln überlegen?«

»Aus vielen Gründen. Erstens ist er vollständig aus Marmor gebaut. Bis zu den Ziegeln. Und nicht aus Marmor zweiter Qualität, sondern aus pentelischem. Dem guten, feinkörnigen, der dir frostkalt ins Auge leuchtet.«

»Was ist denn so besonders an ihm? Vor ein paar Jahren habe ich Verwandte aus Australien auf die Akropolis geführt. Ich habe mir den Parthenon angesehen und gedacht, dass er gar nicht so blendend weiß ist. Mir schien, dass er mit den Jahren rosa wurde. Warum ist er nicht weiß geblieben?«

»Im pentelischen Marmor ist Eisen, darum hat er diese feine Rosafärbung, die ihn noch lieblicher aussehen lässt. Der Tempel von Poseidon in Sounion zum Beispiel ist mit Marmor aus Agrileza gebaut, der kein Eisen enthält, und immer noch schneeweiß. Und das ist herrlich, denn das Weiß bildet einen Kontrast zum Blau des Meers.«

»Du schweifst ab, Herr Archäologe. Welches Sounion? Du hast vom Parthenon gesprochen.«

»Jaja, ich bin ja schon wieder da. Ich war bei zweitens: Der Parthenon hat statt sechs Säulen, wie es üblich war, an der Front und auf der Rückseite, an den schmalen Seiten also, acht, um dem Gebäude ein größeres Volumen zu geben. Und dementsprechend hat er an den Längsseiten nicht 15, sondern 17 Säulen.«

»Die Zahlen beeindrucken mich nicht so sehr.«

»Okay, vielleicht kann ich dich damit beeindrucken: Die alten Künstler wussten, dass der pentelische Marmor aufgeht und sich ›ausdehnt‹, und zwar ein paar Jahre lang nach seinem Abbau, und so haben sie einen winzigen Raum an den Stellen, welche die Marmorstücke berührten, gelassen, sodass diese nach wenigen Jahren, wenn sie ihre endgültige Form angenommen hatten, so gut aneinanderlagen, dass keine Luft dazwischen passte! Als man bei seiner Wiederaufrichtung gezwungen war, Stücke von den Säulen abzunehmen, die seit dem Altertum nicht die Lage gewechselt hatten, strömten die hölzernen Dübel in der Mitte, welche die einzelnen Teile verbanden, immer noch den Duft nach Holz aus.«

»Wow!«

»Noch etwas. Der Parthenon hatte den größten und besten Skulpturenschmuck von allen Tempeln. Er war der einzige Tempel, dessen Metopen allesamt mit Skulpturen verziert waren.«

»Was ist eine Metope?«

»Anfangs hatten die Teile des Tempels, die sich auf die Säulen stützten, Muster mit drei senkrechten Linien direkt über jeder Säule.«

»Ja.«

»Die nennen wir Triglyphen. Dort kamen die Balken, die das Dach der ersten Holztempel stützten, heraus. Dann wurden die Tempel aus Marmor gebaut, aber das Muster blieb als Schmuck.«

»Und die Metopen?«

»Die Metope ist die viereckige Platte, die den Raum zwischen den Triglyphen füllt. Damit das nicht so verloren wirkte, beschloss man, die Platte zu verzieren. Dieser beträchtliche Raum konnte eine Skulptur aufnehmen, eine ganze Geschichte erzählen! Und es waren viele Metopen am Parthenon, 92 insgesamt. Wunderbar und voller Symbolik.«

»Was symbolisierten sie denn?«

»Die Metopen an der Ostseite, beim Haupteingang also, zeigten die Gigantomachie, den Sieg der olympischen Götter gegen die Urkräfte am Anfang der Zeit und der Welt. Man kann das als Symbol für den Sieg der Ordnung und der göttlichen Kraft über das ursprüngliche Chaos sehen. Die Metopen an der Südseite zeigten die Kentauromachie, die Schlacht zwischen den Menschen und den Kentauren, das heißt diesmal den Sieg der Menschen über die primitiven Ungeheuer. Sieh es wie einen Sieg des zivilisierten Menschen über seine wilde Natur. Die Metopen an der Nordseite zeigten den Krieg um Troja, die erste und legendärste Expedition der Griechen, die Ehre der Vorfahren und die viel besungene Geschichte, und die Metopen an der Westseite zeigten die Amazonenschlacht, als die Amazonen in Asien aufgebrochen waren, um Athen zu erobern, und unterhalb der Akropolis besiegt wurden; ein Mythos also, der wunderbar zur tatsächlichen Vorgeschichte der Athener passte. Die Großväter der Athener, die den Parthenon errichtet haben, hatten solch eine Invasion erlebt und sich gegen die Bedrohung durch Persien gewehrt.«

»Und das sind die wichtigen Skulpturen des Parthenon?«

»Das waren die Metopen. Der Tempel hatte viel mehr und noch bedeutendere Skulpturen. Zum Beispiel an den Giebeln.«

»Wo sind denn bei einem Tempel die Giebel?« Er atmete tief ein.

»Giebel nennen wir den dreieckigen Raum, der vom Dach und der Frontseite beziehungsweise der Rückseite des Tempels gebildet wird. Beim Parthenon zeigte der Ostgiebel die Geburt der Athene aus dem Kopf von Zeus, denn die Ostseite war die Hauptfassade des Tempels. Der Westgiebel zeigte den Wettstreit zwischen Athene und Poseidon um die Vorherrschaft in Athen. Diese Skulpturen waren perfekt gemeißelt, von allen Seiten, selbst bei den Hinteransichten, die nie ein Mensch zu Gesicht bekommen hat, nachdem sie an ihrer endgültigen Stelle weit oben am Tempel platziert worden waren. Die sind aber in hohem Maß zerstört. Und ein großer Teil von ihnen befindet sich immer noch außerhalb von Griechenland, auch wenn der griechische Staat sie offiziell zurückfordert.«

»Warum gibt es wegen diesen Skulpturen so eine Aufregung?«

»Die Skulpturen sind in einer Zeit angefertigt worden, in der die Bildhauerkunst neue Wege einschlug und die archaischen Schablonen hinter sich ließ. Sie stammen aus der Werkstatt des berühmten Bildhauers Phidias. Und vergessen wir nicht den riesigen und wunderschönen Fries, einen Gürtel also, der in seiner ganzen Länge über die Außenwand des inneren Hauptraums führte und der den Umzug an den Panathenäen, einem Fest zu Ehren der Göttin Athene, zeigt. Jede Figur ist anders. Alle sind außerordentlich kunstvoll. Und ebenso verblüffend ist, dass die ionischen Tempel Friese hatten, die dorischen aber nicht. Und der Parthenon, obwohl dorisch, hatte einen Fries. Wie das? Er war eben ein Prototyp, sagen wir. Und keine Gestalt auf den Metopen, den Giebeln und dem Fries gleicht einer anderen! Aber wir sind noch nicht fertig.«

»Was – noch mehr?«

»Allerdings. Alle Maße des Parthenon folgen dem Verhältnis 4 zu 9. Dieses Verhältnis gilt zum Beispiel für die Breite zur Länge, die Höhe zur Breite und so weiter. Außerdem hat der Parthenon keine geraden Linien. Alle sind ganz leicht gebogen, damit sie dem Auge als gerade erscheinen. Dieser Trick heißt optische Verfeinerung. Und diese Verfeinerungen wurden millimetergenau geschaffen.«

»Für diese detaillierte Arbeit werden sie wohl Jahre gebraucht haben.«

»Auch in dieser Hinsicht ist der Parthenon erstaunlich, mein Freund, denn er ist in nur neun Jahren erbaut worden. Nimmst du noch die sechs hinzu, die sie benötigten, um auch die Verzierungen zu vollenden, dann sind das 15 Jahre für das perfekteste Gebäude, das je geschaffen wurde, und zwar nicht nur von den Athenern, sondern von Hunderten anderer Griechen aus allen Fachgebieten; sie lebten als Immigranten in Athen, waren Freie und Sklaven, die alle den gleichen Taglohn bekamen. Und natürlich waren auch jede Menge Tiere beteiligt. Einem ins Alter gekommenen Esel, der die Schlepperei nicht mehr durchhielt, wurde symbolisch die Ehre erwiesen – er wurde gemäß einer Volksabstimmung vom Prytaneion der Stadt verpflegt. Diese Ehre kam sonst nur den Wohltätern, den offiziellen Gästen und den Siegern der athletischen Wettkämpfe zugute.«

»Okay, ich habe verstanden. Der Parthenon war einfach wow. Und deswegen ist das klassische Athen von Bedeutung?«

»O nein! Es sind die kulturellen Höhepunkte, die die Stadt erlebte.«

»In welchem Sinn?«

»Das Theater nahm Fahrt auf. Die Tragödien, die immer noch weltweit verehrt werden, wurden unter dem Felsen der Akropolis uraufgeführt. Jedes Jahr versammelten sich die Athener zu einem großen Frühlingsfest, das große oder städtische Dionysien hieß (es gab auch die kleinen Dionysien in den verschiedenen Dorfsiedlungen auf dem Land). Sie nahmen ihren Imbiss in einer Tasche mit, saßen vom Morgen bis zum Nachmittag an den Hängen unterhalb der Akropolis und schauten sich tagelang verschiedene Theaterstücke an und wählten am Schluss das aus, das sie am besten fanden. Der Sieger gewann einen Dreifuß.«

»Na herrlich! Was kann man denn mit einem Dreifuß anfangen?«

»Was machen sie denn heute mit dem Oscar, wenn sie ihn gewonnen haben? Benutzen sie ihn als Türstopper? Hat er neben dem symbolischen irgendeinen anderen Wert? Ähnlich war es beim Dreifuß; der Dichter konnte ihn voller Stolz in der Odos Tripodon, der Straße der Dreifüße, die damals so etwas wie der jetzige Walk of Fame von Hollywood war, aufstellen.«

»In der heutigen Odos Tripodon?«

»Ja, dort, in der Plaka, unterhalb der Akropolis.«

»Ich habe irgendwo gelesen, dass es religiöse Theaterspiele bei sehr vielen Völkern auf der ganzen Welt gegeben habe, und zwar in Zeiten, die älter waren als die griechische Klassik.«

»Das stimmt.«

»Aber wie können wir dann sagen, das Theater sei bei uns geboren?«

»Weil jene religiösen Theaterstücke ganz einfach speziell waren. Sie wurden wieder und wieder aufgeführt. Im alten Athen aber wurde das Szenario geboren. Die Zuschauer wussten nicht, wie sich die Sache entwickeln würde. Vielleicht kannten sie den Mythos, den sie sahen, aber die Dialoge, die Entwicklung der Geschichte, die Offenbarung, wie sich die Angelegenheit abspielte, waren etwas völlig Neuartiges für die Zuschauer. Da waren auch Emotionen im Spiel. In der klassischen Zeit wurde das Theater echtes Theater, dank der drei Großen, Aischylos, Sophokles und Euripides.«

»Warum waren sie groß?«

»Schauen wir sie uns nacheinander an.«

»Nein, bitte nicht! Das wird sicher langweilig.«

»Dir wird ganz bestimmt nicht langweilig, ich versprech's! Die drei sind wirklich interessant. Aischylos, der Erste, war ein schlichter Arbeiter in den Weinbergen. Der eine seiner Brüder, Kynaigeiros, ein mutiger Bursche, war berühmt geworden wegen seines Heldentods in der Schlacht von Marathon, als er vorgeprescht war, um das persische Schiff am Auslaufen zu hindern.«

»Der, den die Perser in Stücke gehauen haben, um ihm zu entkommen?«

»Genau der. Der andere Bruder war derjenige, der in der Seeschlacht von Salamis als Erster mit dem Schiff voranstürmte, um die persische Flotte anzugreifen.«

»Alles klar. Eine coole Familie.«

»Du kannst sie auch heldenhaft nennen. Aischylos hingegen konnte nichts anderes vorweisen als seine einfache, ehrenvolle Teilnahme am Krieg. Aber seine Neigung lag anderswo. Es heißt, eines Tages sei ihm der Gott Dionysos im Traum erschienen und habe ihn gebeten, ein Theaterstück zu schreiben. Der Junge wachte erschrocken aus dem Traum auf und fing sofort an, sein erstes Stück zu schreiben. Es stand geschrieben, dass er ein berühmter tragischer Dichter werden sollte.«

»Er war ein Dichter? Hast du nicht gesagt, er habe Theaterstücke geschrieben?«

»Die Theaterschriftsteller der Antike nennen wir Tragödiendichter, denn die Stücke, die sie geschrieben haben, wurden Tragödien genannt. Und weil sie nicht in Prosa verfasst waren, sondern in Versen, waren sie Dichtung. Aischylos wird als Vater der Tragödie angesehen.«

»Hast du nicht gesagt, dieser andere sei der Vater? Thespis?«

»Gut aufgepasst. Aber Aischylos hat die Regeln geändert, er legte fest, dass jeder Dichter eine Trilogie präsentieren sollte, und er hat einen zweiten Schauspieler eingesetzt, um die Handlung aktiver zu gestalten.«

»Bis dahin war jeweils nur einer auf der Bühne?«

»Ja, und er unterhielt sich mit dem Chor. Aischylos machte die Sache interessanter, indem er einen zweiten Schauspieler einsetzte. Er sorgte für die Kostüme, das Bühnenbild, für jedes Detail.«

»Okay, Aischylos war wichtig. Und die anderen beiden?«

»Der zweite große tragische Dichter war Sophokles. Er ging noch ein Stück weiter. Er setzte einen dritten Schauspieler ein und entwickelte die Charaktere seiner Werke.«

»Einen dritten? Ein richtiges Gedränge, haha.«

»Er hat die meisten Siege von allen Tragödiendichtern errungen.«

»Und der Dritte?«

»Zeitlich gesehen war das Euripides. Er hat den ›Deus ex Machina‹ eingeführt. Er hat sich weit von den großen Helden der Mythologie entfernt, hat sich auf den Menschen selbst konzentriert und ist tief in die Psyche seiner Charaktere eingetaucht. Zum ersten Mal entwickelte sich vor den Augen der Zuschauer ein reales psychologisches Drama.«

»Was ist der Deus ex Machina, ein Gott aus der Maschine?« Er lachte.

»Beruhig dich, mein Lieber! Die antiken Dramen sind voller Verwirrungen und Komplikationen! Die Dinge geraten durcheinander, Katastrophen entstehen. Es handelt sich um eine Tragödie, keine Sitcom. Irgendwann musste ein Gott auftauchen und die Lösung bringen. Er musste den Verwicklungen ein Ende machen oder auch eine bestimmte Situation retten. Und so hat man einen Mechanismus gebaut, der es dem Schauspieler erlaubte, auf der Bühne zu erscheinen, als Gott aus dem Nirgendwo.«

»So etwas wie ein Kran?«

»Ja, es war tatsächlich wie ein Kran oder ein Katapult, und wusch! Da hast du den Gott, und der sagt: ›Ich räume mal ein bisschen in eurem Durcheinander auf.‹«

»Das ist eine recht einfache Lösung. Erst entwirfst du eine Handlung, und dann bringst du einen Gott und lässt ihn die Scherben zusammenkehren.«

»Ja, und darum ist diese konkrete Methode nur sehr sparsam eingesetzt worden. Gewisse anspruchsvolle Zuschauer haben sie auch missbilligt. Aber das breite Publikum atmete meist erleichtert auf, wenn der Gott eingriff.«

»Aha! Es hat also schon damals Theaterliebhaber mit einem feineren Geschmack gegeben. Und das klassische Athen wird als der größte Moment in der altgriechischen Kultur betrachtet, weil es den Parthenon und das Theater hatte? Was sonst noch?«

»Du bist ein unzufriedener Mensch! Wirklich unersättlich! Nein, es hatte nicht nur das. In Athen begannen sich die Geistesgrößen aus allen Städten Griechenlands zu versammeln. Wissenschaftler, Historiker, Künstler.«

»Warum gerade in Athen?«

»In erster Line, weil Athen eine funktionierende Demokratie hatte. Und was braucht die Demokratie? Dialog und Überzeugung. Zum ersten Mal in der Geschichte bekamen das Wort, der Ausdruck, die Argumentation eine immens starke Bedeutung. Die Sophistik und die Rhetorik gelangten zu Ehren.«

»Und all das nur in Athen?«

»Nicht *nur* in Athen. Dort aber am meisten. Das heißt natürlich nicht, dass es nicht auch anderswo eine ähnliche geistige Entwicklung gegeben hat. Syrakus auf Sizilien zum Beispiel wird für die Heimat eines der Begründer der Rhetorik, Korax, gehalten.«

»Korax – der Rabe?«

»Sie haben ihn tatsächlich Korax genannt. Es gibt dazu eine Anekdote. Einmal suchte ihn ein gewisser Teisias auf und sagte zu ihm: ›Lehrer, ich habe nicht eine Drachme, aber lehre mich, und ich werde dich von dem Geld bezahlen, das ich bekomme, wenn ich meinen ersten Prozess gewinne.‹ Korax akzeptierte und bildete ihn aus, aber Teisias wandte seine Rhetorikkünste nie in einem Prozess an, und Korax wurde nicht ausgezahlt. Er zerrte den Kerl also vor Gericht und brachte vor, wie es sich auch verhalte, er werde bezahlt werden, denn wenn Teisias verlieren würde, wäre er gezwungen, ihn zu bezahlen, und wenn er gewinnen würde, müsste er ihn ebenfalls bezahlen, denn es wäre das erste Geld, das er in einem Prozess verdient hätte. Teisias erwiderte, er werde in keinem Fall bezahlen, denn wenn er den Prozess gewinnen würde, müsste er den Beschluss des Gerichts achten, also würde er keine Drachme zahlen. Würde er aber verlieren, würde er die Schuld trotzdem nicht begleichen, denn dann hätte er in seinem ersten Prozess nicht gewonnen. Die Richter kamen zu keinem Beschluss. Sie äußerten schlicht den Satz: ›Von einem schlechten Raben kommt ein schlechtes Ei.‹«

»Und die Philosophie? War sie bedeutsam in Athen?«

»Die ersten Philosophen fingen, wie wir schon gesehen haben, in den Kolonien an. Sie waren Naturphilosophen, sie interessierten sich für die Entstehung der Welt. Jetzt war die Stunde gekommen, dass sich der menschliche Geist philosophisch mit dem Ganzen befasste: mit der Natur, dem Menschen, der Gesellschaft, der Liebe, dem Tod. Und welches war der hauptsächliche Ort, wo sich die Philosophie in der klassischen Zeit entwickelte?«

»Ich sag mal – Athen.«

»Du sagst mal … Ja, in Athen entwickelte sich auch die neue Philosophie. Es wäre gut, wenn du dir drei große Philosophen merken würdest.«

»Wieder ein Trio?«

»Sokrates, Platon und Aristoteles. Jeder der Lehrer des Nächsten.«

»Ich bin froh, wenn ich Aischylos, Sophokles und Euripides im Kopf behalte. Und jetzt willst du, dass ich mir merke, in welcher Reihenfolge die drei Philosophen kommen?«

»Um sie in die richtige Reihenfolge zu bringen, denk einfach an SPA, die Anfangsbuchstaben ihrer Namen. Und was ist die Philosophie anderes? Ein Spa für die Seele.

Sokrates ist der größte athenische Philosoph. Und wegen seines Einflusses auf Platon und dessen Einfluss auf Aristoteles und von diesen beiden auf die nachkommenden Philosophen können wir sagen, Sokrates sei der Vater von allen gewesen.«

»So wichtige philosophische Dinge hat Sokrates geschrieben?«

»Er hat nichts geschrieben. Er hat nur gesprochen.«

»Und wie können wir wissen, was er gesagt hat?«

»Seine Schüler haben über ihn geschrieben, vor allem Platon und Xenophon. Es ist aber sehr wahrscheinlich, dass der Erste, der daran dachte, aufzuschreiben, was Sokrates sagte, kein Schüler war, sondern ein Schuhmacher namens Simon.«

»Schuhmacher? Ein normaler Schuster?«

»Das war so: Sokrates redete am liebsten mit frischen, jungen Köpfen. Die Jugend zweifelt immer und hört mit klarem Verstand zu, ohne gedanklich schon allzu festgefahren zu sein. Die Jungen, die noch nicht in der Armee gedient hatten, durften die Grenzen der antiken Agora nicht überschreiten.«

»Aha. Der Spruch ›Die Armee macht dich zum Mann‹ galt schon damals!«

»Die jungen Leute trafen sich also in den Läden am Rand der Agora und hingen dort herum. Der Schusterladen von Simon lag außerhalb der Agora. Obwohl er barfuß war, kam Sokrates immer gern dorthin – aber er hat natürlich nichts gekauft –, und die jungen Burschen trafen sich haufenweise, um mit ihm zu diskutieren. Simon scheint der Erste gewesen zu sein, der sich gesagt hat: ›Mensch, wie schön er das sagt ... Soll ich es nicht aufschreiben, damit wir uns daran erinnern?‹ Und natürlich erwähnt keiner der Schüler von Sokrates den Namen Simon.«

»Wie das?«

»Vielleicht aus Neid, vielleicht aus Snobismus. Spätere Schriftsteller aber erwähnen ihn. Doch seine Existenz wurde auch angezweifelt, vor allem, was er an Texten verfasst hat. Das ist ein schönes Beispiel, was für Überraschungen die Archäologie bereithält. Während der Ausgrabungen der antiken Agora wurde an ihrem Rand ein Haus entdeckt. Darin waren kleine Kapseln aus Knochen, vielleicht zur Aufbewahrung von Schnüren, kleinen Nägeln für die Schuhsohlen ... und ein Gefäß hatte eine Inschrift. Und die besagte, dass dieses Gefäß jemandem mit dem Namen Simon gehöre. Also war dieses Haus höchstwahrscheinlich die Schusterwerkstatt, in der Sokrates verkehrte.«

»Warum wird ein solches Aufheben um Sokrates gemacht, mein Lieber?«

»Sokrates war viel mehr als ein einfacher Philosoph. Erstens war er – das tut nicht viel zur Sache, aber ich erzähle es, damit du dir ein vollständiges Bild von seiner Persönlichkeit machen kannst – ein starker Krieger. In einer Schlacht, in der er mitkämpfte, unterlagen die Athener. Xenophon, ein Mitkämpfer und Schüler von ihm und späterer Geschichtsschreiber, stürzte vom Pferd und wurde verletzt. Sokrates nahm ihn auf seine Schultern und brachte ihn unversehrt aus der Schlacht. Er war auch höchst schlagfertig! Als ihn einer fragte: ›Soll ich heiraten oder nicht?‹, erwiderte er, welches von beidem er auch tue, er werde es bereuen. Als er einmal Leute zu sich einlud – sein Haus war eher armselig –, flippte seine Frau aus. Sie schämte sich, in einem solchen Stall Gäste zu empfangen. Ganz gelassen sagte der Philosoph: ›Wenn es gute Leute sind, wird unser Haus sie nicht stören, stört sie aber unser Haus, hat es keinen Sinn, dass wir uns um sie kümmern.‹«

»Das würde ich auch sagen.«

»Schließlich störte Sokrates mit seinen Fragen und seiner Klugheit die anständigen Athener, sie machten ihm den Prozess und verurteilten ihn zum Tod. Ein Freund sagte zu ihm: ›Du stirbst zu Unrecht‹, und er erwiderte gelassen: ›Wäre es dir lieber, wenn du zu Recht sterben würdest?‹«

»Aber warum wollte jemand Sokrates anklagen?«

»Aus vielen Gründen, und das ist eine große Diskussion, aber bedenke, es war nicht nur ein Ankläger, es waren drei: Meletos, Lykon, über die wir nur ganz wenig wissen, und Anytos, von dem wir wissen, dass er ein Gerber war und sich gestört fühlte, weil Sokrates ihn drängte, seinen Sohn studieren zu lassen.«

»Und der Sohn wollte nicht?«

»Nein, der Sohn wollte ebenfalls Gerber werden. Sokrates spornte ihn an und wurde lästig. Er hatte die falschen Feinde und manchmal auch die falschen Freunde. Sie legten ihm beispielsweise seine alte Freundschaft zu

Kritias zur Last, einem Abenteurer, den sie zwar verbannt hatten, der aber, als es in Athen eine Diktatur gab, eiligst zurückkam und eine hohe Position in der Tyrannenjunta, dem Rat der Dreißig, einnahm, und alle ermordete, die er nicht mochte.«

»Und Sokrates war mit ihm befreundet?«

»Da schon nicht mehr. Es kam zum Bruch. Sie gingen getrennte Wege. Und Sokrates war nicht wählerisch in seinen Worten gegen die Tyrannen. So erließ Kritias ein Gesetz, das es jungen Leuten unter dreißig nicht erlaubte, mit Sokrates zu reden.«

»Und was hat Sokrates getan?«

»Er lachte und sagte: ›Wenn der Bäcker zu jung ist, darf ich dann mein Brot nicht bei ihm kaufen?‹«

»Aber warum haben sie ihm diese Freundschaft angelastet, wo die beiden doch miteinander stritten?«

»Besser, du verlierst ein Auge, als dass der Name leidet. Wie auch immer, die Gedanken von Sokrates haben seine Schüler, von denen Platon der berühmteste ist, stark beeinflusst.«

»Okay. Dann erzähl mir von Platon.«

»Platon war ein Schüler, der den anderen leidtat – sie nannten ihn Platon, weil er korpulent war, eben *platýs*. Eine Legende erzählt, dass, während der kleine Platon in seiner Wiege schlief, Bienen gekommen seien und sich auf seine Lippen gesetzt hätten, ein Vorzeichen für die Süße, die diese Lippen der Welt schenken sollten.«

»Immer wieder Sagen und Märchen über ihre Kinderjahre. Durften sie nicht einfach in die Windeln machen?«

»Gut, ich schließe nicht aus, dass er auch in die Windeln gemacht hat. Jedenfalls, als er älter wurde und sein Lehrer Sokrates gestorben war, wurde er zu dessen bestem Schüler und machte Sokrates schließlich zu einer herausragenden Figur, denn er spielte in den meisten von Platons Büchern die Hauptrolle. Diese Bücher waren nicht einfach trockene philosophische Abhandlungen, sondern Dialoge. Und auf den Feldern außerhalb von Athen, in einer schönen und vegetationsreichen Gegend, in der Nähe des Heiligtums des Helden Akademos, gründete er die erste offizielle philosophische Schule der Welt, die Akademie.«

»Kannst du mir in einfachen Worten erklären, was Platon in seiner Philosophie gesagt hat?«

»Die Philosophie von Platon ist nicht einfach. Du kannst sie auch nicht in wenigen Worten beschreiben, ohne sie zu zerstückeln. Er hat sie im Laufe seines Lebens entwickelt und immer wieder umgestaltet.«

»Sag mir also, was ich mir von Platon merken muss.«

»Wenn du etwas von ihm im Kopf behalten willst, würde ich das Höhlengleichnis empfehlen. Darin erklärt er, warum es die menschliche Dummheit gibt und warum man sie nur sehr schwer besiegen kann. Und warum die Menschen die Tendenz haben, konservativ zu sein, und sich vor dem Neuen fürchten.«

»Erzähl!«

»Nehmen wir an, wir leben alle in einer Höhle. Wir sind mit Ketten gefesselt und können nur die Wand gegenüber von uns sehen. Über uns, hoch oben in der Ferne, brennt ein Feuer, und verschiedene Gegenstände ziehen vorbei und werfen ihre Schatten an die Wand. Also besteht die ganze Welt, die wir sehen, aus diesen Schatten. Und jetzt erlöst dich einer, der dir die Wahrheit zeigen will, von deinen Ketten und bringt dich langsam an die Oberfläche. Zuerst wird der Aufstieg in die Höhe, der deinen Körper überanstrengt, sehr schmerzhaft sein. Und du kommst mit Müh und Not und grässlichen Schmerzen zum Ausgang. Das Licht blendet dich. Dir wird schwindlig. Die Sonne brennt in deinen Augen.

Und selbst wenn du das alles aushältst, was tust du? All die realen Objekte und Dinge, die du ein Leben lang als schattenhafte Bilder gekannt hast, siehst du nun anders. Es ist wie ein Schock. Du glaubst, du bist verrückt geworden. Denn es ist schwer, die Wahrheit zu ertragen. Doch schließlich akzeptierst du sie und willst auch die anderen wecken, die diesem Lügengebilde unterworfen sind! Du steigst wieder hinunter, um ihnen die Wahrheit zu verkünden. Schon ans Licht gewöhnt, können deine Augen in der Finsternis nicht sehen. Du stolperst und kriechst, während die anderen dich sehen, denn ihre Augen sind an die Dunkelheit gewöhnt. Und sie hören, wie du unverständliche Dinge erzählst und ihr bisheriges Leben infrage stellst. Wer bist du denn, ihre Wahrheiten und ihren Glauben an die Schatten anzuzweifeln, die sie ein Leben lang unterwiesen haben? Du schwankst und weißt nicht, wie dir geschieht! Logisch, dass sie dich ignorieren. Oder dich hassen. – Wenn du mehr wissen willst über Platon, musst du tief in seine Philosophie eintauchen. Von da an wurde die Philosophie kompliziert.«

»Mit Sokrates und Platon?«

»Der Dritte war Aristoteles.«

»War es bei ihm ähnlich wie bei den anderen zwei?«

»Nicht ganz! Aristoteles stammte aus Stageira, einer Kolonie von Andros. Er wurde früh zur Waise, kam aber aus einer reichen Familie und ging zum Studium an die Akademie von Platon. Als dieser starb, gelang es Aristoteles nicht, seine Nachfolge anzutreten, aber er bekam ein Jobangebot von Philippos II., dem König von Makedonien; er sollte eine private Hochschule für den makedonischen Thronfolger aufmachen, einen gewissen Alexander.«

»Hat er angenommen?«

»Hat er, und als Gegenleistung ließ Philippos die

Geburtsstadt von Aristoteles, die er einst zerstört hatte, wiederaufbauen.«

»Sehr gut, und Aristoteles hat eine ›Schule‹ mit nur einem einzigen Schüler aufgemacht?«

»Alexander war der Anlass, aber nicht der einzige Schüler. Auch die anderen reichen Sprösslinge der makedonischen Aristokraten besuchten den Unterricht. Als diese Generation, die mit dem Feldzug von Alexander dem Großen die Welt dominieren sollte, ihr Studium beendet hatte, machte Aristoteles sein Institut im Norden zu und eröffnete ein neues, mit einer breiteren Klientel, im Lykeion in Athen. Aristoteles befasste sich mit allem und jedem. Mit der Philosophie, der Zoologie, der Botanik, den politischen Wissenschaften, der Dichtung, der Musik, dem Theater, er hatte sehr, sehr viele Fragen. Wir könnten sagen, er war der erste Universalgelehrte. Doch die Werke, die er geschrieben hat, sind leider verloren! Der Hauptteil seines Werks, der uns erhalten geblieben ist, besteht im Wesentlichen aus Lektionen, die er für seine Schüler vorbereitet hat.«

»Ich dachte, du wolltest mir von der Archäologie erzählen.«

»Das stimmt, und ich komm auch gleich darauf zurück. Die klassische Zeit brachte nämlich auch viele bedeutende Veränderungen in der Kunst, vor allem in der Bildhauerei. Das archaische, fast ironische Lächeln weicht einem strengen Blick, die Statuen schauen nun alle recht ernst drein. Darum wird diese Art als Strenger Stil bezeichnet. Aber nicht nur das hat sich verändert.«

»Was noch?«

»Ich weiß nicht mehr, ob ich das schon gesagt habe, aber im Allgemeinen war die archaische griechische Kunst recht konservativ. Sie veränderte und entwickelte sich jedoch regelmäßig weiter, etwa alle 25 Jahre.«

»Warum alle 25 Jahre?«

»Der Grund ist sehr einfach. Jede neue Generation behielt bei, was sie an ihren Lehrern mochte, aber sie versuchte gleichzeitig, diese zu überholen, indem sie etwas Besseres schuf. Die Statuen werden von den klischeehaften Formen und Mustern der archaischen Zeit befreit, und in der Bildhauerei wurde der Contrapposto entdeckt.«

»Du wirfst mir schon wieder einen Begriff an den Kopf und tust so, als wäre das die selbstverständlichste Sache der Welt.«

»Kontrapost! Das heißt Gegenpositur. Wenn du dir die archaischen Statuen ansiehst, wirst du bemerken, dass sie ziemlich steif dastehen. Von nun an steht die Statue nicht mehr da, als hätte sie einen Besenstiel verschluckt, starr und unnatürlich. Jetzt legt der Bildhauer das Körpergewicht auf einen Fuß, lockert den anderen, dreht leicht die Schultern, die Hüfte, und die beiden Körperhälften unterscheiden sich voneinander. Die eine steht in einer Gegenpose zur anderen. Wie wenn wir heute in der Schlange vor dem Bankschalter stehen. Ganz natürlich also. Jetzt macht der Künstler mit den Körpern, was er will. Nimm als Beispiel den archaischen Bildhauer Ageladas.«

»*Ageláda* bedeutet doch Kuh, hat er wirklich so geheißen?«

»Ja, das war wirklich sein Name! Ein unglücklicher zwar, aber wie es heißt, war er ein außerordentlicher Bildhauer. Leider ist von ihm nichts erhalten geblieben. Er war ein ›archaischer‹ Künstler, aber all seine Schüler gehören zur Klassik. Die berühmtesten waren Phidias, der die Skulpturen am Parthenon machte; Myron, der den berühmten Diskuswerfer schuf – dort kannst du sehen, wie der Athlet sich in dem Moment dreht, in dem er sich bereit macht, den Diskus zu werfen –, und Polyklet, der den Doryphoros …«

»Einen Satelliten?«*

»Nein, er ist nicht um die Erde gekurvt, erst in unserer heutigen Zeit meint dieses Wort einen Satelliten im Weltraum. Er hat diesen Namen bekommen, weil er einen Speer hielt, denn Doryphoros heißt ja auch Speerträger. Er ist seitdem Hunderte Male kopiert worden und wurde als Regel für die idealen Proportionen des menschlichen Körpers betrachtet. Polyklet hat sogar ein Buch darüber geschrieben! Leider ist es nicht erhalten. Polyklet der Jüngere, der das berühmte Theater in Epidauros gebaut hat, war vielleicht sein Sohn. Viele Architekten haben damals Bücher über ihre Werke verfasst. Zum Beispiel hat ein gewisser Theodoros ein Buch über seinen Bau in Delphi geschrieben, ein mysteriöses, kreisförmiges Gebäude.«

»Und das Buch ist erhalten geblieben?«

»Leider ist es ebenfalls verloren gegangen.«

»Und wir wissen nicht, wofür er dieses runde Gebäude gebaut hat?«

»Nein, das ist immer noch unklar. Ein ebensolches rundes Gebäude gibt es auch in Epidauros. Das hat Polyklet der Jüngere geschaffen, der, wie gesagt, das Theater gebaut hat. Aber auch bei diesem runden Gebäude wissen wir nicht viel in Bezug auf seinen Zweck.«

»Und sie haben weiterhin alles mit diesen klassischen Säulchen gebaut?«

»Wir sagen nicht klassische Säulchen.«

»Ich meine dorisch und ionisch, wie du vorhin gesagt hast.«

* Doryphoros ist der Lanzenträger/Speerträger, heißt aber auf Altgriechisch auch Trabant = Satellit. A. d. Ü.

»Hauptsächlich ja, aber in der klassischen Zeit wurde der dritte große Stil der Antike geschaffen, der korinthische. Nach der Legende soll sich der Bildhauer Kallimachos außerhalb von Korinth herumgetrieben haben, bis er das Grab eines Mädchens sah ...«

»Ist er auf Friedhöfen spazieren gegangen, oder was? Was war das denn für ein Typ?«

»Im Altertum lagen die Friedhöfe außerhalb der Stadt, wegen der Krankheiten; viele starben an Infektionen, aber auch, weil der Tod allgemein als schmutzig und ein böses Vorzeichen galt. Die Welt der Lebenden sollte von der Welt der Toten ferngehalten werden. Weil die Toten aber auch Vorfahren und Verwandte waren und auf gebührende Weise geehrt werden mussten, hat man sie in der Regel neben den Straßen, die zur Stadt führten, begraben. Und darum siehst du auf vielen alten Grabplatten eine Inschrift, die zum Vorbeigehenden spricht. Außerdem haben die Feinde, wenn sie ihre Gegner treffen wollten, oft die Friedhöfe zerstört, oder sie brachten die Toten der Stadt woanders hin – wie es die Athener den Leuten von Delos angetan haben. Aber das kam nur selten vor, denn man hielt es für eine schreckliche Gotteslästerung.«

»Das ist unheimlich. Gehen wir zurück zum Spaziergang von Kallimachos in Korinth.«

»Während er seine Runden dreht, sieht Kallimachos also das Grab eines Mädchens und darauf einen kegelförmigen Korb. In diesem Korb liegen die Spielsachen und die persönlichen Dinge des kleinen Mädchens, die es in seinem Leben nicht lange genießen konnte. Offensichtlich lag der Korb schon jahrelang dort und war der Natur überlassen worden, die das wohl in Vergessenheit geratene Grab überwucherte, und die Blätter eines Akanthus hatten sich um den Strohkorb gewickelt. Dieses Bild soll Kallimachos zum kunstvollsten aller Kapitelle der Antike inspiriert haben, dem korinthischen.«

»Wenn ich es also recht verstehe, hat sich das alte Griechenland nach einem großen Krieg besonders eindrucksvoll entwickelt.«

»Sehr richtig. In den ersten fünfzig Jahren nach den Perserkriegen gab es eine sprunghafte Entwicklung in den Künsten, den Wissenschaften und im Handel. Und was passiert, wenn sich so viele neue Wege im Denken, in der Kunst und in der Zivilisation eröffnen?«

»Was?«

»Ein Bürgerkrieg!«

»Das meinst du jetzt ironisch.«

»Nein, ganz und gar nicht! Der Aufstieg von Athen erschreckte Sparta und dessen Alliierte, und so begann der Peloponnesische Krieg, der 27 Jahre lang dauerte. Er war so groß, dass das restliche Griechenland gezwungen war, sich den einen oder den anderen anzuschließen.«

»Und wer hat diesen Wahnsinnskrieg gewonnen?«

»Sparta.«

»Das großartige Athen mit Perikles als Anführer und einer so starken Flotte und einem derartigen Netz … wie konnte es verlieren?«

»Perikles starb an der großen Seuche, die Athen in den ersten Kriegsjahren befiel. Die Stadt ging wortwörtlich in die Knie. Und obwohl es sich wieder erholte und in gewissen Phasen den Krieg zu gewinnen schien, beugte es sich schließlich, und die Allianz wurde aufgelöst. Die Demokratie fiel, und es kam die Diktatur, bei der dreißig Männer am Ruder saßen. Die Dreißig Tyrannen. Diese Tyrannen exekutierten die Demokraten zuhauf, sie erledigten jeden, der mit ihrer Clique nicht einverstanden war.«

»Puh! Hielt dieser Zustand lange an?«

»Zum Glück nicht! Die Athener ertrugen es nicht, in einer Diktatur zu leben. Nach ein paar Monaten stand das Volk auf, jagte die Tyrannen davon und führte die Demokratie wieder ein. Athen versuchte zaghaft, sich zu erholen und seine Wunden vom Krieg und in der Gesellschaft zu heilen. Ein echter Diamant aus dieser Zeit ist eine Grabplatte, die uns erhalten geblieben ist. Sie steht aufrecht und zeigt einen Reitersoldaten, der einen Feind tötet.«

»Wie der heilige Georg?«

»Ja, richtig. Das Motiv des tötenden Reiters zieht sich bis in die christliche Zeit hinein.«

»Deshalb ist diese Grabplatte von Interesse?«

»Nicht nur. Sie gehört zu einem jungen Burschen, Dexileos, der als berittener Soldat bei einem Geplänkel in Korinth getötet wurde. Er war gerade 28 Jahre alt. Diese Grabplatte ist die einzige uns vom antiken Athen erhaltene, auf der die Jahre der Geburt und des Todes aufgeführt sind.«

»Das war nicht üblich?«

»Nein.«

»Und warum haben sie es bei Dexileos aufgeschrieben?«

»Weil er wenige Jahre nach dem Ende der Herrschaft der Dreißig Tyrannen gestorben ist. Und diese Tyrannen waren natürlich keine Fischer, Bauern und Arbeiter. Sie waren Aristokraten. Sie hatten das Geld für Kriegspferde. Die Familie des jungen Toten wollte folglich zeigen, dass der Knabe erst elf Jahre alt war, als die Junta die Macht an sich riss. Er war also nicht mitverantwortlich für den Schaden, den die Aristokraten anrichteten.«

»Und was ist nach dem Ende des großen Bürgerkriegs passiert?«

»Nach dem Peloponnesischen Krieg endete das berühmte, ruhmvolle und stolze 5. Jahrhundert – Athen leckte sich die Wunden, und die griechische Welt war erschöpft von den ständigen Konflikten. Sparta glaubte, es habe seine Stellung als Führerin aller griechischen Städte wiedergewonnen. Aber auch ihm hat der Hochmut das Hirn aufgebläht. Und nun war eine andere Stadt an der Reihe, für eine Überraschung zu sorgen. Einige Jahre später hatte Theben das Glück, die Heimatstadt nicht nur eines, sondern zweier hochintelligenter Feldherren zu sein: Epaminondas und Pelopidas. So entwickelte das bis dahin provinzielle Theben seine Armee und wurde zur stärksten Macht in Griechenland. Aber nur für ein paar wenige Jahre.«

»Der Underdog hat es geschafft, sich durchzusetzen?«

»Nicht nur das, er schaffte auch das Unmögliche: Er besiegte Sparta! Zum ersten Mal stand da eine Armee, die Sparta bedrohte, die einzige griechische Stadt, die keine Mauern hatte.«

»Sparta hatte keine Mauern?«

»Warum auch? Es hatte ja die Spartiaten als Krieger! Aber letzten Endes kam das Heer der Thebaner nie in die Stadt hinein. Trotzdem hat Sparta die Kontrolle über die Peloponnes verloren. Messenien und Arkadien, die jahrhundertelang unterworfen gewesen waren, erlangten ihre Unabhängigkeit und bekamen neue Hauptstädte, Messene und Megalopolis. Als Theben sein unschlagbares Zweiergespann Epaminondas und Pelopidas abhandenkam, verlor es jedoch auch seine Vormachtstellung in griechischen Angelegenheiten.«

»Und welche Stadt hatte dann den Vorrang?«

»In diesem Zeitraum versuchte Athen, sich wieder aufzurappeln. Es ging aufs Neue ein Bündnis mit fast der ganzen Ägäis ein, aber diesmal bemühte es sich, seinen Alliierten gegenüber etwas diskreter und weniger unterdrückerisch zu sein, um sie nicht zu verärgern, damit sie ihm nicht wieder den Rücken kehrten. Aber seine alte Macht hat es nie wiedererlangt.«

»Ich schätze, in all diesen Kriegen haben sie aufgehört, großartige Kultur zu machen, oder?«

»O nein. Die Entwicklung und der Fortschritt der Künste hielten an. Auch die Philosophie und die Wissenschaft schritten weiter voran. Obwohl der Peloponnesische Krieg in dieser Zeit so etwas wie ein kleiner Weltkrieg war, lebten diese Menschen auch vorher nicht gerade friedlich miteinander. Es gab immer Geplänkel, Schlachten und Kriege untereinander. Aber währenddessen entwickelten sich Kunst und Wissenschaft dennoch weiter.«

»Das ist alles ja sehr schön. Aber ich muss schon sagen ... Genau das ist das Problem mit euch Archäologen und Historikern. Ihr gebt uns all diese Begriffe und Analysen zur Kunst und Wissenschaft – aber wo bleibt der Mensch?«

»Der Mensch ist inmitten von allem.«

»Aber du erzählst mir vor allem von der Geschichte und von der Kultur! Wie sahen die Menschen aus, die darin lebten?«

»Wenn du lernst, die Details besser zu verstehen, siehst du die Menschen ganz lebendig, ein Leben voller Freude, Glück, Schauder, Schmerz, Bedrohung selbst in den winzigsten Dingen! Nimm zum Beispiel die Gerichtsreden des Pseudo-Demosthenes aus dem Athen der Zeit, von der wir gerade sprechen.«

»Was für Gerichtsreden? Welche Zeit meinst du genau? Und wer ist überhaupt Demosthenes?«

»Ich meine die Zeit nach dem Peloponnesischen Krieg. Diese Reden sind Klagen, welche die Athener Bürger vor das Gericht brachten. Und Demosthenes war ein berühmter Redner und Politiker. Es sind uns einige Reden erhalten geblieben, die angeblich von ihm geschrieben wurden, in Wahrheit aber nicht von ihm stammen. Darum nennen wir ihn Pseudo-Demosthenes.«

»Und warum hat man erst gedacht, sie seien von ihm?«

»Weil sie so gut waren! In diesen Reden wird eine unglaubliche Geschichte enthüllt, die einen Sklaven, eine Hure und einen zivilen Mann umfasst.«

»Die waren sicher keine Freunde! Der Sklave war das Eigentum des Bürgers?«

»Der Sklave war der Vater des Bürgers! Pasion also war ein Fremder, wohl aus Syrien oder von dort in der Nähe, er gehörte zwei Athenern, die in Piräus eine kleine Bank hatten. Er war so gut in seiner Arbeit und half so tatkräftig bei der Entwicklung der Bank mit, dass die Besitzer ihm die Freiheit schenkten. Und nicht nur das. Als sie sich vom Geschäft zurückzogen, übergaben sie ihm auch die Bank. Dieser Pasion hatte eine Frau, Archippe, die genauso zäh und fähig war, und gemeinsam machten sie die Bank zur stärksten von Athen. Sie gründeten auch eine Fabrik zur Herstellung von Schilden, und als die Stadt sich einmal in einer Notlage befand, schenkten sie ihr tausend Schilde und ein ganzes Kriegsschiff! Athen verlieh Pasion für seine Spende ehrenhalber den Titel des Bürgers von Athen und machte auch seine beiden Söhne zu Bürgern der Stadt.«

»Und seine Frau?«

»Die wurde höchstwahrscheinlich nie Bürgerin. Frauen hatten keine politischen Rechte im antiken Athen. Pasion ist mit rund sechzig gestorben, aber er vermachte sein Unternehmen nicht seinem 24-jährigen älteren Sohn Apollodoros, sondern übertrug es lieber einem anderen freigelassenen Sklaven, Phormion. Der nahm die Witwe

Archippe zur Frau und wurde der Vormund des anderen Sohns, der noch nicht erwachsen war. Zu dritt hielten sie das Unternehmen am Laufen.«

»Und Apollodoros war draußen?«

»Ja, und obwohl er finanziell gut gestellt war und eine reiche Athenerin aus der feinen Gesellschaft geheiratet hatte, gab er keine Ruhe und zerrte Phormion vor Gericht. Doch er hat verloren. Lass uns nun nach Korinth schauen, wo zur selben Zeit eine Hure lebte, Neaira.«

»Warum springst du so?«

»Wart's nur ab. Du hast ja Geschichten über Menschen gewollt. Diese Neaira, wahrscheinlich eine Waise, war einer Puffmutter aus Korinth ins Netz gegangen, die in ihrem Bordell noch weitere Mädchen hatte; die präsentierte sie als ihre Töchter, damit sie für sie mehr Geld verlangen konnte. Mit den Jahren nahm diese Dame namens Nikarete Neaira auf Touren außerhalb Korinths mit. Ins reiche Athen natürlich. Dort lernte Nikarete einen gewissen Phrynion kennen, der ihr schöne Augen machte. Als sie aber nach Korinth zurückkam, war Nikarete gerade dabei, sie an zwei Freunde zu verkaufen. Und weil der eine noch im Haus seiner Mutter lebte, kamen sie überein, dass Neaira im Haus des anderen wohnen sollte. Bis die beiden Bürschchen beschlossen, ein geregeltes Leben anzufangen, und ihr anboten, dass sie sich ihre Freiheit erkaufen könne.«

»Konnte sie das? War das nicht teuer?«

»Weil ihre Einkünfte nicht ausreichten, bat sie Phrynion um Hilfe, der sich in Athen nach ihr verzehrte. Natürlich half er ihr und kaufte sie frei. Er holte sie zu sich nach Athen und nahm sie auf seine Ausschweifungen mit. Irgendwann floh Neaira nach Megara. Dort lernte sie einen gewissen Stephanos kennen. Und auch der scheint sich in sie verliebt zu haben.«

»Ich bin gespannt, wo das alles hinführen soll.«

»Sie kehren nach Athen zurück, aber ihr Verflossener, Phrynion, erfährt davon und will sie entführen. Seinem Liebesschwur treu, hindert Stephanos ihn daran. Sie werden vor ein Volkstribunal geführt, und dort passiert etwas Überraschendes! Die Richter entscheiden, dass Neaira niemandem gehöre und ihre eigene Herrin sei. Das war für das antike Athen sehr innovativ.«

»Also Ende gut, alles gut?«

»Absolut nicht! Stephanos war nur ein Süßholzraspler ohne Geld und ein fauler Nichtsnutz. Neaira war gezwungen, wieder als Hure zu arbeiten, damit sie und ihre Kinder etwas zu beißen hatten.«

»Seine oder ihre Kinder?«

»Man wusste nicht, von wem sie waren. Bis Stephanos als Zeuge im Prozess erschien, den Apollodoros, der Sohn jenes früheren Sklaven, der steinreich geworden war, gegen Phormion, der das Werk seines Vaters übernommen hatte, angestrengt hatte. Und weil Stephanos auf der Seite von Phormion war und Phormion den Prozess gewann, stieß das Apollodoros sehr sauer auf. Sie waren auch in verfeindeten politischen Parteien ... und Apollodoros wollte sich an Stephanos rächen.«

»Dieser Apollodoros war wohl scharf auf Stress und Streit?«

»Das weiß ich nicht, aber es macht einen schon nachdenklich, dass sein Vater ihm das Unternehmen nicht hinterlassen hat und seine Mutter und sein Bruder nicht auf seiner Seite standen.«

»Und hat er sich an ihm gerächt?«

»Er hat sich gerächt, oder es zumindest indirekt versucht, indem er ihn über Neairas Leumund drankriegen wollte. Es gab einen langen Prozess, an dem sich Apollodoros auf Neaira stürzte und vor Gericht ihr ganzes

Leben und ihre Lebensführung ausbreitete, alle ihre Schändlichkeiten in den Jahren, in denen sie als Hure gearbeitet hatte. Mittlerweile um die fünfzig, war Neaira wohl beim Prozess anwesend, aber als Frau hatte sie kein Recht zu reden. Sie saß einfach da, lief Gefahr, alles zu verlieren und wieder als Sklavin verkauft zu werden.«

»Hat man sie schließlich freigesprochen oder nicht?«

»Das wissen wir nicht. Wenn sie schuldig gesprochen wurde, dann hat sie wahrscheinlich alles verloren und wurde als Sklavin verkauft.«

»Wir wissen es nicht – was meinst du damit?«

»So ist das Altertum! Uns fehlen viele Puzzleteile. Darum regt es die Fantasie an – und das Denken.«

»Erschütternd, diese Geschichte vom Sklaven, der Hure und diesem elenden Sohn.«

»Es ist allerdings sehr wahrscheinlich, das Apollodoros den Prozess verloren hat. Er hatte vorher schon andere verloren. Wir können nur hoffen, dass Neaira für unschuldig erklärt wurde. Wie du siehst, haben sich innerhalb der großen historischen Vorkommnisse auch Geschichten von einfachen Leuten abgespielt.«

»Schön. Athen war müde. Sparta war müde. Theben war ein One-Hit-Wonder. Wer hat nun in der griechischen Welt das Ruder übernommen?«

»In der Mitte des 4. Jahrhunderts vor Christus kam die Stunde für eine andere Macht: Makedonien.«

»Makedonien war ein Stadtstaat wie die anderen?«

»Die Griechen im Norden hatten keine Stadtstaaten, sondern Königreiche: Epiros, Thessalien und Makedonien. Makedonien war ein kleines Königreich, das von allen eins auf den Kopf bekam. Von Athen und Sparta während des Peloponnesischen Kriegs, es hatte nämlich Hölzer und andere Rohstoffe, die unter anderem nützlich für die Marine waren, und von den Thrakern, den

Illyrern, von allen Nachbarvölkern auf dem Balkan und sogar von den Thebanern.«

»Bis zur klassischen Zeit war Makedonien demnach ein Nichts?«

»Nein, sicher nicht! In gewissen Zeiten hatte es fähige Könige, die das Königreich stärkten. Der bedeutendste war Archelaos, der auch die Hauptstadt von Aigai nach Pella verlegte. Aber nach Archelaos kam eine sehr schwierige Zeit. Die Nachbarn trieben ihre Spielchen über eine lange Zeit. Bis Philippos II. an die Macht kam. Er übernahm ein Königreich, das wortwörtlich eine Ruine war. Innerhalb von wenigen Jahren brachte er es fertig, sein halb totes Königreich nicht nur wieder zum Leben zu erwecken, sondern es so stark zu machen, dass es alle anderen beherrschte. Aber wie immer, wenn eine Macht im griechischen Raum aufstieg, verbündeten sich die anderen gegen sie. 338 vor Christus prallte die letzte Allianz gegen Philippos mit diesem in Chaironeia in Böotien zusammen. Und dank dem Vorgehen des jungen Sohns von Philippos und Prinzen von Makedonien, der natürlich Alexander hieß und die Reiterei in der Schlacht kommandierte, siegten die Makedonier, sie errangen einen überwältigenden Sieg. Mit Alexander überschritt Griechenland seine Grenzen. Die klassische Zeit war an ihrem Ende angekommen. Was folgte, war die hellenistische Zeit.«

»Okay, ich sehe mal, was mir von all diesen Namen, die du aufgezählt hast, im Kopf geblieben ist. Die klassische Zeit begann mit dem Sieg der Griechen in den Perserkriegen und endete mit der Vorherrschaft Makedoniens im griechischen Raum.«

»Richtig! Und was ist in dieser Klassik geschehen?«

»Die Entwicklung von Kultur und Künsten, und natürlich der ungeheure Peloponnesische Krieg.«

»Genau! Und jetzt siehst du, wie die Geschichte der Kultur und die des Krieges zueinander in Beziehung stehen. Erinnerst du dich, dass wir die drei Tragödiendichter erwähnt haben? Aischylos, Sophokles und Euripides? Nun, dank einer Laune des Schicksals verbinden diese drei herausragenden Künstler alles, was wir gerade erwähnt haben, die gesamte klassische Zeit. Zuerst verkörpern sie die höchste Kunst der Epoche. Theater, Sprache, Philosophie, Reflexion. Daneben ist Aischylos mit den Persern am Anfang der Epoche verbunden, Sophokles mit ihrer Mitte und dem Peloponnesischen Krieg und Euripides mit ihrem Ende und der neuen Macht, die aufstieg, dem Königreich Makedonien.«

»Wie sind sie damit verbunden?«

»Aischylos ist weit weg in Unteritalien, in der alten Kolonie Gela, bei einem Unglücksfall gestorben. Es heißt, ein Adler habe eine Schildkröte auf seinen kahlen Schädel geworfen, denn der Vogel habe ihn für einen Felsen gehalten. Das Einzige, was er auf sein Grabmal geschrieben haben wollte, war, dass er in der Schlacht von Marathon gekämpft und – wie seine Brüder – den Heimatboden gegen die persische Invasion verteidigt habe. Die Invasion, die das Zeichen für den Beginn der Klassik Griechenlands war. Er hatte bereits eine Tragödie darüber geschrieben, *Die Perser.* Diese Tragödie war der erste Sieg von Aischylos, und sein Sponsor war der damals junge Perikles, der später als Politiker Athen anführen sollte. Sophokles ist während des Peloponnesischen Kriegs gestorben, entweder hat er – gemäß der Legende – Trauben gegessen und ist daran erstickt, oder er hat sich bemüht, einen langen Vers aus seinem Stück *Antigone* zu rezitieren, ohne zwischendurch Luft zu holen. Als er starb, belagerte das spartanische Heer Athen. Die Friedhöfe lagen außerhalb der Stadt, und die Athener waren in ihren Mauern eingeschlossen, da die Spartiaten die Stadt während des ganzen Peloponnesischen Kriegs belagerten. Diese waren einverstanden, die Feindseligkeiten einzustellen, und erlaubten das Begräbnis des berühmten Dichters.«

»Es hat also zumindest einen Augenblick gegeben, wo es der Kultur gelungen ist, den Krieg zu unterbrechen, wenn auch nur für einen Tag?«

»So ist es. Euripides schließlich, der nach der Sage genau an dem Tag zur Welt gekommen war, als die Seeschlacht von Salamis stattfand, hat die menschlichsten antiken Dramen geschrieben. Aber er hat Athen verlassen, weil er sich durch seine Mitbürger belästigt fühlte – als Künstler war er wohl auch ein wenig menschenscheu –, und ging nach Pella, wo er am Hof des Königs Archelaos von Makedonien seine letzten Lebensjahre verbrachte. Archelaos war ein großer Freund der Künste und hat die ganze künstlerische Crème de la Crème seiner Zeit um sich versammelt. Um ihm die Ehre zu erweisen, hat Euripides die Tragödie *Archelaos* geschrieben, und dort, in der üppigen Vegetation von Makedonien, wurde er auch zu seinem Werk *Die Bakchen* inspiriert. Schließlich haben ihn auf einem Spaziergang aufs Land Hunde zerfleischt, und er ›ist für immer in Makedonien geblieben‹, in einem Makedonien, das ihn in seine Arme geschlossen hatte, einem Makedonien, das, als Alexander der Große das Ruder übernommen hatte, die griechische Kultur über Griechenland hinaus in die ganze Welt trug; und so fand die klassische Zeit der Antike ihr Ende, und es brach eine neue Epoche an, die hellenistische.«

»Ich muss dich noch einmal mit einer Frage unterbrechen! Wenn ihr jemals das Grab von Alexander dem Großen finden solltet, wird das dann als der bedeutendste Fund aller Zeiten betrachtet werden?«

»Das musste ja kommen! Ich sage dir kurz, was ein bedeutender Fund für einen Archäologen ist.«

FAQ: Was ist der bedeutendste Fund bei einer Ausgrabung?

»Bevor du dir ein konkretes Objekt vorstellst, muss ich dich bremsen. Der wichtigste Fund, den wir bei einer Ausgrabung machen und der uns die wesentlichsten Informationen gibt, auf denen alles andere basiert, ist die Stratigrafie.«

»Was ist das?«

»Eine archäologische Stätte ist – wie wir schon gelernt haben – im Lauf der Jahrhunderte von verschiedenen Erdschichten angefüllt worden. Die Erforschung dieser Schichten ist außerordentlich wichtig für das zeitliche und bodenmäßige Verständnis der Stätte. Wie viele Jahre war sie bewohnt? Wie viele Jahrhunderte lang? In welchen Epochen? War sie in vorgeschichtlichen Zeiten bewohnt, ist sie verlassen und in der klassischen Zeit wieder besiedelt worden? Oder erst in der Römerzeit? Was enthält jede einzelne Schicht? Wann ist diese Mauer errichtet worden? Wann ist sie zusammengefallen? Wann ist jenes Loch entstanden? Was war darin? Wann ist es zugedeckt worden? Auf diese Fragen antwortet die Stratigrafie mit Beweisen. Und du kannst alle Funde zeitlich einordnen. Du brauchst keine Zweifel an der Datierung eines Gefäßes oder einer Statue zu haben. Das Indiz der Erde und der Schichten ist Beweis genug.«

»So einfach ist das?«

»Die Stratigrafie ist keine einfache Sache. Aber ihre Logik ist sehr einfach. Stell dir drei Bücher auf einem Tisch vor. Das Buch zuunterst ist als erstes auf den Tisch gelegt worden. Also ist es das ›älteste‹. Das Buch zuoberst ist das ›jüngste‹. Das Buch in der Mitte ist jünger als das Buch zuunterst, aber älter als dasjenige, das auf ihm liegt. Stell dir das Ganze jetzt als drei Erdschichten vor. Aber es ist in der Praxis natürlich nie so einfach, denn wir sprechen nicht nur von drei Schichten, sondern von Dutzenden, ja Hunderten, die in der archäologischen Stätte nicht immer einheitlich verteilt sind. Sehr oft kann man sie nicht leicht voneinander unterscheiden. Und natürlich wird einer im Lauf der Jahre graben, zum Beispiel für einen Brunnen oder eine neue Abfallgrube. Daraus wird er ältere Erdschichten heraufholen, aber wenn diese gefüllt ist, wird sie neueres Material enthalten.«

»Und wie unterscheidet ihr das?«

»Indem wir diese Schichten sehr sorgfältig erforschen. Der geübte Archäologe ist in der Lage, die verschiedenen Schichten zu unterscheiden. Natürlich können in der ganzen archäologischen Stätte auch Störungen vorkommen. An einer Stelle gibt es einen Brunnen, etwas weiter drüben gibt es Löcher, wo sie die Pfähle hineingeschlagen haben, um eine Hütte zu bauen, ein Zelt aufzustellen, irgendeine Konstruktion und so weiter.«

»Besteht da nicht die Gefahr, dass euch etwas entgeht, dass ihr eine Schicht verwechselt, sie nicht eingrenzen könnt …«

»Diese Gefahr ist groß, ja. Darum muss man bei einer Ausgrabung so sorgfältig vorgehen wie bei einem chirurgischen Eingriff. Das Ziel besteht nicht einfach darin, das, was in der Erde ist, ans Licht zu holen. Aus diesem Grund zerstören illegale Ausgrabungen viel mehr, als du denkst, und es gehen Informationen verloren, die uns eine Menge über das Altertum sagen könnten. Wenn die Schichten sicher und unberührt sind, dann können wir sie datieren.«

»Gib mir ein Beispiel.«

»Hier ist ein vereinfachtes Beispiel: Du gräbst und hast fünf Schichten bei der Grabung. In der ersten Schicht ganz oben findest du Keramiken aus der byzantinischen Zeit, in der zweiten findest du eine römische Inschrift, in der dritten Schicht findest du Keramiken aus der hellenistischen Zeit, in der vierten schwarzfigurige Gefäße aus der Klassik und in der fünften mykenische Gefäße. Du hast also eine archäologische Stätte, die von der mykenischen bis zur byzantinischen Zeit reicht. Wenn du jetzt einen Schlüssel oder einen Helm findest, analog zur Schicht, die du findest, weißt du, in welche Epoche der Fund gehört.«

»Ich habe geglaubt, die Archäologen graben, *damit* sie auf die Funde stoßen.«

»Ja, aber nicht nur. Bei einer Ausgrabung wird nicht obligatorisch nach dem beeindruckenden Fundstück oder der schönen Skulptur gesucht. Natürlich sind die Freude und die Überraschung riesig, wenn ein solcher Fund auftaucht. Aber das ist nicht das Ziel. Wir jagen keinen Kunstwerken nach. Wir suchen nach vielem mehr. Vor allem nach Antworten. Wir suchen nach Antworten auf Fragen.«

»Du meinst, wenn du nichts findest, spielt das keine Rolle?«

»Wenn du im Zentrum einer großen alten Stadt nichts findest, ist auch das eine Information. Zentrum, Ladenviertel? Haben sie etwa nie gebaut? Warum wollten sie einen derart großen öffentlichen Raum unbebaut lassen? Gab es vielleicht Konstruktionen, die die Zeit nicht überlebt haben? Provisorische Holzbänke, die aufgestellt und abmontiert wurden? Wo ist Diotima wohl hingegangen, um ihre Früchte und ihr Gemüse einzukaufen? Haben sich irgendwo alle versammelt, um zu tanzen wie an einer Kirchweih? Die Abwesenheit von Fundstücken ist nicht die Abwesenheit von Fragen, Antworten und Folgerungen. Also, wenn wir das Grab von Alexander dem Großen fänden, wäre das sehr interessant, aber das ist keineswegs die einzige Sache, mit der wir uns als Wissenschaftler beschäftigen.«

»Jetzt erzähl mir von Alexander dem Großen, komm schon!«

IO

Alexander der Große

»Alexander III. Der Große Alexander. Alekos der Große. Offensichtlich sind die Gründe, warum in der Geschichte einige als großartig bezeichnet werden, subjektiv und fraglich. Nicht bei Alex. Alex hat diesen Namen wirklich verdient, würde ich sagen.«

»Warum nennst du ihn Alex? Ist das nicht ein wenig ... beleidigend?«

»Warum soll ein Kosename beleidigend sein? Wie du siehst, bin ich ein riesiger Fan von Alex. Er hat den Lauf der Weltgeschichte wie nur ganz wenige andere verändert. Ich glaube auch nicht, dass es irgendeinen Nutzen hat, wenn wir unsere Geschichte auf den Sockel heben. Es geht in der Geschichte nicht um Ruhm und Ehre. Das führt oft auf falsche Pfade. Ich ziehe es vor, dass wir die Vergangenheit kennen und mit ihr vertraut sind.«

»Ja, okay, das hast du schon mal gesagt, und trotzdem hebst du ›Alex‹, wie du ihn nennst, auf den Sockel. Warum bewunderst du Alexander den Großen? War er letzten Endes nicht ein ... Schlächter?«

»Ich hebe ihn auf gar keinen Sockel. Sein Leben beeindruckt mich so, wie es war. Und warum soll der Große Alex ein Schlächter gewesen sein? Im Vergleich mit welchen anderen Anführern des Altertums oder auch späteren? Entweder du bezeichnest alle als Schlächter, oder du akzeptierst, dass die ganze Geschichte so oder so blutig ist.«

»Aber hat Alexander der Große in seinen Kriegen nicht viel mehr abgeschlachtet als die anderen?«

»Ich sage dir, Alexander war um einiges weniger zerstörerisch als sehr viele andere Kriegsherren. Er hat viel weniger Schlachten geführt, hat sich den Besiegten gegenüber immer mit größerer Milde verhalten als jeder andere Feldherr und hat versucht, wann immer möglich, jeden kriegerischen Konflikt zu vermeiden. Er war kein Heiliger, aber auch kein Dämon. Er war ein äußerst fähiger, sehr kluger junger Mann, der selbstverständlich an einem gewissen Punkt übergeschnappt ist.«

»Ich weiß, dass er einen Eroberungskrieg geführt hat.«

»Er hat einen Krieg gegen das Perserreich geführt, das stimmt. Er hat das getan, wovon viele geträumt haben und was sich seit Jahrhunderten angekündigt hatte. Die griechische Welt und das Perserreich waren seit den Perserkriegen in ein seltsames Tauziehen verstrickt. Von da an hat Persien, obwohl besiegt, keine Ruhe gegeben und sich in die griechischen Angelegenheiten eingemischt. Wer wohl hat Sparta Gold gegeben, damit es seine Flotte bauen und Athen im Peloponnesischen Krieg besiegen konnte? Persien! 150 Jahre nach den Perserkriegen herrschte noch immer ein ›Kalter Krieg‹ zwischen den Griechen und den Persern. Für Alexander war der Moment gekommen, als die griechische Welt beschloss, den Kampf in Persien selbst auszutragen.

Aber beginnen wir am Anfang. Alexander musste ziemlich plötzlich den Thron von Makedonien besteigen.

Er war zwar der gesetzliche Nachfolger seines Vaters, aber zu der Zeit steckte er noch mitten in der Pubertät und war mit seinem Vater verkracht. Philippos II. hatte wieder geheiratet, und als König schien er noch viele Jahre voller Lebenskraft vor sich zu haben. Er hatte Pläne, den uralten Feind der griechischen Welt, das Perserreich, anzugreifen. Er hat die Griechen in Korinth versammelt und den Korinthischen Bund ins Leben gerufen, gemäß dem die griechischen Städte ihre Feindseligkeiten untereinander begruben und sich gegen die Perser zusammenschlossen. Philippos ist es als Erstem gelungen, die griechischen Städte tatsächlich zu vereinen.«

»Alle?«

»Nicht ganz. Ein kleines Dorf in der Mitte von Lakonien, das Sparta hieß, weigerte sich, sich zu unterwerfen. Als Philippos alle besiegt hatte und nur Sparta blieb, schickte er ihm eine Nachricht: ›Wenn ich Sparta erobere, werde ich kein Erbarmen zeigen!‹ Die Spartiaten antworteten kurz und bündig mit einem ›Wenn‹.«

»Hat er ihre Arroganz ernst genommen?«

»Nein. Aber man legte sich auch nicht einfach so mit den Spartiaten an. Philippos respektierte Sparta und ignorierte es, er versammelte alle in Korinth, und sie schlossen ein Bündnis. Später veranstaltete er ein großes Fest in der alten Hauptstadt seines Königreichs, in Aigai, zur Hochzeit seiner Tochter, und auf der Liste der Eingeladenen standen unzählige Namen von VIPs aus der ganzen griechischen Welt. Im Theater von Aigai, vor den Augen ganz Griechenlands, ließ Philippos, völlig in Weiß gekleidet, die Statuen der zwölf olympischen Göttinnen und Götter vorbeiziehen, und die dreizehnte stellte ihn selbst dar.«

»Er hat Gott gespielt?«

»Ja, und das war eine ungeheure Hybris. Er hat umgehend dafür bezahlt. Ein Verschwörer stürmte aus der Menschenmenge hervor und stach ihn nieder.«

»Weiß man, warum er ihn erstochen hat?«

»Den Grund für den Mord kennen wir nicht, auch nicht, wer den Täter bezahlt hat. Aber der mächtige König war tot. Und der zwanzigjährige Alexander war plötzlich der Erbe der zu dieser Zeit größten Macht Griechenlands.

Alle dachten: ›Jetzt ist es aus mit Makedonien.‹ Aber Alexandros war anderer Ansicht. Im Korinthischen Bund fing es an zu knirschen. Als erste Stadt stieg Theben aus, weil sie dort das falsche Gerücht glaubten, der junge Makedonier sei in einer Schlacht gegen die Thraker gefallen. Athen ermutigte Theben und flüsterte: ›Mach schon, erhebe dich.‹ In Rekordzeit erreichte Alexander Theben und eroberte es. Man sagt, er habe die Stadt dem Erdboden gleichgemacht, um Vergeltung zu üben. In Wahrheit hat er die Entscheidung aber der Gemeinschaft der Böotier überlassen, das heißt, den Städten, die an Theben angrenzten. Diese Gemeinschaft der Böotier, die von den Thebanern unterdrückt wurden, beschloss, dass Theben zerstört werden sollte. Alexander befahl, dass das Wohnhaus von Pindar, dem großen Dichter, nicht niedergerissen werden durfte. Und Athen, das Theben angestachelt hatte, sich zu erheben, verzieh er.«

»Warum das?«

»Weil er an der Seite von Aristoteles studiert hatte und wusste, dass Athen die Stadt war, in der die größten Geister der antiken Welt wirkten und schöpferisch tätig waren. Dann zog Alexander nach Asien und setzte die Pläne seines Vaters um: das Perserreich zu besiegen.«

»Dieser Konflikt war nach den Perserkriegen noch nicht gelöst?«

»Selbstverständlich nicht. Die Perserkriege waren mit

dem Sieg der Griechen zwar zu Ende gegangen, aber wie gesagt, Persien hatte immer ein Auge darauf, sich in die griechischen Angelegenheiten einzumischen und diese zu untergraben. Die erste Schlacht fand am Fluss Granikos statt. Das Heer von Alexander war weit unterlegen. Aber dank seiner strategischen Fähigkeiten besiegte er den Feind und rückte weiter vor. Er befreite die griechischen Städte an den Küsten Kleinasiens.«

»Er hat sie also erobert?«

»Ja, aber er erlaubte ihnen, ihre Regierungsform frei zu wählen. Die meisten waren alte Demokratien und haben diese wieder eingeführt.«

»Aber war Makedonien nicht ein Königreich? Was brachte es ihm, Demokratien zuzulassen? Musste er als König die Städte nicht unter seine Macht bringen?«

»Nun, das ist ein weiteres Beispiel für seine Andersartigkeit: Nach einem Halt in der phrygischen Stadt Gordion in der heutigen Türkei, wo er den bekannten Knoten durchschlug, zog er weiter nach Syrien. Dort fand bei Issos die nächste Schlacht statt. Diesmal erschien Persien mit einem noch viel größeren Heer. Der Sieg war für Alexander nicht leicht, aber er schaffte es, den persischen König Dareios III. in die Flucht zu schlagen; wobei dieser seinen ganzen tragbaren Palast mit Mutter, Ehefrau und allem Hab und Gut zurückließ.

In Ägypten empfing man Alexander als Befreier, denn bei seinem Kommen flohen die Perser, die die Ägypter gar nicht schätzten. Die Ägypter versprachen ihm, ihn als Gott zu verehren, was Alexander natürlich gefiel. Die Griechen verehrten die ägyptische Zivilisation, da sie viel älter und bedeutend war. Immerhin war die Große Pyramide für Alexander viel älter als er für uns! Im Nildelta gründete er viele Städte, und Alexandria sollte die berühmteste werden. Dann führte er sein Heer nach

Asien und näherte sich dem Herzen Persiens. Dareios schickte ihm eine Nachricht und bot ihm einen Deal an: ›Willst du, dass wir das Reich in der Hälfte teilen? Behalte, was du dir bis jetzt genommen hast, und lass mir die andere Hälfte.‹«

»Kein schlechtes Angebot.«

»Dieser Ansicht war auch einer der größten Heerführer von Alexander, der alte Parmenion, der zu ihm gesagt haben soll: ›Wenn ich Alexandros wäre, würde ich den Vorschlag annehmen.‹ Darauf erwiderte Alex: ›Auch ich würde ihn annehmen, wenn ich Parmenion wäre.‹ Alexander aber rückt vor und erobert eine nach der anderen alle Hauptstädte des Reichs. Schließlich zieht er als Triumphator in Babylon ein, schlägt die persische Armee endgültig in die Flucht und wird zum Herrscher des Persischen Reichs.«

»Das war alles? Drei Schlachten?«

»Um das Reich zu erobern, ja. Doch er kommt nicht zur Ruhe. Er muss Dareios finden, den Aufständische gegen Lösegeld entführt haben. Er zieht bis in die äußersten Provinzen des Persischen Reichs, wo er in Pakistan auf einen regionalen König trifft, Poros. Der hat eine riesige Armee und Kriegselefanten. In der Schlacht am Hydaspes besiegt Alexander auch diesen. Aber die Tapferkeit von Poros überrascht ihn, und sie werden Freunde. Er lässt Poros Herrscher bleiben und zieht weiter.

Dort ungefähr fing es an, mit Alexander bergab zu gehen. Aber er war ein junger Mann, schön, erfolgreich, CEO und CFO im Familienunternehmen, das die ganze Welt erobert hat. Wie sollte er da nicht verrückt werden? Er begann, überall Feinde und Verschwörungen zu sehen. Aus Angst tötete er Mitarbeiter und Freunde. Bis er in Babylon plötzlich krank wurde.«

»Was hatte er?«

»Wir wissen es nicht. Das ist ein großes Thema. Man diskutiert schon ewig darüber.«

»Ich erinnere mich, dass nach seinem Tod sein Reich zusammengebrochen ist … Hat er keinen Nachfolger hinterlassen?«

»In den letzten Stunden vor seinem Tod wurde er gefragt, wen er zum Nachfolger bestimme. Und er stammelte: ›den Besten‹.«

»In Griechenland glauben alle, sie seien die Besten.«

»Und so haben seine Heerführer angefangen, einander die Haare auszureißen und sich gegenseitig umzubringen, bis es einige Jahrzehnte später zu einer endgültigen Aufteilung des grenzenlosen Reichs in kleinere Königreiche kam.«

»Hat Alexander letzten Endes seinen Ruf verdient?«

»Der Große Alexander ist die Figur im Altertum, die im Vergleich zu allen anderen das größte Interesse auf sich gezogen hat. Seine Einzigartigkeit besteht darin, dass das auf zwei Seiten geschah. Bei denen, die seine Größe überbetonen und sich alle Mühe geben, ihn zu idealisieren, und bei den anderen, die ihn verurteilen als Symbol des Bösen, als Imperialisten oder als ›den Einzigen, der einen Expansionskrieg geführt hat‹ im antiken Griechenland. Aber denk mal nach … Glaubst du, nach seinem Tod hätten die anderen ihre Meinungsverschiedenheiten mit Debatten gelöst? Als wären alle Politiker oder Feldherren der griechischen – und der weltweiten – Geschichte Blumenkinder gewesen. Haben sie sich mit Briefen und Unterschriftensammlungen an ihren Feinden gerächt und diese besiegt? Es hat keinen Sinn, Alexander mit Mahatma Gandhi zu vergleichen.«

»Aber wir haben in unserer Geschichte keinen anderen Eroberer.«

»Aber Athen hat seine Verbündeten, zum Beispiel

Milos, auch gequält, hat seine Männer getötet, die Mädchen versklavt und verkauft, ganze Städte zerstört. Alexander der Große muss als Herrscher in einer Welt der Herrscher gesehen werden, und auch dann ragt er über alle hinaus. Entweder du verurteilst die Weltgeschichte – und die griechische Geschichte – in ihrer Gesamtheit als absolut gewalttätig und blutig, oder du akzeptierst auch Alexander den Großen als einen konkreten Moment in ihr, der äußerst drastisch gewesen ist. Nur das eine oder nur das andere geht nicht.«

»Noch eine Frage. Hat er die Barbaren zivilisiert?«

»Er hat überhaupt niemanden ›zivilisiert‹! Er ist zu Völkern gegangen, die eine jahrtausendealte Zivilisation hatten, lange bevor das alte Griechenland sich entwickelte. Zu Zivilisationen, die die griechische inspirierten, als diese noch in den Windeln lag. Unvermeidlich wurde dabei aber durch seinen Feldzug, den auch ein Konvoi von Wissenschaftlern begleitete, auch die gute Seite der griechischen Kultur verbreitet, der Sport, die Würde des Einzelnen, die Philosophie, die Literatur, das Theater, die Wissenschaften. Infolgedessen hat er Kulturen verbunden. Er hat die griechische mit anderen vereint, und das Ergebnis war erschütternd. Denn so ist es mit Zivilisationen, sie wollen, dass sich ihre Bastarde weiterentwickeln. Überdies hatte Alexander, trotz seines Größenwahns, die Weitsicht zu merken, dass es für die Koexistenz der Völker nötig ist, dass wir alle als gleich betrachten. Darum hat er Tausende von Griechen mit Frauen aus anderen Völkern verheiratet. Und darum war er auch mit seinem Lehrer Aristoteles zerstritten. Der Philosoph fand nicht, dass die ›Barbaren‹ den Griechen gleichwertig waren.«

»Alexandros war mit Aristoteles zerstritten?«

»Aber nicht nur deswegen, er hat auch dessen Neffen,

Kallisthenes, umgebracht, weil er ihn der Verschwörung gegen sich verdächtigte.«

»Das macht mir den Mythos von Alexander dem Großen doch ziemlich kaputt.«

»Aber genau das ist es. Es sind … Mythen, keine Realitäten.«

»Wo wir schon von Mythen sprechen … Eine unwichtige Frage, aber sie plagt mich schon lange. Ist die ganze Mythologie nicht ein Chaos, oder kommt mir das nur so vor?«

FAQ: Warum ist die Mythologie ein derartiges Chaos?

»Die Mythologie ist tatsächlich ein Chaos. Und es ist logisch, dass es so ist. Denn das, was wir Mythologie nennen, sind ihrem Wesen nach Geschichten, die der alten griechischen Religion ein Kleid angelegt haben. Und die Religion, und mit dieser zusammen die Mythologie, basiert nicht auf einem einzigen Text oder auf einem Heiligen oder auf der Inspiration eines Menschen. Im alten Griechenland hat es keine heiligen Texte gegeben.«

»Und wie haben sie gewusst, wen oder was sie verehren sollten?«

»Die Religion und ihre Regeln sind durch mündliche Überlieferung von Generation zu Generation vermittelt und verewigt worden. Wenn es keinen konkreten heiligen Text gibt, der die Religion definiert, kann er auch nicht für die Mythologie existieren.«

»Was sind dann unsere Quellen für die Mythologie?«

»Ganz früh waren es Homer und Hesiod, die ersten großen epischen Dichter im 8. und im 7. Jahrhundert vor

Christus. Dann kamen die verschiedenen anderen Dichter und das Theater mit den drei Großen, also Aischylos, Sophokles und Euripides. Diese haben den Mythos, der ihnen gefallen hat, genommen und ausgeformt, um Emotionen zu wecken. Am Ende des Altertums ist dann der Roman entstanden, der ebenfalls sein eigenes Publikum zufriedenstellen wollte. Wirf jetzt die regionalen Überlieferungen und Abwandlungen und die Fantasie der Menschen in einen Mixer, und wir erhalten ein Konglomerat von Mythen, das hauptsächlich dank der schöpferischen Fantasie von Künstlern geschaffen wurde. Vielleicht sind die Mythen gerade deswegen noch heute so zauberhaft und üben auf alle eine so starke Anziehung aus. Es ist kein konkreter Text ›aus göttlicher Eingebung‹, der den Menschen geschenkt wurde.«

»Und wie ist die Mythologie entstanden?«

»Aus der Kunst der künstlerischsten Köpfe jener Zeit. Sie wurde nicht von weisen Priestern definiert, streng und starr wie ein Stein. Sie war zart und locker wie frischer Teig. Und vergiss nicht, dass die Mythologie für uns eine Sammlung von schönen Geschichten ist. Für die alten Griechen war sie ein Teil ihres Alltags. Alexander der Große hat tatsächlich geglaubt, er stamme von Herakles ab und sei der Sohn von Zeus! Seine Nachfolger haben all das politisch ausgenutzt. Sie wollten ihm ähnlich sein.«

»Erzähl mir doch noch, was sich nach dem Tod von Alexander dem Großen abgespielt hat.«

»Oh, das war schlimm! Hör zu …«

II

Hellenistische Zeit

»Alexandros war tot. Und schon begann der Kampf der Diadochen, also der Nachfolger.«

»Es hat offizielle Nachfolger gegeben?«

»Er hatte einen Sohn von Barsine, Herakles, der schon ein Jüngling war, aber er war nicht das offizielle Kind aus einer offiziellen Ehe.«

»Hatte er kein anerkanntes Kind?«

»Er führte eine offizielle Ehe, und zwar gemäß der Legende mit der schönsten Frau, die er je gesehen hatte, einer Prinzessin aus Baktrien, Roxane. Die war auch schwanger, aber sie hatte bei seinem Tod noch nicht entbunden. Würde es ein Knabe werden, wäre er der Nachfolger. Er hatte auch einen Halbbruder, den sein Vater Philippos mit einer Tänzerin gezeugt hatte, er hieß Arrhidaios. Aber Arrhidaios war geistig zurückgeblieben. Die Feldherren, die darauf warteten, sich das größte Stück des Reichs, wenn nicht das ganze einzuverleiben, beschlossen, so zu tun, als unterstützten sie das ungeborene Kind von Alexander; dieses wurde auch bald geboren, es war tatsächlich ein Knabe, der den Namen

Alexandros IV. bekam. Aber sie unterstützten auch Arrhidaios, den behinderten Bruder von Alexander, der ebenfalls einen Anspruch auf den Thron hatte, und nannten ihn Philippos III. Beide wurden zu Königen gekrönt, und alle schworen, sie zu beschützen. Doch dann begann ein weltumspannendes Gemetzel. Jahrzehntelang mobilisierten die Nachfolger von Alexander Armeen, wechselten Allianzen wie Unterhemden, gerieten sich in die Haare, verheirateten ihre Töchter und Söhne gegenseitig.«

»Und so ist das Reich auseinandergebrochen? In wie viele Teile denn?«

»Die größten waren vier. Zu den wichtigsten Königreichen, die aus dem Schaden entstanden, gehörte das Königreich von Ptolemaios, mit dem Hauptsitz in Ägypten; dieser hat auch die gleichnamige Dynastie gegründet. Ein anderes wichtiges Königreich war das von Seleukos, es umfasste den größten Teil von Asien. Er begründete die Dynastie der Seleukiden und hat mehr als alle anderen versucht, die Vision von Alexander zu bewahren, aber genauso erfolglos. Das Königreich von Thrakien hatte keine beständige Zukunft wie die anderen beiden, aber ein kleines Königreich entstand im Nordwesten von Kleinasien, das Königreich von Pergamon, das indirekt geschaffen wurde. Zuerst war es sehr klein, aber rasch gewann es an Macht und wurde nicht nur militärisch, sondern auch kulturell stark und beachtenswert.«

»Und in Makedonien? Was ist dort mit dem Königreich passiert?«

»Dort kam nach langem Tauziehen Kassandros an die Macht, er hatte die Halbschwester von Alexander geheiratet, Thessalonike. Unter seinem eigenen Namen gründete er Kassandreia, dort, wo heute Potidaia in Chalkidiki ist, und Thessalonikeia nach dem Namen seiner Frau.«

»Verzeihung, aber was passierte mit den ›offiziellen‹ Nachfolgern? Dem Bruder und dem Sohn von Alexander?«

»Philippos Arrhidiaos haben sie als einen der Ersten umgebracht. Olympias, die Mutter von Alexander dem Großen, tötete ihn, damit ihr Enkel, Alexandros IV., der einzige Nachfolger blieb, auch weil die Witwe Alexanders, Roxane, Zuflucht bei ihrer Schwiegermutter in Makedonien gefunden hatte.«

»Hat Olympias so viel Macht gehabt?«

»Diese Olympias war eine sehr Furcht einflößende Persönlichkeit. Doch Kassandros ließ auch sie, ihre Schwiegertochter und ihren Enkel töten. Die Soldaten, die er dafür schickte, sind allerdings abgehauen; sie konnten es nicht tun, so einschüchternd war Olympias. Da lieferte Kassandros sie den Müttern und Frauen von denen aus, die sie selbst getötet hatte. Und die haben sie ermordet und ihren Körper den Hunden zum Fraß vorgeworfen.«

»Und der kleine Sohn von Alexandros, wurde der auch den Hunden zum Fraß vorgeworfen?«

»Das mit allergrößter Wahrscheinlichkeit nicht. Es ist eher wahrscheinlich, dass er für die Augen der Leute mit großen Ehren begraben wurde. Man glaubt, dass eines der Königsgräber im großen Hügelgrab von Vergina dem Sohn von Alexandros gehört. Deshalb nennen wir es auch Prinzengrab.«

»Aber es ist noch ein halb offizieller Nachfolger geblieben, dieser Sohn von Alexander dem Großen, den du erwähnt hast.«

»Der hat tatsächlich noch gelebt. Er war ein Jüngling, und einer der makedonischen Feldherrn, Polyperchon, wollte ihn tatsächlich dabei unterstützen, den leeren Thron zu besteigen. Aber Kassandros überzeugte ihn davon, dass es im Interesse aller sei, die königliche Familie endgültig verschwinden zu lassen. So kam auch Herakles zu Tode.«

»Auch er hat vor den Hunden geendet?«

»Das können wir nicht wissen. Aber 2008, während der Grabungen auf der Agora der alten Stadt Aigai, der ersten Hauptstadt Makedoniens und traditionellen Stätte für die Königsgräber, ist man auf eine heimliche königliche Beerdigung gestoßen.«

»Was denn nun? Königlich oder heimlich?«

»Die Überreste lagen in einer Metallwanne in der Erde, aber es waren alle Anzeichen für eine aristokratische Beisetzung vorhanden, bis zum goldenen Kranz aus Eichenlaub. Diese goldenen Kränze waren in der Regel Grabbeigaben für die Aristokraten der Makedonier, aber die Kränze aus Eichenlaub werden eher mit der Königsfamilie verbunden oder mit einer ganz hohen Stellung. Im Jahr darauf, 2009, wurde daneben ein ähnliches Grab gefunden. Die Gebeine darin waren aber so zerstört, dass man weder Alter noch Geschlecht herauslesen konnte. Die Knochen im ersten Grab hingegen werden einem jungen Mann zugeschrieben. Möglicherweise wurden der junge Herakles und seine Mutter Barsine zwar ermordet, aber vielleicht haben ein paar übrig gebliebene makedonische Royalisten, die das Geschlecht von Alexandros verehrten, versucht, dem letzten Nachkommen des großen makedonischen Königshauses die ihm gebührende letzte Ehre zu erweisen und ihn königlich zu begraben, in aller Heimlichkeit. Natürlich sollten wir sehr vorsichtig dabei sein, wie wir uns ausdrücken, und nicht einfach erklären, das sei das Grab von diesem oder jenem; es muss schon eine starke Wahrscheinlichkeit bestehen.«

»Und was hat sich im übrigen Griechenland abgespielt?«

»Die verschiedenen Stadtstaaten versuchten, ihre Unabhängigkeit wiederzuerlangen, aber damit war es aus und vorbei. Die riesigen Armeen der Diadochen ließen ihnen keinen großen Raum. So schlossen die Städte, die keinem der Königreiche in die Hände fielen, Bündnisse, damit sie sich verteidigen und auch zum Angriff schreiten konnten. Die beiden größten Konföderationen waren der Achaiische Bund auf der Peloponnes und der Aitolische Bund auf dem Festland.«

»Und hat dieser Dreh Erfolg gehabt? Die Stärke in der Einheit?«

»Sowohl die Aitoler als auch die Achaier schafften es, beachtenswerte Kräfte im griechischen Raum zu werden. Auch sie sind in den ununterbrochenen Kriegstanz eingetreten, haben im Lauf der Jahre Allianzen und Interessen gewechselt.«

»In diesem ganzen Chaos, das du beschreibst ... hat es da gleichzeitig eine bedeutende Kultur gegeben?«

»Es gab im Altertum immer Krieg. Es ist nicht von Belang, dass ich nicht alle Konflikte erwähnt habe. Wir wissen auch gar nicht von allen. Doch die Menschheit hat inmitten des Feuers auch immer Kultur geschaffen.«

»Dann ist es mit der griechischen Kultur so weitergegangen, wie wir es aus der klassischen Zeit kennen?«

»Nun ja, die Umstände haben sich in der hellenistischen Zeit, wie die Epoche seit der Krönung Alexanders genannt wird, verändert. Die griechische Lebensweise verbreitete sich in der damals bekannten westlichen Welt, und die neuen Gegebenheiten brachten Anreize anderer Art mit sich. Die größte kulturelle Errungenschaft der hellenistischen Zeit kennen wir alle. Es handelt sich um das Museum von Alexandria.«

»Alexandria in Ägypten?«

»Natürlich! Eine der bedeutendsten Stätten, wenn nicht die bedeutendste, der hellenistischen Zeit. Wenn du an seinen Hafen denkst – er war der größte der alten Welt –, verstehst du, von welchen Größenordnungen wir sprechen.

»Der größte? Für Verkehr und Handelswaren?«

»Und das in riesigen Ausmaßen! Stell dir vor, in Syrakus, einer großen Stadt auf Sizilien, wollte der Tyrann Hieron II. irgendwann das mächtigste Schiff seiner Zeit bauen. Er nahm dafür so viel Holz, wie für sechzig normale Schiffe nötig war, mit Seilen aus Spanien, Teer aus Frankreich, die besten Materialien von überallher. Er engagierte das größte Genie seiner Zeit, Archimedes, als Chefingenieur. Das Schiff hatte zwanzig Ruderbänke und drei Decks. Das untere Deck war für die Ladung und die Bediensteten, mit Lagerräumen, Ställen, Backöfen, Schreinerwerkstätten, Mühlen, sogar ein Aquarium gab es! Auf dem mittleren Deck waren die offiziellen Appartements mit dreißig Vier-Bett-Zimmern, einer Turnhalle, Gärten und einem Tempel der Aphrodite. Und auf dem oberen Deck gab es Kriegsgeräte, Katapulte, Armbrüste … Es war eine richtige schwimmende Stadt, in der Lage, sich zu versorgen, zu leben, sich zu unterhalten und Krieg zu führen. Sie haben dieses Schiff *Syrakusia* genannt.«

»Und was ist mit dem Schiff geschehen?«

»Es war ein kompletter Misserfolg! Es war viel zu groß und fand in keinem Hafen Platz. Einzig und allein im Hafen von Alexandria. Und so schickte der arme Hieron es als Geschenk nach Ägypten, wo es im Hafen verankert und als schwimmende Mall genutzt wurde.«

»Wow! Alexandria hört sich wirklich interessant an. Und es hatte also ein Museum? Mit Ausstellungsstücken?«

»Kein solches Museum, nicht wie die heutigen. Das Museum war, sagen wir, ein Zentrum der Wissenschaften und der Forschung. Sie haben es so genannt, weil es den Musen gewidmet war. Diesen neun Mädchen, den Töchtern von Zeus und Mnemosyne. Natürlich hat das Museum auch Bücher gebraucht. Und wohin mit diesen Büchern? In die berühmte Bibliothek von Alexandria.«

»Wie sind sie auf die Idee gekommen, eine solche Bibliothek zu errichten?«

»Ptolemaios, Feldherr und Freund von Alexander, aber auch sein Mitschüler an der Schule von Aristoteles, Begründer der gleichnamigen Dynastie, war sehr gebildet und verehrte die Wissenschaften und die Künste. Also beschloss er, etwas in seiner Zeit Einzigartiges zu schaffen: Er gründete das Museum, einen Ort des Denkens und der Forschung, und lud die größten Geister der Epoche ein, zu ihm zu kommen. Er versprach ihnen das Blaue vom Himmel – und er hielt Wort. Alle Intellektuellen, die nach Alexandria kamen, bekamen Essen und ein Dach über dem Kopf, einen fetten Lohn, dazu einen Fonds für die Forschung, die sie betreiben wollten, Steuererleichterungen et cetera. … Ptolemaios hat sie verhätschelt, wenn sie nur forschten! Und damit die Forschung auch die besten Früchte trug, sollte alles Wissen, das es damals gab, an einem Ort gebündelt werden. Und es wurde nicht einfach nur zusammengetragen, sondern geprüft, korrigiert, bestätigt – kurz, es hat sich gefestigt und wurde erweitert. Schließlich hatte die Bibliothek die größte Zahl von Büchern, die in der antiken Welt je zusammengetragen wurden.«

»Und wie haben sie diese Bücher gefunden und gesammelt? In einer Zeit, wo es noch keine Druckereien gab, waren die Bücher selten, und es hat ja anscheinend nur sehr wenige Kopien gegeben.«

»Erstens haben sie die Bücher, die zirkulierten, beschlagnahmt. Zweitens hat Ptolemaios ein Heer von Jägern nach Handschriften und Büchern ausgeschickt, die alles schriftliche Material sammelten, dessen sie im Mittelmeerraum habhaft werden konnten. Sie gingen zum Beispiel nach Athen, wo die berühmten Handschriften der Tragödien von Aischylos, Sophokles und Euripides gehütet wurden, und haben sie verlangt. Die Athener wollten die Bücher natürlich nicht hergeben. Da schlugen die Alexandriner ihnen vor, die Bücher mitzunehmen, zu kopieren und sie zurückzubringen, mit einer Bürgschaft von 15 Talenten.«

»War das viel Geld?«

»Eine gigantische Summe. Ein Talent reichte aus, um sämtliche Tagelöhne für alle Männer, die auf einer Kriegstriere dienten, einen Monat lang zu bezahlen. Bei einer solchen Bürgschaft glaubten die Athener natürlich, dass sie die Bücher auch wirklich zurückbringen würden. Also nahmen die Alexandriner sie mit und kopierten die Texte, doch dann schickten sie den Athenern die Kopien. Die Bürgschaft war ihnen egal. So groß war das Verlangen von Alexandria, Bücher zu sammeln.«

»Diese Bibliothek muss riesig und eindrucksvoll gewesen sein, was?«

»Leider haben wir in Bezug auf die Bibliothek viele Lücken. Wir wissen nicht, wie sie ausgesehen hat. Du darfst dir jedenfalls die antiken Bibliotheken nicht wie die heutigen vorstellen. Vor allem, weil sie keine Bücher, sondern Papyrusrollen hatten. Wir wissen sicher, dass das ganze – oder fast das ganze – Wissen der Antike hier versammelt war; es wurde erforscht, erfasst, analysiert und bewahrt. Damit wurde Alexandria de facto zum kulturellen Zentrum der hellenistischen Zeit. Aber es war nicht das einzige. Eine kleine Stadt im Nordwesten

Kleinasiens, das bereits erwähnte Pergamon, sollte zur Hauptstadt eines sehr starken und reichen hellenistischen Königreichs werden. Pergamon war eifersüchtig auf den Glanz von Alexandria und beschloss, ebenfalls eine Bibliothek zu schaffen und sich auf die Kultur zu konzentrieren. Ägypten, so wird gesagt, habe versucht, den Konkurrenzkampf zu unterbinden, und den Export von Papyrus nach Pergamon untersagt.«

»Und wenn? Hat es sonst nirgends Papyrus gegeben?«

»Nein. Papyrus war damals das am weitesten verbreitete Schreibmaterial, und Ägypten hatte das Monopol. Doch Pergamon ließ sich nicht einschüchtern und entwickelte die Verarbeitung von Leder weiter, das gelegentlich schon als Schreibmaterial benutzt wurde. Es kam in Mode und erhielt den Namen Pergament. Aber Pergamon gab sich damit nicht zufrieden. Auch in der Kunst wurde die Stadt zur Pionierin. Ihre Kunst wurde reicher an Verzierungen. So viel reicher, dass wir sie als hellenistischen oder pergamenischen Barock bezeichnen. Bei den Statuen gab es nun sowohl ineinander verflochtene Gruppen als auch ganze Ensembles.«

»Was ist der Unterschied zwischen den beiden?«

»Gruppe sagen wir, wenn die Statuen miteinander zu einer Ansammlung verbunden sind, wie zum Beispiel die berühmte Laokoon-Gruppe, während wir als Ensemble Statuen bezeichnen, bei denen eine neben der anderen steht, wie beim Daochos-Monument in Delphi.«

»Hat sich also die Bildhauerei in diesen Jahren verändert?«

»Ja, du kannst es am Pergamonaltar mit seinen Hunderten riesiger Statuen von Göttern und Titanen, die miteinander kämpfen, sehen, an der Nike von Samothrake, die beinahe abzuheben scheint, die Kleider schmiegen sich im Wind an ihren Körper.«

»Und die Keramik? Wie ist es mit den schwarzfigurigen und den rotfigurigen Vasen von Athen weitergegangen?«

»Keramik gab es weiterhin, aber die schwarz- und rotfigurigen Vasen, die im ganzen Mittelmeerraum einmal sehr begehrt gewesen waren, sind schlicht aus der Mode gekommen. Man hat andere Keramiksorten geschaffen.«

»Die Mode wechselt eben.«

»Richtig. Nun waren einfarbige Gefäße *in*, rote, aber vor allem schwarze, mit sehr charakteristischen Verzierungen, sie sehen aus wie Stickereien. Wir nennen sie West-Slope-Keramik.«

»Was ist das wieder für ein Name?«

»Ganz einfach: Die ersten Gefäße dieses Stils wurden am westlichen Abhang der Akropolis gefunden. An dieser Seite hat der König von Pergamon eine Stoa gebaut, ein Geschenk für Athen.«

»Und warum war diese Stoa ein Geschenk?«

»Die Stoa gehörte zu den wichtigsten Architekturen des antiken Griechenland und kam in der hellenistischen Zeit stark in Mode. Überall stellte man eine Stoa hin! Im Wesentlichen war sie ein überdachter Gang, der auf einer Seite geschlossen war und wo es Räume für jede beliebige Nutzung gab, Lagerräume, Kaufläden, ein Archiv, ein Restaurant; die andere Seite war offen und mit Säulen bestückt, damit der Ort belüftet und hell war. Die geschlossene Seite lag im Norden, sodass ein Schutz vor Winterstürmen bestand. Im Winter konnte die offene Seite durch die tief stehende Sonne erwärmt werden, während der Gang der Stoa im Sommer bei hochstehender Sonne im Schatten lag und kühl blieb.«

»Und dort haben sich die Philosophen versammelt und sich unterhalten?«

»Ja, aber nicht nur Philosophen. Die Philosophen

konnten dort allerdings öffentlich diskutieren, und so entwickelte sich die Philosophie in der hellenistischen Zeit weiter. Die Epikureer, die Stoiker und andere Schulen bildeten sich.«

»Ein Rummelplatz!«

»Könnte man so sagen! Und diese ganze kulturelle Orgie blieb in einer kleinen Stadt in der Mitte von Italien nicht unbemerkt. Damals war Rom nichts Besonderes, die Stadt stand aber in regem Kontakt mit der griechischen Kultur – und war beeindruckt.«

»Eine kleine Stadt, wie du sagst ... wie ist es Rom dann gelungen, die Welt zu erobern?«

»Auf seinem Weg, den Mittelmeerraum zu kontrollieren, hatte Rom zwei Gegner: die Karthager im Westen und die Griechen im Osten. Beide griffen es auf seinem Boden an. Auf griechischer Seite nahm Pyrrhos es mit Rom auf; er war König von Epirus, ein legendärer Feldherr und ein Cousin von Alexander dem Großen.«

»War Epirus ein starkes Königreich?«

»Ja, es wurde von der Dynastie der Molosser geleitet.«

»Hat die ihren Namen von den Hunden bekommen?«

»Im Gegenteil. Die Hunde wurden so genannt, weil sie eine epirotische Rasse waren. Epirus hatte eine mächtige Dynastie. Eine Prinzessin der Molosser war Olympias, sie hat Philippos II. von Makedonien geheiratet und Alexander den Großen zur Welt gebracht.«

»Also war Alexander nicht nur Makedonier, sondern auch ein halber Epirote?«

»Ja, und die Epiroten waren stolz darauf. Pyrrhos beschloss, ebenfalls ein Eroberer zu werden. Er ging nach Italien, und obwohl er eine Schlacht nach der anderen gewann, machte er auch unglaubliche Verluste. So ist der Begriff ›Pyrrhussieg‹ entstanden. Ein Sieg, der völlig umsonst ist, weil du immense Verluste hast, bis du ihn erringst.«

»Und die Römer, die verloren, hatten die keine hohen Verluste?«

»Natürlich hatten sie die. Aber die Römer hatten etwas, was Pyrrhos nicht hatte: Reserven. Sie konnten eine neue Armee mobilisieren, während Pyrrhos gezwungen war, mit der Armee, die er auf die italienische Halbinsel gebracht hatte, zu kämpfen. Aus dem gleichen Grund hat auch der andere große Gegner von Rom den Krieg verloren, Karthago.«

»Erzähl mir von Karthago.«

»Karthago war die größte phönizische Stadt im westlichen Mittelmeer. Auch sie war uralt. Zuerst war Karthago eine phönizische Kolonie, dann wurde es aber so stark, dass es sich von seinen alten Mutterstädten ablösen konnte; es wurde selbst zu einer Mutterstadt und gründete im ganzen westlichen Mittelmeerraum Kolonien. So stand es in ständiger Konkurrenz zu den griechischen Kolonien der Gegend und später natürlich auch zu Rom. Rom war drauf und dran, von Hannibal in die Knie gezwungen zu werden.«

»Wer war noch mal Hannibal?«

»Hannibal der Karthager, ebenfalls ein legendärer Feldherr, brachte Rom den Krieg ins Haus. Er hat das ganze heutige Spanien und Südfrankreich durchquert, mit Kriegselefanten die Alpen überschritten und die Römer auf jedem Schlachtfeld besiegt.«

»Wie das?«

»Der Kerl war ein wahres strategisches Talent! Er hat mit den römischen Legionen gespielt wie die Katze mit der Maus. Aber wie ich schon sagte: Rom hatte etwas, was auch er nicht hatte: Reserven.«

»Rom ist standhaft geblieben?«

»Es ist nicht nur standhaft geblieben, sondern es ist regelrecht ausgerastet. Zuerst hat es sich um die Karthager gekümmert. Weil Griechen den Westen des Mittelmeers bewohnten, die gar nicht gut mit den Karthagern konnten, benutzte Rom die Griechen gegen die Karthager und die Karthager gegen die Griechen. Der Trick gelang. Im östlichen Mittelmeer, wo es keine Karthager gab, benutzte Rom die Griechen gegen die Griechen. Und wieder war der Trick erfolgreich.«

»Sicher, Karthago war eine Stadt, aber hellenistische Königreiche und Staaten gab es viele. War es da nicht viel schwieriger, mit allen Griechen fertigzuwerden?«

»Aber Rom hat sich ja nicht mit allen gleichzeitig angelegt! Zuerst ging es auf Makedonien los. Nur unter großen Schwierigkeiten und mithilfe der Griechen aus dem Süden hat es 168 vor Christus in der Schlacht von Pydna Perseus besiegt, den letzten König von Makedonien. Perseus wurde gefangen genommen, nach Rom gebracht und in einem Triumphzug durch die Stadt geführt.«

»Und das übrige Griechenland?«

»Die Römer sollten es zwanzig Jahre später endgültig erobern, im Zuge der völligen Zerstörung von Korinth 148 vor Christus. Natürlich sind auch andere Städte nicht davongekommen. Der römische Feldherr Sulla übte keine besondere Nachsicht, als er in das belagerte Athen eingedrungen ist. Als die Delegation von Athen ihn aufsuchte, bemühte sie sich, ihn umzustimmen, indem sie auf den Rührfaktor setzte, wie bedeutend Athen früher gewesen sei und welche Zivilisation es geschaffen habe – eine Rhetorik, die auf der Nachsicht gründete, die schon viele Feldherren aufgrund ihrer Schwäche für die griechische Kultur geübt hatten. Aber so war Sulla nicht. Er hat ihnen schlicht gesagt: ›Was kümmert's mich, dass ihr die Wiege der Bildung gewesen seid? Ich bin hergekommen, um Aufständische zu unterwerfen.‹ Und Athen wurde geplündert. Tausende von Kunstwerken gingen als Beute nach Italien. Diese Katastrophe war natürlich eine Lektion für die übrigen griechischen Stadtstaaten.«

»Es gab aber noch andere griechische Orte.«

»Auch die haben die Römer auf die eine oder andere Weise erobert. Gegenüber in Kleinasien haben sie das reiche und mächtige Pergamon als Erbe übernommen.«

»Erbe? Was meinst du damit? Von wem? Hat der König von Pergamon in seinem Testament geschrieben: ›Ich vermache mein Königreich Rom‹?« Er lachte über die Absurdität seiner Annahme.

»Genau so ist es gewesen, lach nicht!«

Sein Lachen erstarb, und er starrte mich ungläubig an.

»Wirklich! Das Königreich von Pergamon wurde von seinem letzten König im wahrsten Sinn des Wortes als Erbe an die Römer weitergegeben. So hat er es in seinem Testament geschrieben. Die Bewohner von Pergamon widersetzten sich vergebens. Die Römer haben selbstverständlich beansprucht, was ihnen überlassen worden war. Dann eroberten sie das Reich der Seleukiden sowie alle Widerstandsnester, die nun ohne Beistand waren, und es blieb nur noch das letzte hellenistische Königreich der Geschichte, das Ägypten von Ptolemaios. Als letzte Königin bestieg die berühmte Kleopatra den Thron. Julius Cäsar reiste hin und verliebte sich in sie. Aber Cäsar war ein Diktator und wurde ermordet.«

»Diktator? Kaiser wolltest du wohl sagen.«

»Da sind viele verwirrt. Julius Cäsar war nie Kaiser von Rom. Bis zu seinem Tod hatte das Römische Reich ein oligarchisches System, die *Res publica*. *Res* bedeutet Sache und Angelegenheit. Und *publica* meint das Öffentliche. Also die öffentlichen Angelegenheiten, die öffentlichen Dinge.«

»Und haben die Römer mit dieser Republik Schluss gemacht?«

»Ja, bald nachdem Cäsar ermordet worden war. Vor der Einführung des Kaisertums und nach dem Tod Cäsars ging ein anderer römischer Feldherr nach Alexandria, Marcus Antonius, und der hat sich auch in Kleopatra verliebt.«

»Diese Frau muss wirklich besonders gewesen sein.«

»Seit dem Altertum hatte sie den Ruf einer Femme fatale. Antonius hatte einen Gegner, Octavian, und der nutzte die Gelegenheit, um das Volk gegen Marcus Antonius aufzubringen. Die konservative Gesellschaft von Rom unterstützte Octavian. Ein Bürgerkrieg brach aus, im Grunde genommen ein Krieg Roms gegen Ägypten, denn Antonius kämpfte an der Seite von Kleopatra. Die Flotten Octavians stießen bei Actium, gegenüber von Preveza im Ionischen Meer, auf die Streitkräfte von Antonius und Kleopatra, und Octavian siegte. Antonius und Kleopatra nahmen sich das Leben. Nun beherrschte Rom das gesamte Mittelmeer. Und Octavian nannte sich Cäsar Augustus und wurde der erste römische Kaiser.«

»Und so begann das römische Kaiserreich? Das Kaiserreich der Intrigen, der perversen Gelage und der bösartigen Machenschaften?« Er lächelte verschmitzt.

»Du hast das römische Erbe ein wenig missverstanden, nicht wahr?«

»War es denn nicht so düster?«

»Düster, mein Freund, war das ganze Altertum. Hör zu ...«

FAQ: Hat die Antike auch eine dunkle Seite?

»Wir sind es gewohnt, das klassische Altertum für bewundernswert zu halten. Und das ist es auch. Aber es hatte nicht nur diese leuchtende Seite. Wenn du das Altertum kennen willst, musst du auch seine finstere Seite kennen.«

»Aber machst du so nicht seinen Ruf kaputt?«

»Überhaupt nicht. Wenn du die Vergangenheit in ihrer ganzen Realität erkennen willst, ist es essenziell, auch ihre finsteren Facetten zu akzeptieren, sie zu verstehen, dich zu freuen, dass die Menschheit in verschiedenen Punkten besser geworden ist, und das Destillat aus diesem Wissen um Licht und Dunkelheit zu bewahren.«

»Was waren denn nun die finsteren Seiten des griechischen Altertums?«

»Im Altertum gab es zum Beispiel keine Ehrfurcht menschlichen Schwächen gegenüber. Eine Behinderung kam einer Verurteilung gleich. Egal ob von Geburt an oder erworben. Wie schon gesagt bedeutete natürliche Schönheit, dass die Götter dich mochten, während sonst ...«

»Haben sie auf dich gespuckt!«

»Viele Kinder, die mit einer Beeinträchtigung geboren wurden, sind hilflos gestorben, unter freiem Himmel alleingelassen.«

»Wie in Sparta, meinst du?«

»Nicht nur in Sparta, überall in Griechenland. Kinder, die mit einer Krankheit oder einfach unerwünscht auf die Welt kamen, wurden für gewöhnlich auf einem Berg ausgesetzt, als Fraß für die wilden Tiere. Ödipus aus Theben, warum hieß er so? Weil sein Vater ihm zwei

Löcher in die Fußsohlen gebohrt und ein Seil hindurchgezogen hat; er sollte zum Sterben an einem Baum aufgehängt werden. Die Schwellung an seinen Füßen, ein Ödem, von dieser groben Behandlung ist ihm als Merkmal geblieben. Mit größter Wahrscheinlichkeit waren die meisten zum Sterben ausgesetzten Kinder allerdings Mädchen. Die Frau hatte in der Regel keine Rechte. Es ist sicher nicht so, dass sie immer und überall unterlegen war. Aber allgemein in der klassischen Zeit des griechischen Altertums im größten Teil der antiken Welt waren die Frauen, fünfzig Prozent der Bevölkerung also, der grundlegenden Menschenrechte beraubt. Aber es hat darum auch handfeste Auseinandersetzungen gegeben.«

»Sie hatten aber auch Göttinnen. Nicht nur Götter. Im Mythos hat die Frau gar keine so untergeordnete Stellung.«

»Okay, bei den Gottheiten mag es eine gewisse Gleichheit gegeben haben. Aber bei den Sagengestalten? Nimm das Bild, das für das weibliche Geschlecht durch eine Vielzahl von Mythen erzeugt wurde, die meistens von Männern geschaffen wurden. Zum Beispiel Medea, die Prinzessin und Tochter von Aietes im weit entfernten Kolchis. Sie beschließt, sich mit Iason aus dem Staub zu machen, der mit einem ganzen Schiff voller Argonauten gekommen ist und das prächtige Goldene Vlies geraubt hat. Man sagt, der Vater von Medea, Aietes, sei ein schlechter Vater und ein schlechter Anführer gewesen, und ganz allgemein habe er in seinem Strafregister einen Haufen Sünden gehabt, und du kannst, wenn auch weit hergeholt, Gründe finden, um seine Bestrafung zu rechtfertigen. Aber Medea hat nicht ihn selbst bestraft, sondern nahm an seiner Stelle ihren kleinen Bruder mit, Absyrtos. Und solange Aietes sie mit seinen Schiffen verfolgte, hat sie dem Knaben ein Körperglied nach dem anderen abgehauen und es ins Meer geworfen! Aietes hielt jedes Mal an, um die Teile seines Kindes einzusammeln, und so ist es den Argonauten gelungen, zu entkommen. Aber für Medea ging die Beziehung mit Iason nicht gut aus, und um sich an ihm für seine Untreue zu rächen, hat sie ihre beiden Kinder eigenhändig getötet und ist verschwunden. Die weibliche Natur wird hier mit undenkbarer Härte und Wildheit dargestellt, die männliche hingegen als ehrbares Opfer.«

»Nun, das war allerdings ein besonderer Mythos!«

»Aber nicht der einzige. Ein ähnliches Ende hat auch die Geschichte von Prokne und Philomela. Sie waren Schwestern. Tereus, der König von Thrakien, heiratete Prokne und hatte mit ihr einen Sohn, Itys. Aber er vergewaltigte ihre Schwester Philomela. Um sich an ihm zu rächen, haben die zwei Schwestern den kleinen Itys ermordet und sind ebenfalls verschwunden.«

»Schon wieder Frauen als Rächerinnen!«

»Fällt dir etwas auf? In all diesen Mythen zeigt die Frau als Mutter keinerlei Gefühl. Der männerzentrierte Mythos betont die Strafe des Vaters mit dem Verlust des Nachfolgers. Die mütterliche oder allgemeiner die weibliche Natur wird als blutrünstig und gefühlskalt gezeichnet. Aber eine Mutter hat es gewagt, sich gegen die Opferung ihrer Tochter zu wehren und sich dem mörderischen Vater zu widersetzen. Klytaimnestra, die nie damit einverstanden war, dass Agamemnon ihre Tochter Iphigenie opferte, damit es mit dem Trojanischen Krieg endlich losgehen konnte. Aber auch sie wurde später als schlechte Gattin beschimpft, die einen Liebhaber hatte, während ihr Mann zehn Jahre lang in der Ferne im Krieg und am Plündern war. Selbstverständlich spiegeln all diese mythischen Gestalten die weibliche Natur in keiner Weise wider. Und natürlich waren auch nicht alle Frauen im Mythos paranoid und Kindsmörderinnen. Es ist nur interessant zu sehen, dass einige Mythen krankhafte Vorstellungen vom Patriarchat begünstigten.«

»Und was gibt es neben der feministischen Seite sonst noch Düsteres?«

»Die Frauen waren nicht die einzigen Rechtlosen im Altertum. Wenn du als Sklave geboren wurdest, war dein Leben sicher nicht das beste. Aber auch das ist subjektiv. Es ist das eine, ein Haussklave zu sein, bei einem reichen Herrn und Bürger, der dich in sein familiäres Milieu integriert, und das andere, Sklave in den Bergwerken zu sein. Im ersten Fall hattest du möglicherweise mehr Glück als irgendein freier, aber armer Bürger. Es gab auch in gewissen Fällen die Möglichkeit, die Freiheit zu erkaufen – oder sie als ein Geschenk des Herrn zu erlangen.«

»Und war die Arbeit lebenslänglich? Hattest du gar keine Chance?«

»Nicht selten haben Herren, die ins Alter gekommen waren und das ganze Leben lang einen Sklaven hatten, einen Vertrag unterschrieben, den sie bei den Tempeln veröffentlichten – das war wie heute beim Notar – und in dem festgehalten war, dass, wenn die Zeit des Todes gekommen war, der Sklave oder die Sklavin die Freiheit erlangen sollte, die ihnen dann niemand mehr rauben konnte. Sie haben auch immer ihren Lohn erhalten. Mit dem konnten sie sich aus der Sklaverei loskaufen. In gewissen, eher seltenen Fällen war die Bindung zwischen Herrn und Sklave sehr stark. Wie zum Beispiel im Fall von Aischre. Sie war eine Sklavin aus Phrygien. Aischre war wohl der neue Name, den man ihr gegeben hatte, er bedeutete schlicht ›Frau aus dem gemeinen Volk‹. Aischre stillte einen kleinen Jungen, Mikkos, und selbstverständlich war sie auch seine Erzieherin. Als Mikkos größer wurde und die Sklavin älter, kümmerte der junge Mann sich um sie. Und als sie gestorben war, errichtete er ihr ein Denkmal: ›Mikkos hat sich um Aischre aus Phrygien ihr ganzes Leben lang gekümmert. Dieses Denkmal soll hier stehen, damit die kommenden Generationen es sehen. Die alte Frau hat das bekommen, was ihr gebührte für die Milch, die ihre Brust mir geschenkt hat.‹«

»Hör auf, Mann, das bringt mich zum Weinen!«

»Wer, glaubst du, hatte einen besseren Lebensstandard? Der treue Haussklave im Milieu des römischen Kaisers oder der freie Arbeiter, der in einem Loch zusammen mit seiner vielköpfigen Familie unter elenden Bedingungen gelebt hat?«

»Du meinst, es sei besser gewesen, Sklave zu sein?«

»Nicht im Geringsten! Die Sklaverei war eine tragische Praxis; einen Menschen seiner Freiheit zu berauben, das ist für uns unbegreiflich, die Freiheit selbst ist ein unverbrüchlicher Teil unserer Existenz. Auf der ganzen Welt gab es Kämpfe für die Aufhebung der Sklaverei. Aber global betrachtet müssen wir auch sehen, dass nicht jeder freie Mensch über eine gewisse Lebensqualität verfügt. Auch viele Griechen, die sich in Rom hervorgetan haben, waren die Sklaven von reichen Römern. Aber die Römer haben sie als Lehrer für ihre Kinder eingesetzt. Denn jede römische Familie, die etwas auf sich hielt, musste Griechisch sprechen und etwas von der griechischen Kultur verstehen.«

»Warum denn das?«

»Weil Griechenland und Rom die vielleicht seltsamste und eigentümlichste Paarung von Kulturen in der Weltgeschichte waren.«

»Das klingt interessant.«

»Ja, es ist tatsächlich beeindruckend …«

12

Römische Zeit

»Wir sind bei der Epoche angelangt, in der Rom Herrscherin über das ganze Mittelmeer war, und nicht nur das. Es hat sich von den feuchten Wiesen Britanniens bis zu den Sanddünen von Nordafrika und Arabien erstreckt. Die griechische Welt bestand schlicht aus wenigen Provinzen in der Mitte des grenzenlosen Kaiserreichs. Aber Griechenland hatte sich mit Rom arrangiert, und es genoss Ansehen im Kaiserreich. Sehr viele Historiker haben die Beziehung zwischen Griechenland und Rom analysiert, und sie ist einzigartig in der Weltgeschichte.«

»Was ist daran einzigartig?«

»Einander in allem ähnlich und doch verschieden, haben sich die beiden Völker nach vielen Jahren des Krieges letztlich geeinigt. Man könnte sagen, sie haben sich ineinander verliebt. Und zwar heftig. Seit ihren ersten Kontakten bewunderten die Griechen die Disziplin, den Einfallsreichtum und die Entschlossenheit Roms, während die Römer überwältigt waren vom Geist der Griechen und von ihrer Kunst. Die Römer liebten die griechische Kultur so sehr, dass sie alles daransetzten, sich selbst und alle anderen zu überzeugen, dass sie aus ihr hervorgegangen waren. Und zwar ganz konkret über Homer und den Trojanischen Krieg. Die Römer redeten sich sogar ein, dass sie von Aphrodite abstammten!«

»Wie soll das gehen?«

»Einmal, so sagt die Legende, hat sich die Göttin Aphrodite in einen Trojaner verliebt, Anchises. Zusammen hatten sie einen Sohn. Dieses Kind war Aeneas, einer der Krieger im Trojanischen Krieg. Als seine Stadt fiel, hat er seinen greisen Vater auf die Schultern gehoben, seinen einzigen Sohn Askanios an der Hand genommen und es geschafft, ein Schiff zu besteigen und dem Schlachtengetümmel zu entfliehen. Aeneas ist lange umhergeirrt – wie Odysseus – und nach Mittelitalien gelangt, wo gewisse Nachkommen von ihm, Romulus und Remus – oder Romos – Rom gebaut haben. Und demzufolge glaubte Rom, seine Mutter sei Aphrodite. So hat Rom seinen eigenen epischen Helden bekommen.«

»Das erzählt uns Homer?«

»Nein. Das erzählt uns Vergil, der im Goldenen Zeitalter von Rom ein berühmtes episches Gedicht geschrieben hat, die Aeneis. Damit stellte er sich in die Tradition Homers und seiner Ilias und Odyssee.«

»So weit ging die Liebe der Römer zu den Griechen, dass sie sich mit ihnen identifizierten und sie kopierten?«

»Ja, weil sie sie bewunderten. Als Nachkommen von Aphrodite und Urenkel von homerischen Helden beanspruchten die Römer einen Teil des griechischen Erbes. Sie wurden an den panhellenischen Wettkämpfen als, sagen wir, entfernte Cousins empfangen. Sie sprachen fließend Griechisch, und sie reisten nach Griechenland, um die antiken Städte zu bewundern, in einem Maß, dass diese Griechenlandmanie der Römer zu einer regelrechten Mode wurde. Und natürlich verehrten sie die griechische Kunst.«

»Und haben sie auch Kunstwerke wie die griechischen geschaffen?«

»Nicht nur das. Sie wollten auch die echten bei sich haben. Ununterbrochen stachen Schiffe mit griechischen Kunstwerken von den griechischen Häfen Richtung Rom in See. Einige sind nie dort angekommen. So gab es zum Beispiel den Schiffbruch von Antikythera, auf dem sich der berühmte Mechanismus von Antikythera befand.«

»Was war das für ein Mechanismus?«

»Ein sehr komplizierter Mechanismus, mit dem man die Bewegungen von Himmelskörpern messen und berechnen konnte. Das Schiff ist in hohen Seegang geraten, gekentert und untergegangen. Erst Jahrhunderte später gelangten die unglaublichen Statuen, die es geladen hatte, ans Licht. Die meisten, die nicht im Sand des Meeresgrunds begraben waren, waren durch das Meer und seine neugierigen Bewohner zerstört worden. Je tiefer die Schiffe auf Grund stoßen, desto besser sind die Funde erhalten, denn je näher man der Wasseroberfläche ist, desto stürmischer ist das Meer.«

»Okay, die Römer haben sich also verliebt und ganz schön von dieser Beziehung profitiert. Haben sie auch etwas dafür gegeben?«

»Am Anfang haben die Römer etwas gebracht, was die griechische Welt alleine nicht erlangen konnte: Frieden. Die Pax Romana ist sprichwörtlich. Sie sorgten auch für ein besseres Straßennetz. Die alten Griechen hatten im besten Fall Feldwege. Der größte Teil des Straßennetzes waren ein paar in die Erde oder den Stein gehauene Furchen, in denen die Wagenräder liefen.«

»Und wie wussten sie, in welcher Breite diese Rillen verlaufen mussten?«

»Sie haben ihre Karren entsprechend der Breite der Rillen entworfen. Aber die Römer erfanden gepflasterte Straßen. Und was für Straßen! Weite Straßen! Alleen, die auf hohe Berge führten, sumpfige Ebenen durchquerten, über Flüsse und durch Schluchten verliefen, sie brachten dich von einem Ende des Reichs zum anderen. Alle Straßen führten nach Rom! Und sie boten Sicherheit beim Reisen.«

»War es vorher nicht so sicher?«

»Im griechischen Altertum wurden die Straßen nicht von einer staatlichen Behörde kontrolliert. Die Stadtstaaten beschäftigten sich nur mit dem, was in ihrem Hoheitsgebiet passierte. Warst du also als Reisender unterwegs, warst du ein Opfer der wilden Natur und verschiedenster Betrüger oder Räuber. Noch ein Grund, warum sie im ganzen Altertum so viel mit dem Schiff reisten. Es war schneller und ein bisschen … nun ja, ein kleines bisschen sicherer.«

»Warum nur ein bisschen?«

»Weil, wie ich dir gesagt habe, die alten Griechen abergläubisch waren. Abgesehen davon gab es keine Linienschiffe. Die Schiffe waren Fischerboote, Kriegsschiffe oder Handelsschiffe. Und nur Letztere konnten Reisende aufnehmen. Man musste also zum Hafen hinunter und warten, bis ein Schiff dorthin fuhr, wohin man wollte. Man hat die Passage bezahlt, aber wenn einer beim Einsteigen zum Beispiel geniest hat, war das ein böses Vorzeichen. Das Schiff blieb im Hafen. Wenn irgendein schwarzer Vogel auf den Wanten saß, war auch das ein böses Vorzeichen. Oder wenn einer der Passagiere in der Nacht vorher einen üblen Traum hatte. Wenn das Opferritual nicht gut verlief, fuhr kein Schiff. Und wenn endlich einmal alles passte, musste noch der geeignete Wind wehen. Als hätte all das nicht genügt, war natürlich auch mit den Piraten zu rechnen. Das alles ließ unter der römischen Herrschaft nach.«

»Die Römer haben es demnach gut gemacht.«

»Ja, haben sie. Sie haben auch mehr Gebrauchsarchitektur geschaffen. Wasserleitungen, Mehrfamilienhäuser, öffentliche Bäder, öffentliche Toiletten, Kanalisationssysteme, sie haben grundsätzlich den Lebensstandard verbessert. So wie die Griechen vor vielen Jahrhunderten von den orientalischen Völkern inspiriert worden waren und etwas Eigenes, etwas ›Besseres‹ geschaffen hatten, so wurden auch die Römer von den Griechen inspiriert und machten etwas Eigenes daraus. Der grundlegende Unterschied zwischen Griechen und Römern ist die Größenordnung. Die Griechen zum Beispiel hatten Bäder. Sie waren klein und praktisch. Die Bewohner von Rom in der Kaiserzeit konnten dagegen zwischen riesigen Bäderkomplexen auswählen. Sie waren voll von Statuen und Kunstwerken, Räumen zur Entspannung, bis hin zu speziellen Bibliotheken für die geistigen Genüsse der Badenden.«

»Die Römer haben aber auf der Grundlage der griechischen Architektur gebaut?«

»Ja, ihre Architektur ist sehr ähnlich. Aber im Gegensatz zu den Griechen, die den dorischen und den ionischen Stil vorzogen, verwendeten die Römer fast ausschließlich den korinthischen. Also, wenn du in Griechenland oder im übrigen Mittelmeerraum korinthische Kapitelle siehst, dann sind die dazugehörigen Bauwerke meist in der Römerzeit entstanden. Wie die Säulen des Olympieions, der Tempel des olympischen Zeus in Athen. Auch aus feinem roten Klinker gebaute Wände sind meist römisch. Solche Beispiele siehst du in Thessaloniki, in Nikopolis im Bezirk Preveza und auch anderswo.«

»Thessaloniki und Nikopolis sind römische Städte?«

»Thessaloniki gab es schon vorher, aber Nikopolis wurde von den Römern gegründet. In beiden gibt es viele Überreste aus römischer Zeit. Wir nennen sie der Einfachheit halber römisch, aber es kann genauso gut sein, dass sie von Griechen in der Römerzeit gebaut wurden. Wie beispielsweise das Odeion unterhalb der Akropolis. Es ist typisch römisch. Aber es war ein steinreicher Athener, der es baute, Herodes Atticus.«

»Ein freigebiger Mann, dieser Herodes.«

»Er baute es, um den Athenern Sand in die Augen zu streuen! Sein Nest war nämlich beschmutzt wegen des Todes seiner schwangeren Frau Regilla.«

»Er hat sie umgebracht?«

»Er hat seinen Sklaven beauftragt, sie in den Bauch zu treten. Sie und das Kind sind gestorben. Die Familie von Regilla, die diese Heirat nie gewollt hatte, zerrte ihn vor Gericht. Aber Herodes hatte den Kaiser zum Freund und kam beim Prozess davon; doch um die Emotionen im Volk abzuschwächen, baute er das Odeion als Theater zum Andenken an Regilla. Um den betrübten Witwer zu spielen. In Ordnung, wir wollen nicht völlig ungerecht sein, er war ein großer Kunstmäzen. Zudem hat sich in dieser Zeit die Kunst ausgezahlt.«

»Du sagtest, die Römer haben die griechische Kunst sehr stark kopiert.«

»Ja, sie haben das Griechische nachgeahmt und verehrt, aber uns auch etwas völlig Neuartiges geschenkt: das Porträt. Die Griechen zogen die idealisierte Wiedergabe des Menschen vor. Die Römer wollten Realismus. Wie zerknittert der Senator auch war, wie potthässlich die Patrizierin auch aussah, sie wollten sich selbst in der Skulptur erblicken. Ich bezahle und will nicht einen x-Beliebigen sehen. Ich will wie ich aussehen!«

»Und wie haben die griechischen Massen auf diese Neuerungen reagiert?«

»Wie es aussieht, haben sie sie akzeptiert. Findest du es nicht auch erstaunlich, dass es in all den Jahrhunderten, in denen sich der Hellenismus unter römischer Besetzung befunden hat, keine Aufstände und Versuche zur Selbstbestimmung gab? Die griechische Welt kam unter den Römern so gut zurecht, dass sie nicht einmal einen Versuch unternahm, etwas an ihrer Situation zu ändern. Es herrschten Frieden und Wohlergehen, und Griechisch war eine internationale Sprache. Zumindest im östlichen Teil des Kaiserreichs. Das sieht man auch an der Entwicklung der Wissenschaften, die kultivierte Menschen aus allen Teilen der Welt umfasste.«

»Nenn mir ein Beispiel.«

»Lukian. Er war ein Syrer aus Samosata. Er begann als Bildhauerlehrling, aber er war völlig unbrauchbar, und sein Onkel, der die Werkstatt hatte, jagte ihn mit Fußtritten hinaus. Daraufhin stürzte er sich auf die Wissenschaften, konnte schließlich Griechisch besser als seine Muttersprache, studierte und fand sein Lebensziel. Seine Fantasie war unfassbar!«

»Für diese Zeit, willst du sagen.«

»Auch noch für unsere. Er hat die *Wahren Geschichten* geschrieben, in denen er alle fantastischen und irrealen Geschichten der zeitgenössischen und der älteren Schriftsteller über absonderliche, merkwürdige fremde Orte und Völker gnadenlos fortführt und ironisiert. Im Grunde war das der allererste Sci-Fi-Roman. Der Held seines Buchs geht, nachdem er durch die ganze Welt gereist ist, auf den Mond, wo er entdeckt, dass der dortige König ein Irdischer ist, den Außerirdische entführt haben. Die Bewohner von Selene, schrieb er, haben eine Kolonie auf dem Planeten Aphrodite gegründet, aber als der König von Helios sie angriff, entbrannte ein Krieg, in dem die feindlichen Heere auf gigantischen Käfern, Hummeln und anderen Insekten kämpften.«

»Du nimmst mich hoch! Warum gibt es noch keinen Film darüber?«

»Das ist noch gar nichts! Im *Gericht der Vokale* zieht der Buchstabe Sigma gegen das Tau vor Gericht, weil dieses ihm Wörter klaut. Richter sind die Vokale.«

»Wie kann ein Buchstabe Wörter stehlen?«

»Hast du noch nie vom Freudenschrei der Griechen, ›thalatta, thalatta‹ gehört, als sie in der Ferne das Meer erblickten? Irgendwann einmal hatte das doppelte Tau die Stellung des doppelten Sigma inne. In den *Hetärengesprächen* beschreibt unser Dichter spaßige Szenen aus dem Leben der Hetären, und in der *Götterversammlung* präsentiert er eine Generalversammlung der zwölf Götter, die sich Sorgen machen, weil mit der Öffnung der griechischen Welt fremde Götter ihnen die Arbeit wegnehmen. Außerdem befürchten sie, dass ihnen Nektar und Ambrosia ausgehen. Sie beschuldigen Dionysos, dass er ihnen Pan angeschleppt hat, der die Gestalt eines Ziegenbocks hat und nicht so schön wie die anderen ist. Sie beschuldigen Apollon, ein Ämtersammler zu sein: Er ist der Gott der Musik, der Gott der Heilkunst *und* der Gott der Weissagung.«

»Erbarmen! Sie haben ganz recht!«

»Und zu guter Letzt bilden sie eine fünfköpfige Kommission, die die Rechtmäßigkeit aller Götter prüfen soll.«

»Warum hat man uns nie von alldem erzählt?«

»Jetzt hörst du es ja!«

»Jetzt ist nicht dasselbe.«

»Warum nicht? Was ist Wissen mehr als der Erwerb und das Sammeln von Informationen? Spielt es denn eine Rolle, auf welcher Ebene wir sie bekommen? Von

Bedeutung ist, wie wir sie uns zu eigen machen und benutzen.«

»Ja, du hast recht. Aber wenn die römische Zeit ein solches Wohlergehen mit sich brachte, wie kam es dann zum Niedergang des Kaiserreichs?«

»So kompliziert die Diskussion über den Niedergang von Kulturen in der Vorgeschichte ist, ist sie es auch hinsichtlich des Römischen Kaiserreichs. Mit Sicherheit spielten Einfälle von Völkern aus Zentral- und Nordeuropa eine Rolle. Das Kaiserreich war auch mit vielen anderen Problemen konfrontiert. Es war gezwungen, wieder aufzurüsten. Dann beschloss eines Tages Kaiser Diokletian, das Reich in vier Teile aufzuteilen und die Tetrarchie, die Herrschaft von vier Kaisern, zu errichten. Thessaloniki war kurze Zeit die Hauptstadt eines Teils des Römischen Kaiserreichs, sein Kaiser war Galerius. Und dann ist es zu einer weiteren riesigen Veränderung gekommen. Eine neue Religion setzte sich durch, ganz anders als die anderen.«

»Das Christentum?«

»Genau! Ganz langsam begann sich die neue Religion auszubreiten. Die alte Religion hatte eine gewisse Härte besessen. Der neue Glaube versprach das Undenkbare. Etwas äußerst Radikales für die antike Welt: absolute Gleichheit für alle. Männer, Frauen, Weiße, Schwarze, Freie, Sklaven. Es war nicht das erste Mal, dass so etwas verkündet wurde. Auch in den alten Religionen hatte es etwas Entsprechendes gegeben, aber in geringerem Ausmaß, zum Beispiel in den Mysterien, wie in Eleusis, doch diese richteten sich an die Eingeweihten und die, welche bis nach Eleusis gelangen konnten.«

»Warum gelang diese große Verbreitung diesmal?«

»Vielleicht, weil diese neue Religion nicht erwartete, dass du zu ihr gehst, sondern sie ist zu dir gekommen.

Ihre Philosophie richtete sich an alle. Vom Reichsten bis zum Ärmsten. Vielleicht auch, weil diesmal konkrete Texte geschrieben wurden, welche die Glaubenssätze der neuen Religion festlegten. Die alte Welt war es nicht gewohnt, sich auf heilige Texte zu stützen. Und diese neue, monotheistische Religion verbreitete sich im ganzen Kaiserreich. Sie festigte sich, wenn sie sich auch in den ersten Jahrhunderten ihrer Existenz in Meinungsverschiedenheiten und Spaltungen verlor, die zu vielen unterschiedlichen Dogmen und Sekten führten. In dieser Zeit wurde das Römische Kaiserreich langsam müde. Zu Beginn des 4. Jahrhunderts sehnte sich Rom nach Erneuerung. Kaiser Konstantin hatte das immer und ewig Gleiche satt, er wollte in die Ferien. Für immer. Und er nahm die ganze Hauptstadt mit. Er brachte sie zu einer alten griechischen Stadt an der Meerenge des Bosporus, nach Byzanz.«

»Haben sie die Stadt oder das ganze Kaiserreich so genannt?«

»Das Wort Byzanz in Bezug auf das Byzantinische Kaiserreich war ein neu geschaffener Begriff. Die Menschen damals haben sich selbst nicht als Byzantiner bezeichnet, auch ihr Kaiserreich hieß nicht Byzantinisches Reich oder Byzanz.«

»Wie haben sie es denn genannt?«

»Rom und Römisches Kaiserreich natürlich. Das war es ja auch. Wir haben dieser Epoche den Namen byzantinische Zeit gegeben, weil die neue Hauptstadt, Konstantinopel, Stadt des Konstantinos, über einer alten Stadt gebaut wurde, nämlich über Byzanz. Die Stadt hieß so, weil in der archaischen Zeit ein gewisser Byzas oder Byzantas aus Megara sie gegründet hatte. Konstantin benannte sie in Konstantinopel um. Sie wurde zur tausendjährigen Hauptstadt einer anderen Epoche. Die antike

Welt war untergegangen. Die philosophischen Schulen schlossen, das Orakel von Delphi und die panhellenischen Olympischen Spiele fanden nicht mehr statt, die splitternackten, obszönen Statuen, die den ›Götzenglauben‹ symbolisierten, wurden systematisch zerstört.«

»Und das ganze Wissen der antiken Welt?«

»Manche Texte wurden von Verehrern des antiken Geistes aufbewahrt. Andere Schriften wurden gerettet, weil sie sehr populär waren. Die weniger populären sind verloren gegangen. Sehr viele leider. Einige antike Tempel kamen heil davon, weil man sie zu Kirchen umwidmete. Es mussten sehr, sehr viele Jahre vergehen, bis die Menschheit ihr antikes Erbe wiederentdeckte. Wenigstens haben ein paar Gelehrte und Mönche in der byzantinischen Zeit die antiken Bücher bewundert und sich bemüht, sie abzuschreiben. Nach dem Fall des Byzantinischen Kaiserreichs nahmen viele von ihnen ihre Bücher und gingen nach Europa, die Europäer traten aus ihrem eigenen Mittelalter aus und begannen, die antike Welt zu ehren und sich von ihr inspirieren zu lassen; all dies führte zur Renaissance. Ein Fan der klassischen Antike war Bessarion aus Trapezunt am Pontos. Der Gelehrte und Kleriker wäre um ein Haar Papst geworden – wenn er nicht Grieche, sondern Italiener gewesen wäre –, er hat seine riesige Sammlung von antiken Texten Venedig geschenkt. Sie bildet den Kern der Markusbibliothek, einer der bedeutendsten in der Welt. Dort liegt auch die älteste erhaltene Abschrift der Ilias, der Codex Venetus A.«

Ein dumpfes Geräusch erklang. Dann rüttelte es ganz leicht, und wir spürten, wie sich der Aufzug wieder in Bewegung setzte. Unser Gespräch wurde unterbrochen.

Nachdem sie uns aus unserem Käfig befreit hatten,

bedankten wir uns bei den Feuerwehrleuten und verließen erleichtert das Gebäude.

»Ich danke dir sehr für deine Gesellschaft und das Gespräch. Ich habe gar nicht gemerkt, wie die Zeit vergangen ist«, sagte er mit einer aufrichtigen Miene.

»Ich danke dir. Ich hatte bestimmt noch mehr Spaß als du.«

»Jedenfalls haben wir es geschafft, über das ganze griechische Altertum zu reden, oder? Unglaublich!«

»Ja, wirklich! Fast wie nach Drehbuch. Als hätte irgendjemand ausgerechnet, wie lange wir für unser Gespräch brauchen würden.«

Wir mussten beide lachen.

Epilog

Wir blieben vor dem Eingang des Gebäudes stehen.

»Mir war gar nicht bewusst, wie unbekannt mir das Altertum war. Und dass es gar nicht so kompliziert oder langweilig ist, wie ich dachte. Du hast mir so viel erzählt, dass ich mir sicher nicht mal die Hälfte merken werde.«

»Dabei habe ich dir nicht einmal die Hälfte erzählt. Ich weiß nicht, ob es noch kürzer geht. Aber versuch doch einmal, mir zu sagen, woran du dich erinnerst.«

»Also, mein Resümee sieht so aus: Die Präsenz des Menschen auf unserem Planeten hat vor Jahrmillionen angefangen, und die allergrößte Zeit haben wir mit dem Jagen und Sammeln von Nahrung verbracht. Diese Epoche nennen wir Altsteinzeit. Wir haben das Feuer entdeckt und improvisierte Bekleidung, wir haben begonnen, uns um die Mitglieder der Gemeinschaft zu kümmern und Kunst zu machen. Irgendwann kam die große ›Revolution‹, als wir lernten, den Boden zu bebauen und Tiere zu züchten, wir haben Häuser gebaut und sind sesshaft geworden. Diese Zeit nennen wir Jungsteinzeit. In Griechenland hat sie ungefähr von 7000 bis 3000 vor Christus gedauert. Richtig?«

»Richtig. Sei nicht zu streng mit dir und den Datierungen.«

»Na ja, ehrlich gesagt helfen mir die Jahreszahlen beim Verstehen. Um 3000 vor Christus fing die Bronzezeit an, zuerst mit der kykladischen Zivilisation und den schönen Idolen. Dann kam das berühmte minoische Kreta mit seinen glänzenden Palästen und am Schluss das mykenische Griechenland, das der Mythologie Nahrung gab. All das hat etwa 1100 vor Christus aufgehört. Die Zivilisationen zerbrachen, und wir sind in die dunklen Jahrhunderte eingetreten, um ... 1200?«

Nun kam er doch ein wenig durcheinander. Völlig verständlich.

»1050 bis 900 vor Christus.«

»Genau! Dann kam die geometrische Epoche, und eine gewisse Erholung setzte ein. Die griechischen Kolonien besiedelten die Küsten des Mittelmeers und des Schwarzen Meers. Durch die orientalisierende Periode um ... hilf mir ein bisschen mit den Datierungen ...«

»700 vor Christus.«

»... bemerkten wir, was sich im Osten abspielte. Wir ließen uns inspirieren, und ab dem Jahr 600 vor Christus machten wir uns auf den Weg in die archaischen Zeit, in der sich die Elemente herausbildeten, die wir unter altgriechischer Zivilisation verstehen. Das griechische Festland wurde in Stadtstaaten aufgeteilt, von denen Sparta der stärkste war. Die griechischen Kolonien breiteten sich im ganzen Mittelmeer aus. Kunst, Wissenschaften, Philosophie, Architektur, Theater, Demokratie! Bis die Perser heranstürmten. 490 vor Christus der erste Krieg, 480 vor Christus der zweite. Nach dem Sieg in den Perserkriegen trat Griechenland in die klassische Zeit ein.

Athen war die Erste im Verein. Die Kunst, die Wissenschaften, die Philosophie, die Rhetorik, alles entwickelte sich weiter. In der Mitte der Klassik führten die Griechen einen heftigen Bruderkrieg, den Peloponnesischen Krieg.«

»Von 431 bis 404 vor Christus, um genau zu sein.«

»Schön, ich erinnere mich nicht an jedes Detail! Aber ich weiß noch, dass mit einer kurzen Zwischenphase mit dem Aufstieg von Theben als stärkstem Staat am Ende dieser Periode ein nordgriechisches Königreich die Zügel in die Hand nahm, und das war Makedonien. Die klassische Zeit ging mit Alexander dem Großen, der die Weltkarte veränderte, zu Ende.«

»Richtig! Von 336 bis 323 vor Christus.«

»Dann kam die Zeit der hellenistischen Königreiche. Riesige Staaten, die ständig miteinander in Konflikt standen, bis eine neue Supermacht im Mittelmeer erwachte, Rom, das die griechischen Staaten einen um den anderen besiegte und 30 vor Christus Herrscherin über das ganze Mittelmeer wurde.«

»31 vor Christus.«

»Aber 30 ist eine runde Zahl, und die kann ich mir merken.«

»Ja, aber 31 hat die Schlacht von Actium stattgefunden. Das ist wichtig.«

»Die römische Herrschaft hielt an, bis die Hauptstadt von Rom nach Konstantinopel verlegt wurde, und irgendwie so ging die Geschichte des griechischen Altertums zu Ende. Uff, na bitte!«

»Und wann hat man die Hauptstadt verlegt?«

»Das habe ich direkt wieder vergessen.«

»324 nach Christus.«

»Ich glaube, du hast mich mit mehr Fragen als Antworten entlassen.«

»Logisch, die ganze Wissenschaft lässt sich eben nicht in ein Gespräch im Fahrstuhl quetschen! Ich wünsche dir, dass du die Antworten auf deine neuen Fragen weiter suchst und findest.«

»Das ist das einzig Sichere. Jetzt, wo ich die Umrisse klar im Kopf habe, fühle ich, dass jede neue Information besser in meinem Gedächtnis haften bleibt. Obwohl ich mit der Idee, dass die alte griechische Vergangenheit ruhmvoll war, aufgewachsen bin, ist mir bewusst geworden, dass sie auch viele andere Facetten hatte.«

»Und was hat dich besonders beeindruckt?«

»Die Einflüsse der anderen Kulturen. Die Griechen haben zwar vieles kopiert, aber es auf eine andere Ebene geführt und gesteigert. Der Bürgerkrieg in der Mitte der glänzendsten Epoche, dass es irre Tyrannen gab und verschiedene Herrscher mit ihrem Wahn. Oh, und die Machoperspektive der Mythologie. Die Lage der Sklaven. Die ungeheure Entwicklung der Philosophie. Es ist letzten Endes nicht nur schwarz oder weiß. Anderseits, weißt du, was ich denke? Diese ganze Schilderung ist deine eigene Sicht der Dinge.«

»Selbstverständlich, es war unvermeidlich, dass ich mich auf das konzentriert habe, was ich für bedeutend halte. Aber nicht nur ich. Es ist unmöglich, das menschliche Element bei der Annäherung an die menschliche Vergangenheit beiseitezulassen. Jeden Einzelnen von uns beschäftigen verschiedene Fragen, und ein anderer Forscher würde sich vielleicht auf andere Details konzentrieren. Mir war es wichtig, das menschliche Element in seinem ganzen magischen und komplizierten Wesen im Laufe des Altertums zu betonen. Von der minoischen Prinzessin, die vielleicht nach Ägypten übergesiedelt ist, der Priesterin Karpathia, die sich nicht um die Bebauung der Äcker geschert hat, bis zum ersten Olympioniken der

Geschichte, 776 vor Christus, Koroibos, der von Beruf Koch war.«

»Den hast du gar nicht erwähnt.«

»Ich habe vieles nicht erwähnt. Aber ich habe dir von Hippokleides erzählt, dem tanzwütigen Athener, der wie ein Äffchen getanzt und die Hochzeit mit der Tochter von Kleisthenes kaputt gemacht hat; Megakles hat sie geheiratet, und sie haben den Sohn bekommen, der die Demokratie begründete; von Phryne, der Hetäre aus dem Dorf, die zur Personifizierung von Aphrodite wurde; von Korax, dem Rhetor; von Ageladas, dem Bildhauer, der einmal Arbeiter in den Weinbergen war; von Euripides, den es vor den Menschen graute; von Simon, dem Schuster, der als Erster sokratische Dialog aufgeschrieb. Und gleichzeitig habe ich vieles ausgelassen.«

»Du hast eine Vorliebe für Geschichtchen von Menschen, was?«

»Du siehst ja, diese kleinen merkwürdigen Erzählungen von den kleinen merkwürdigen Menschen machen die Geschichte aus. Die großen Tempel beeindrucken, die wichtigen Ausstellungsstücke in den Museen, die Riesenstatuen, die goldenen Kränze, die mächtigen verzierten Gefäße … Aber das kleinste Fundstück kann eine große Geschichte haben, die dich berührt. Auf der antiken Agora in Athen, in einem Brunnen, hat man weggeworfene Bruchstücke von unbrauchbaren Gefäßen gefunden. Sie hatten keine Verzierungen und waren von keinerlei künstlerischem Wert. Aber einige hatten Einkerbungen. Die eine war zum Beispiel die Notiz von jemandem für seinen Nachbarn. Er schrieb: ›Wenn du mir das Werkzeug, das ich dir geliehen habe, zurückbringst, lass es unter der Schwelle, ich bin weggegangen.‹ Auf einem anderen war der älteste erhaltene Liebesbrief. Ein junger Bursche, Arkesimos, hat eine Nachricht für seine Angebetete, Eumelida, hinterlassen, sie solle ihn treffen. Er brannte vor Sehnsucht. Es scheint, dass, während er das Geschriebene nochmals las, es ihm nicht genügte, denn er zwängte zwischen die Buchstaben noch ›so schnell wie möglich‹ hinein.«

»Und ist sie gekommen?«

»Das wissen wir nicht.«

»Schade. Über Liebe und Sexualität haben wir kein Wort verloren.«

»Das ist eine lange Diskussion.«

»Weißt du, was mich wundert? Dass es heißt, sie seien schwul gewesen. Waren die alten Griechen wirklich homosexuell?«

»Ich beantworte dir das anhand der Religion und der Mythologie. Zeus war der größte Geier aller Zeiten. Neben den unzähligen Mädchen, die er verführte, hat er auch jungen Männern schöne Augen gemacht. Ganymed ist der berühmteste von ihnen. Apollon hat Liebesabenteuer mit Frauen wie mit Männern gehabt. Oder Kallisto, eine Nymphe im Umfeld der Artemis. Zeus hat sie in der Gestalt von Artemis verführt. Und das war okay für Kallisto. Herakles hat sich in viele Frauen verliebt, aber auch in Kriegsgenossen von sich.«

»Was jetzt? Waren alle bisexuell?«

»Warum willst du unbedingt alles in die Schablonen unserer heutigen Auffassung von Sex, Erotik und Geschlechteridentitäten zwängen? Wir leben in einer Gesellschaft, die noch Überreste von Puritanismus und Konservatismus aus dem Mittelalter und die strenge Moral der monotheistischen Religionen, die auf unserem Planeten herrschen, auf ihren Schultern trägt. Die Sexualität in der antiken Welt war nicht so strikt zweipolig. Auch haben sie die Heterosexualität nicht derart starr als Norm verteidigt.«

»Das macht mir durchaus Eindruck. Wenn ich mir vorstelle, dass sie den Göttern, die sie verehrten, eine solche Sexualität zugebilligt haben, muss das wahrhaftig etwas Annehmbares gewesen sein. Du hast mich auf jeden Fall zum Nachdenken gebracht ... Noch etwas also, das uns das Wissen um die Vergangenheit lehrt. Aber weißt du, Herr Archäologe, was uns die Altertumskunde nicht beibringt?« Er machte eine spöttische Miene. »Was die Frauen wollen!«

»Ha! Hab ich dich. Dasselbe, was auch die Männer wollen. Was alle Menschen wollen: Sicherheit.«

»Sicherheit wovor?«

»Vor allem, was uns erschrecken kann. Und was erschreckt uns verborgen in der Tiefe unserer Seele? Vom Anfang bis zum Ende? Der Tod. Darum betreiben wir Archäologie. Um die Zeit, den Ort und den Menschen zu verstehen. Wir denken, wenn wir die Zeit verstehen und unser Verstand sie fassen kann, werden wir sie auf unser Maß ›reduzieren‹, wir werden mit ihr fertigwerden und den Tod überwinden.«

»Und schon sind wir wieder bei der menschlichen Psychologie.«

»Aber ich habe dir ganz am Anfang gesagt, die Archäologie, die Altertumskunde und die Aufdeckung der Vergangenheit seien der Spielplatz der menschlichen Wahrnehmung, der Fantasie und der menschlichen Psyche. All unsere Erfahrungen, unsere Beunruhigungen, unsere Freuden haben ihre Quelle in der Vergangenheit. Von ihrem Wesen her ist die Archäologie fantastisch, denn sie ist für die ganze Menschheit psychotherapeutisch.«

»Und was ist für dich persönlich die bedeutendste Sache aus all dem Wissen über die Vergangenheit?«

»Was mich am meisten bezaubert? Die Hetären, die Huren, die Sklaven, die Verfolgten, die Sonderbaren, die

Unangepassten, alle, die in der Gesellschaft, in der sie lebten, keinen Platz hatten. Denn ganz viele Schritte der Menschheit wurden von den Sonderbaren, den Ausgestoßenen, den Widerstandsgeistern gegangen. Von den Parias. Das Wissen über die Vergangenheit ist der beste Beweis dafür, dass die menschliche Zivilisation sich in ständiger Veränderung befindet. Das klassische Athen hat Sokrates zum Tode verurteilt. Einen der ganz wenigen Philosophen, den es selbst hervorbrachte und der nicht aus einem anderen Ort der griechischen Welt importiert wurde. Vielleicht den aufsässigsten Philosophen in der Geschichte des menschlichen Intellekts. Oder Anaxagoras, ein paar Jahre zuvor, der wegen der übertriebenen Religiosität der Epoche verbannt wurde – und auch wenn er nicht zurückkam, Alkidamas eine Grundlage gab.«

»Auch ihn hast du bis jetzt nicht erwähnt.«

»Unzählige habe ich nicht erwähnt, das wäre auch nicht möglich gewesen. Alkidamas wagte es zu sagen, die Sklaverei sei eine schlechte Sache. Alle Menschen würden gleich und ebenbürtig geboren, folglich sei keiner automatisch ein Freier oder ein Sklave, das seien von Menschen geschaffene Lügenmärchen entgegen der menschlichen Natur.«

»Das griechische Denken ist also bis dorthin gelangt: zur Menschlichkeit und Gleichheit von allen.«

»Nicht das gesamte Denken. Aristoteles, obwohl ein Riesenphilosoph, war damit nicht einverstanden. Er hielt es für vernünftig, dass gewisse Menschen Sklaven von anderen Menschen waren.«

»Schade für Aristoteles! Anderseits, weißt du, was ich mir denke? So wichtig, wie er als Philosoph auch gewesen sein mag, hat er eben doch seine Grenzen gehabt.«

»Haben wir die nicht alle? Und alle hatten sie. Darum

sage ich dir, es ist zwingend, die menschliche Vergangenheit von ihrer guten und ihrer weniger guten Seite zu sehen. Alles ist gleichzeitig geschehen. Das klassische Athen war große Avantgarde, aber gleichzeitig in gewissen Dingen von Furcht beseelt! Selbstverständlich kann die Welt Nonkonformisten nicht leicht akzeptieren. Und wenn die beharrlich bleiben, werden sie zu Parias. Jene Welt, wie jede andere Welt, in der es vielleicht nur ein paar Wagemutige gibt, ich meine Menschen, die nachdenken, gehört weder zu den herkömmlichen noch zu den konservativen noch zu den kompromissfreudigen. Sie existieren einfach. Sie sind einfach da. Jede Welt gehört den Kindern und deren Enkeln, konkret nur denen von ihnen, die den Weg wählen, den die Parias vorgegeben haben. Nicht den Kindern, die dem gefolgt sind, was sie von ihren Eltern bekommen haben, sondern denen, die an die Verfolgten glaubten. Die Störenfriede. Damit die Gesellschaften wieder neue Nonkonformisten hervorbringen, die neue Wege eröffnen. Wie viele wurden in ihrer Zeit nicht als merkwürdige Gestalten betrachtet? Anaxarchos und Pyrrhon zum Beispiel! Sie folgten Alexander dem Großen nach Asien. Pyrrhon wurde auf die persischen Magier und die indischen Buddhisten aufmerksam und gründete nach seiner Rückkehr die Schule der Skepsis. Und Anaxarchos ist vielleicht der Mann, der sich Alexander dem Großen gegenüber am übelsten ausgedrückt hat!«

»Was hat er ihm denn gesagt?«

»Als Alexander den Anspruch erhob, der Sohn eines Gottes zu sein, von Ammon Zeus, hat Anaxarchos auf eine von dessen Wunden gezeigt und gesagt, er sehe da sterbliches Blut fließen. Und als der Arzt einen Umschlag empfahl, da murmelte Anaxarchos: ›Fantastisch, unser Gott setzt seine Hoffnung auf einen Umschlag!‹ Des

Weiteren soll er der Legende nach Alexander zum Weinen gebracht haben, indem er zu ihm sagte, mit größter Wahrscheinlichkeit existierten unzählige andere Welten, von denen wir nichts wüssten, und er, Alexander, habe es nicht fertiggebracht, auch nur die eine, die wir kennen würden, vollständig zu erobern.«

»Das klingt ein wenig nach Quantenphysik und Parallelwelten.«

»O ja, es ist schön, wie grenzenlos die Fantasie und der Geist des Menschen sind. Und noch viel schöner, wenn sie sich zu belegbaren Wissenschaften entwickeln, wie es heute geschieht. Übrigens, auch der Name Galaxie aus dem griechischen Altertum ist immer noch da.«

»Wie meinst du das?«

»Als Herakles auf die Welt kam, musste ihn, damit er göttliche Kraft erlangte, die Königin der Götter säugen, Hera. Die wollte natürlich nichts von einem Kind ihres Ehegatten mit einer anderen hören. So schickte Zeus Hermes, damit er Hera das Baby an die Brust legte, solange sie schlief. Hera wachte auf, bekam Angst und warf das Baby weg. Die Milchtropfen, die auf die Erde fielen, wurden zu weißen Lilien, und aus all der Milch, die zum Himmel spritzte, ist die Galaxie entstanden! Darum heißt sie auf Deutsch Milchstraße.«

»Wow! Und Herakles wurde von klein auf gejagt.«

»Dennoch war er erfolgreich. Wie viele andere Sterbliche auch, die von der Gesellschaft gejagt wurden. Wie Hipparchia aus Maroneia. Wie konnte ich vergessen, sie zu erwähnen? Eine Göttin!«

»Was hat es mit der auf sich?«

»Ihre Eltern sind von Maroneia in Thrakien nach Athen umgezogen. Dort lernte sie einen Bohemien kennen, den Philosophen Krates.«

»Bohemien?«

»Ein Müßiggänger, mein Lieber! Er war ein kynischer Philosoph. Die haben die materiellen Güter abgelehnt. Er war in eine steinreiche Familie in Theben geboren worden, hatte alles hinter sich gelassen, sein Vermögen der Stadt geschenkt und war nach Athen gegangen. Dort verliebte sich Hipparchia wegen seines Verstandes in ihn. Ihre Eltern waren jedoch gegen diese Verbindung. Sie gingen sogar zu Krates und baten ihn, ihre Tochter davon zu überzeugen, sich lieber von ihm zurückzuziehen. Da warf Krates seine Kleider auf den Boden, stellte sich splitternackt vor sie hin und sagte zu ihr: ›Das ist alles, was ich habe!‹ Da wurde Hipparchia erst recht verrückt nach ihm. Und sie lebten als Liebespaar, außerhalb der gesellschaftlichen Konventionen. Die Gesellschaft konnte damals ein Paar nicht akzeptieren, bei dem sich beide gegenseitig respektierten, in vollständiger Gleichheit. Irgendwann soll Hipparchia mit einem anderen Philosophen ein Streitgespräch geführt haben, Theodoros Atheos. Der wurde wütend, riss ihr, um sie zu erniedrigen, das Kleid weg und ließ sie nackt stehen. Doch sie reagierte kaum darauf.«

»Hatte sie keine Scham?«

»Diese Frau kannte kein *body shaming*. Sie war schon einige Schritte weiter! Theodoros sagte zu ihr: ›Wer ist diese Frau, die den Webstuhl und die Strickerei verlassen hat?‹ Und sie antwortete ihm: ›Dir kommt es so vor, als hätte ich eine schlechte Wahl getroffen, dass ich, statt meine Zeit am Webstuhl zu verschwenden, diese der Philosophie gewidmet habe.‹ So schlagfertig konnte sie sein! Und tatsächlich hat sie Wege vorgezeichnet, die einfach noch nicht offen waren. Heute kommt sie uns sehr beeindruckend vor. Und das ist die Strafe Gottes, wenn du darüber nachdenkst. Dass die Nachkommen derjenigen, welche die Nonkonformisten gejagt hatten, diese letztlich verehrten. Irgendwo weit weg, wo auch immer, können die Seelen von Sokrates und seinen Nachkommen vielleicht zur Ruhe kommen. Denn es waren die Kinder der Konventionellen, die die Leistungen der Parias rühmten. Kindern gehört schließlich die Welt. Das hat Heraklit gesagt.«

»Der ›dunkle‹ Philosoph, der diese grässlichen Worte über Homer gesagt und vorgeschlagen hat, man solle ihn verhauen?«

»Genau der. Seine letzten Lebensjahre verbrachte er wie ein Mönch, weit weg von den Menschen; er redete nur mit kleinen Kindern, die im Hof des Tempels der Artemis in Ephesos spielten. In diesem Tempel hinterlegte er auch das einzige Buch, das er geschrieben hat. Ich persönlich neige dazu zu glauben, dass Heraklit in diesem Buch der Wahrheit näher gekommen ist als jeder andere menschliche Verstand. Leider sind von diesem Buch nur ein paar wenige Sätze erhalten geblieben. Einer von ihnen lautet: ›Die Zeit ist ein Kind, das mit Würfeln spielt; einem Kind gehört die Königswürde.‹«

Wir bedankten uns beieinander, tauschten unsere Telefonnummern aus und verabschiedeten uns. Während er zur nächsten Ecke ging, wurde mir bewusst, dass ich gar nicht gefragt hatte, womit er sich eigentlich beschäftigte. Hatte ich vielleicht das Gespräch beherrscht? Ich machte einem Taxi, das sich näherte, ein Zeichen, stieg ein und wies den Fahrer an, mich zum Archäologischen Museum zu bringen.

Nach ein paar Minuten standen wir mit Dutzenden Autos im Stau. Sogar die Huperei hatte aufgehört. Für kurze Zeit war nur die Musik aus dem Radio des Taxis zu hören.

»Wahrscheinlich eine Demo«, sagte der Fahrer lässig. »Macht nichts.«

»Wie's aussieht, stecken wir hier eine Zeit lang fest.«

»Ich hab's nicht eilig.«

»Bist du Tourist und willst ins Museum?«

»Nein, Archäologe.«

»Aah, das ist schön, Archäologie. Unsere Geschichte ist ruhmvoll. Und unsere Vorfahren: weise Männer. Nicht so wie wir.«

»Na ja, sie waren nicht allwissend. Sie waren auch einfache Menschen.«

»Wie meinst du das? Waren Leonidas, Achilles und Aristoteles denn nicht etwas Besonderes? All die alten Griechen? So ganz genau kenne ich mich aber nicht damit aus.«

»Es ist gar nicht so schwer, die Vergangenheit kennenzulernen.«

»Das sagst du. Du hast es studiert. Frag mich mal!«

»Ich kann es dir in einfachen Worten erklären. Wir haben ja jetzt Zeit ...«

Chronologie
3,5 Millionen Jahre

Altsteinzeit
Der Mensch tritt aus der Natur heraus, stellt sich auf seine zwei Füße und fertigt Werkzeuge an. Die Reise beginnt!

↓

Mittelsteinzeit
Etwas fängt an, sich zu verändern.

7000 v. Chr. Jungsteinzeit
Der Mensch kultiviert Pflanzen. Er schert und melkt Tiere. Er baut Häuser.

↙

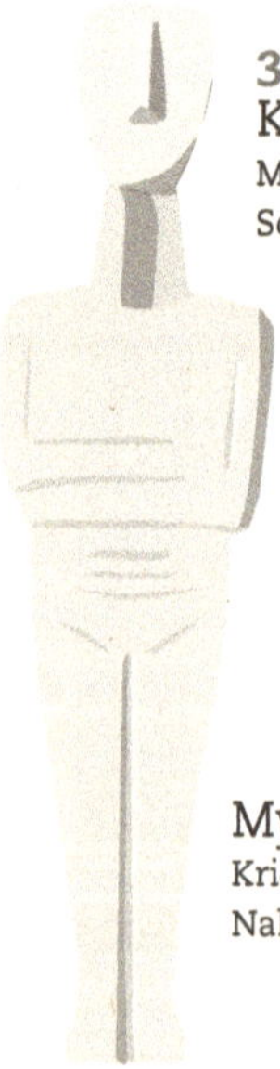

3000 v. Chr. Kykladische Zivilisation
Marmor. Salzwasser, Sonne und Idole.

↘

Minoische Zivilisation
Paläste, Reichtum, Luxus und Linear A.

↓

Mykenische Zivilisation
Krieg, Herrschersitze und Nahrung für die Mythen. Linear B.

↓

1050 v. Chr.
Die dunklen Jahrhunderte: Qualen und Aufschwung.

900 v. Chr.
Geometrische Zeit
Der Beginn der geschichtlichen Epoche.
Wieder eine Schrift. Eine Entwicklung.

700 v. Chr.
Archaische Zeit
Künste, Philosophie,
Theater. In einem Satz:
Die Kultur leuchtet.

490–480 v. Chr.
Die Perserkriege: Erfolgloses Drangsalieren.

Klassische Zeit
Der Höhepunkt der Zivilisation
und der größte Bürgerkrieg.

336–323 v. Chr.
Alexander der Große erschafft
ein riesiges Reich.

Hellenistische Zeit
Viele Königreiche.
Viele Streitigkeiten.

31 n. Chr.
Rom ist Weltmacht.
Es verliebt sich in Griechenland.

324 n. Chr.
Konstantinopel wird gegründet.
Die antike Welt gelangt an ihr Ende.

Weiterführende Literatur

Βαλαβάνης, Π., Μεγάλες στιγμές της ελληνικής αρχαιολογίας. Αθήνα: Εκδόσεις Καπόν, 2018. [Engl. Ausgabe: Valavanis, P.: Great Moments in Greek Archaeology. Getty Publications, 2007]

Βουτυράς, Μ. & Γουλάκη-Βουτυρά, Α., Η αρχαία ελληνική τέχνη και η ακτινοβολία της. Αθήνα: Ινστιτούτο Νεοελληνικών Σπουδών [Ίδρυμα Μανόλη Τριανταφυλλίδη], 2011. [keine Übers.]

Γεωργίου, Α., Ηράκλειτος, ο ηττημένος νικητής. Αθήνα: Εκδόσεις Γκοβόστη, 1997. [keine Übers.]

Πλάντζος, Δ., Ελληνική τέχνη και αρχαιολογία, 1200–30 π.Χ. Αθήνα: Εκδόσεις Καπόν, 2016. [Engl. Ausgabe: Plantzos, D.: Greek Art and Archaeology c. 1200–30 BC. Lockwood Press, 2016]

Πλάντζος, Δ., Οι αρχαιολογίες του κλασικού. Αναθεωρώντας τον εμπειρικό κανόνα. Αθήνα: Εκδόσεις του Εικοστού Πρώτου, 2014. [keine Übers.]

Dickinson, O., The Aegean Bronze Age. Cambridge University Press, 1994

Johnson, M., Archaeological Theory: An Introduction. Wiley-Blackwell, 2019

Neer, R. T., Kunst und Archäologie der griechischen Welt: Von den Anfängen bis zum Hellenismus. Verlag Philipp von Zabern, 2013

Renfrew, C. & Bahn, P., Basiswissen Archäologie: Theorien – Methoden – Praxis. Verlag Philipp von Zabern, 2009

Danksagung

Ich danke allen Kolleginnen und Kollegen im Ephorat der Altertümer von Kilkís, in dem ich während des Verfassens dieses Textes gearbeitet habe. Besonders danken möchte ich Georgía Stratoúli, Nektários Poulakákis, ebenso María Pharmáki, Stamátis Chatzitouloúsis und Mágda Parcharídi. Außerdem danke ich meinen alten Kolleginnen und Kollegen im Archäologischen Museum von Thessaloniki, wo ich als frischgebackener Archäologe arbeiten durfte und sehr vieles gelernt habe, sowie den Kolleginnen und Kollegen, die mich aus ihren jeweiligen Dienststellen in ganz Griechenland als Archaeostoryteller zuverlässig und ehrlich unterstützt haben, aus Abteilungen in ganz Griechenland, aus dem Nationalen Archäologischen Museum, aus dem Ephorat von Piräus und den Inseln, Kreta, Ätolien-Akarnanien, Lakonien, Preveza, Abdera, und aus dem Archäologischen Museum von Thessaloniki. Ich bedanke mich auch bei den Universitätsarchäologen, die mir die Ehre erwiesen, mich zu ihren Vorlesungen einzuladen: Evridíki Kefalídou, Marlene Moulíou bei der Nationalen und Kapodistrias-Universität Athen, Alexándra Alexandrídou und Kleopátra Katharíou in der Universität Ioánnina wie auch Stávros Vlízos an der Ionischen Universität.

Ein weiterer Dank geht an die einzelnen Kolleginnen und Kollegen (es sind zu viele, als dass ich sie alle namentlich aufführen könnte, was mir sehr leidtut), die mich in all den Jahren, in denen das Projekt Archaeostoryteller bereits läuft, unterstützt haben. Es ist großartig, wenn man auf die Unterstützung und die guten Worte aus seiner Zunft zählen kann.

Ich danke Vassilikí Pliátsika und Kóstas Paschalídis, deren Bekanntschaft und Freundschaft mit einer Meinungsverschiedenheit im Netz begann. Ich danke Tássos Bekiáris, der mir mit seiner tiefen Kenntnis der Vorgeschichte beistand. Ich danke Styliána Ganiníki und Tassoúla Dimoulá für die Kaffees, die Diskussionen und die unerschöpfliche Unterstützung. Ich danke Vassílis Dímou, der mich, seit wir zusammen in Old Albion studierten, begleitet, bis hin zum Durchlesen dieses Textes, und der mir viel geholfen hat.

Ich erinnere mich gut, wie ich die erste Version dieses Buchs Dimítris Plántzos, Professor für Klassische Archäologie an der Nationalen und Kapodistrias-Universität Athen, geschickt habe; damals war es noch ein Monolog. Er hatte die brillante Idee, aus dem Text einen Dialog zu machen. Und so geschah es! Dafür und für seine aufbauende Kritik und langjährige Unterstützung seit meinen ersten Gehversuchen als Archaeostoryteller bin ich ihm äußerst dankbar. Sein Rat ist mir sehr kostbar!

Außerdem versichere ich natürlich, dass eventuelle Fehler und Versäumnisse nur von mir stammen und von keinem der Menschen, die mich beraten haben.

Ja, ich danke auch dir, Mama. Und dir, meine liebe Tante.

Ich danke der ganzen Gruppe von TEDxAthens, die an mich glaubte, bevor ich überhaupt verstand, wie mir geschah. Und nun (nur noch ein bisschen Geduld, ich bin gleich fertig) danke ich noch Ioánnis, Jórgos, Billy, Dimítris, Éva, Lázaros, Eléni, Chrístos, Christína, Jórgos, Aléxandros, Sofía. Und Jerry.

Zum Schluss möchte ich meiner Agentin Evangelíta Avloíti herzlich danken, die von Beginn an an mich geglaubt hat und weiterhin an mich glaubt. Ich spreche meine Bewunderung und meine Dankbarkeit der fantastischen Truppe bei Key Books aus; alle zusammen haben sie ihr Bestes gegeben und in dieses Buch und seine Philosophie vertraut!

Natürlich darf ich Líana Stefaní nicht vergessen, die ehemalige Direktorin des Archäologischen Museums Thessaloniki, die uns viel zu früh an einem Heiligabend verlassen hat. Seit 2007, als ich sie kennenlernte, bis 2019 stand sie mir als Freundin und Beispiel für Wissenschaftlichkeit und Ethos zur Seite.